第四版

幼兒行為與輔導
——幼兒應用行為分析

What to Do When: Practical Guidance Strategies for Challenging Behaviors in the Preschool /6e

Eva L. Essa 著

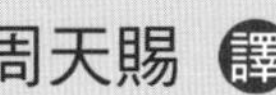

周天賜 譯

心理出版社

What to Do When:

Practical Guidance Strategies for Challenging Behaviors in the Preschool /6e

Eva L. Essa

目次

本書附錄請於心理出版社網站下載
網址：https://reurl.cc/bX1X1X
解壓縮密碼：9789860744309

作者／譯者簡介

Eva L. Essa 是美國內華達大學（雷諾校區）人類發展與家庭學系講座教授及系主任，她在內華達大學（雷諾校區）任教超過三十五年的時間。Essa 博士曾任兒童及家庭研究中心主任十六年，該中心為該大學的幼教方案。她是《幼兒教育概論》（*Introduction to Early Childhood Education*）（5th ed., Delmar Learning, 2007）一書的作者；與 Penny Royce-Rogers 合著《幼兒教育課程：由發展模式而應用》（*An Early Childhood Curriculum: From Developmental Model to Application*）（Delmar Learning, 1992）一書。Essa 博士亦指導內華達州辦理全州兒童保健人力普查，所得資訊用於指導改善全州兒童保健政策。Essa 博士與幼兒教育主題相關的研究與著作，見諸已出版的各專業期刊與書籍。

周天賜／美國州立北科羅拉多大學教育博士（特殊教育）

國立臺北教育大學特殊教育學系副教授（退休）

評論者

Judy A. Lindman, M.Ed.
Child Development instructor at community and technical college
Rochester, MN

Pamela Davis, Ph.D.
Professor of Early Childhood & Director of university child center
Arkadelphia, AR

Judy Rose-Paterson
Early Childhood Educator for preschool Escondido, CA

Pamela E. Chibucos, MS
Professor of Early Childhood Education at community college
Toledo, OH

Mary E. Harder, Ph.D.
Adjunct Early Childhood professor at two-year college
Punta Gorda, FL

Tamara B. Calhoun, MS
Professor of Early Childhood Education at community college
Schenectady, NY

Teresa Frazier, MS
Early Childhood Education Program Head at community college
Hampton, VA

Debbie Stoll, M.Ed.
Instructor of Early Childhood Education at university
Lawton, OK

Julie Bakerlis, M.S.
Instructor of Early Childhood Education at community college
Worcester, MA

作者序

我當初構思《幼兒行為與輔導：幼兒應用行為分析》（英文前五版的書名為 *A Practical Guide to Solving Preschool Behavior Problems*，第六版改名為 *What to Do When: Practical Guidance Strategies for Challenging Behaviors in the Preschool*）這本書時，大部分內容是對我教導幼教系學生約十年的回應。在幼兒輔導原理的課程中，學生常表示現有教科書及資源的主題有趣但不夠具體，因此常有如此的敘述：「是的，我了解並欣賞這理論及通則，但我現在該怎麼做？……」這些學生關心的是：塔沙不與其他兒童互動、羅傑會以迅雷不及掩耳的速度咬人、葛絲拉吃東西挑剔等令家長及老師苦惱的問題。因此，我開始思索如何具體且有助益地傳遞適合發展階段的輔導實務。

這本《幼兒行為與輔導：幼兒應用行為分析》自發行第一版至今已二十五年，我聽到許多幼教老師認為這本書實用、具體、有助益。如同第一至第五版，第六版在協助教師發展適當積極的輔導技術。本書經多方廣泛的研究而形成實用的方法，所建議的方法配合行為改變技術，可有效處理兒童行為。本書逐步指導處理十分具體的問題行為，由目錄即可了解所涉及的各種不同行為。

本書的一項主要特徵是，強調老師的注意力應先放在導致這行為可能的基本原因。在決定如何改變兒童的挑戰行為之前，你要依建議仔細檢討該童的環境，以確定哪些因素引發這行為。例如，基本上要盡量了解影響該童此行為的居家生活及醫療因素。此外，檢討該童的環境及環境中的人，以發現增強這特定行為的因素也是很重要的，這方面在本書每章的「探討

變通策略」中會加以討論。特別是處於今日變動的世界，兒童的行為是對於深刻影響他們生活的因素之被動反應，這些因素超乎他們能力所及且不易控制。因此，身為老師的你，當務之急是：檢討哪些因素會引發挑戰行為，並協助兒童更有效地克服他們生活中的壓力。

本書的另一特點是強調與家庭的合作與諮詢。在每章會有一節建議向該童的家庭諮詢所關心的行為；你也可以在第六章〈與家庭合作〉找到一些基本指導原則。各章該節強調家庭參與發現解決行為問題的重要性。

第六版中有些新的內容與特徵。其中的一個修改是以前常被使用的策略——「隔離」或「暫停增強」（time-out）。在本書前幾版，很少鼓勵你使用這個策略，但在第六版，這個技術的方法和名稱改變了；為反映它的目的，這個策略叫做「自我控制時間」（self-control time）。這些步驟較少由教師控制而較多由兒童控制。有時孩子需要從班上喧鬧的活動中安靜片刻以恢復平衡，這是孩子的自我控制；教師可提供一個安靜的地方，幫助孩子有機會去感受他們恢復控制自己。因此，在本版建議，要信賴由孩子決定何時結束他們的自我控制時間。使用了這一方法的教師發現，這是一個非常有效的工具。關於自我控制時間的策略，詳見本書第五章及一些相關章節。

第六版的一個新的特色是在本書附錄。這些附錄包含本書所討論的建議實施策略的有用資訊。在全書中，當你看到如右側的圖像， 請參考附錄的相關額外資源，包含三部分：

- 討論如何有效記錄行為的逐步指導。詳細討論如何透過圖表記錄行為改變及其他記錄工具等資訊。
- 「輪到你」的部分是故事情節，可幫助你針對假定情境應用書中的原則。其中包括了前一版的一些情節，而本版為你提供更多故事情節；此部分並有檢核表可供準備家庭—教師會議和應用該故事情節的建議活動時使用。

* 附錄內容尚包含額外資源。其中有能幫助你處理幼兒問題的適當書籍、文章和網址清單。特別是有更多資源是關於身心障礙孩子的問題，能幫助你充分了解每一個孩子，並選擇也許是最有效的策略。

作者和Delmar Learning出版社申明，本書所列的網址（URLs）在付印之時是正確的。但是，由於網際網路的變化迅速，我們無法保證本版所列網址一直是正確的。

我希望上述這些改變，能提供以幼童為工作對象者更有效實用的協助。基於對一般及特定幼童的了解，給予個別兒童敏捷的支持及輔導，將可促進幼童穩定而豐富的發展；如此，他們始能有效面對今日社會的問題。

第六版的工作承蒙我的家人和同仁直接及間接的支持。人類發展與家庭學系同仁提供積極的工作環境，這是我全心投入的地方，我想要對他們的支持致謝： Sally Martin, Colleen Murray, Sherry Waugh, Melissa Burnham, Leah Sanders, Becky Carter-Steele 及系上其他成員。更要對外子 Ahmed Essa 無止盡的支持致上深深的感謝，沒有他的鼓勵，本書各版無法形諸文字。

Eva L. Essa, Ph.D.

雷諾・內華達

2006 年 8 月

譯者序

本書中文第四版譯自 *What to Do When: Practical Guidance Strategies for Challenging Behaviors in the Preschool* 一書，這是該書英文第六版，內容與第五版大同小異。唯第六版全書主要有下列名詞的改變：將「偏差行為」（inappropriate behaviors）改為「挑戰行為」（challenging behaviors）、將「感覺統合障礙」（Sensory Integration Dysfunction）改稱「感覺訊息處理障礙」（Sensory Processing Disorder, SPD）、將「隔離」（time-out）改為「自我控制時間」（self-control time）、將「自選隔離」（self-selected time-out）改為「獨處時間」（alone time）等，修改名詞應有其背景與源由，讀者應注意推敲其意義與用心。尤其是將「父母」（parents）改為「家庭」（families），更值得國內為人父母者的注意與警惕。自本書第七章起，在每章「起點行為」、「繼續記錄這行為」、「維持」等處的左側或右側加上圖像，提示讀者可以參考本書附錄裡的相關資料。

這是一本強調「如何做」（how-to）的實用指引，針對學前階段常見的特定行為問題情境來解鎖。全書分為八篇、共四十九章，自第七章起每章討論一項行為，以同一格式逐步引導如何處理每一行為問題。在國內，大學校院對教師翻譯的譯作是不重視與不鼓勵的，但譯者敢於如此做、甘願如此做，因為這真是一本具體實用的好書。做為一位教育工作者有必要將這本好書介紹給國人，尤其是棘手於管教的學前階段教師及家長，甚至國小階段亦很實用。

本書各章的「觀察這行為」，在了解該行為問題事件的來龍去脈，從人物（who, whom）、事物（what）、時間（when）、場所（where）、過程（how）等的提問進行觀察與晤談，以探究行為問題事件發生的原因（why）。若能掌握該行為問題事件發生的原因，則該行為問題事件就已解決一半，這是功能評量的主要作用。功能評量在形成該行為問題事件的假設，進一步就假設流程（間接情境 S^E→直接情境 S^D→行為替代 R→事後結果 S^R）分別提出應對的策略，此即是行為支持計畫的內容。本書各章裡的「探討變通策略」及「方法」，可提供考慮個人的行為支持計畫應對策略的點子。大人除了避免錯誤示範外，也要避免增強孩子的錯誤行為，讀者可參考本書各章的「考慮其中涵義」及功能評量假設流程中「事後結果」對增強錯誤行為之分析。

除了本書附錄裡的十三個「輪到你」情節外，第七至四十七章的每章開頭楔子裡之案例敘述，可配合譯者在心理出版社的另一本譯作《問題引導學習 PBL》使用。讀者可以把這幾章開頭的案例及十三個情節分別當作問題引導學習的「問題敘述」，進而參考《問題引導學習 PBL》一書第七至十一章裡各章的流程，尤其是「點子／假設」→「事實／資訊」→「學習論題」→「行動計畫」的訪查問題，可集思廣益，結合上述功能評量，擬定行為支持計畫。譯者曾在學前教師的在職特教進修活動裡使用，引起與會教師腦力激盪熱烈討論。結合理論與實務，增進與會教師處理類似問題的信心與能力，可謂教師的增權增能（teacher empowerment）；若用於家長，則可使家長增權增能（parent empowerment）。歡迎有興趣的讀者參考試用，必要時譯者願意和大家一同討論研習。

管教孩子的態度與作法受文化價值所影響，東西文化也有所差異。我們過去習慣於如此被大人管教，現在我們也如此管教子女；現在與過去的外表似有不同，但其根本價值及習性仍在。不然，就是矯枉過正，誤解民主自由，放任子女疏於管教。本書基於人性化管理的原則，以溫和肯定的態度、系統的步驟，涵泳體諒、尊重、紀律、包容於應用行為分析的過程中，在具體方法策略的字裡行間流露出西方文化重視與尊重人權（兒童人權）的思想感情。有權做決定的人常容易侵犯人權而不自知，至少應依法行政，尤其是攸關個人權益時，不宜自以為是地胡搞或說「以前都可以，為什麼現在不可以？」尊重人權是民主的基本生活方式與態度，要落實在每個人日常生活自處及待人處世的行動中。尊重人權的生活方式與態度真要在我們文化落地生根、成長茁壯，根本的改革必須自願自發地在每個家庭裡、每間教室裡，自幼從親子、手足、師生、同儕等關係中呵護培植，尤其是對行為問題的處理方式與態度。要讓民主生根、人權奠基，他山之石、可以攻錯，例如：第十五章「偷竊」，提醒讀者如何技巧地處理這件事——預防偷竊，但不羞辱孩童，尊重兒童人權，因此本書是值得推介給國人閱讀的。

欣獲心理出版社總編輯林敬堯先生通知，已獲得原作者同意繼續授權，並即將在 2021 年 9 月份再印，特將中文書名修改為《幼兒行為與輔導：幼兒應用行為分析》，以符合學術現況。

適值十二年國民基本教育課程綱要總綱於民國 108 年實施（即 108 新課綱），其重點之一是素養導向教學，於全人教育的精神，以「自發」、「互動」、「共好」（合稱「自動好」）。其中，「自發：引發學生學習動機與熱情，學生是自發主動的學習者」意指「自學力」的發展。譯者認為，「自學力」（self-learning）是種能力，應與「智力」、「創造力」一樣屬於一般專有名詞，而非特定專有名詞，三者應受到同等重視。「自學力」是每個人與生俱來、人人本具、生活中所必需的能力，惜未受到正視、重視而不振，未有正常且應有的發揮。從家裡及學校做起，增進對「自學力」的正確認識與態度，多些「自學力」的助力，少些「自學力」的阻力，則「提升全民自學力，培育更多社會有用人才」可期。情意是「自學力」的動力，參與感、感興趣、成就感是學生「自學力」的三大動力，家長及教師在課程、教材、教學等不一定要教滿、教足，留有空間、時間、空白讓孩子的自學力有發揮餘地與機會——對未來與未知的探索與實作。如本序文第五段所述，本書有助於當前良好師生關係、親子關係的建立，進而有助於孩子的自學力發揮。

周天賜 誌於

2021 年 8 月

註：1. 讀者若有興趣，可參考附錄的補充資料：〈操作性定義在應用行為分析的應用〉一文。
2.《問題引導學習 PBL》一書目前已絕版，讀者可向各大圖書館借閱。

Section I

概　要

Chapter 1

緒論：如何使用本書

3 本書的目的在幫助你，一位學前幼兒教師——輔導幼兒學習及同化社會規則與期待的最重要職業。因為幼兒正在持續學習哪些是可接受的、哪些是不可接受的，因此，你對幼兒行為的回應在其社會學習歷程中是非常重要的。你何時及如何回應兒童不僅影響他們目前的行為，對其後續發展也深具意義。因此，當兒童表現挑戰行為，你所選擇的輔導技術不僅是直接針對這一行為，同時也影響其社會化歷程。

本書乃在提供處理特定行為問題的指引；各章敘述的技術著重具體的行為改變之指引，而非公式化的套用。所有建議乃在鼓勵你，認真思考為什麼該童會有挑戰的行為表現，進而提供系統處理這一行為的起點。

壹、理論簡述

教師應用各種技術處理兒童的行為問題。這些技術常以某一理論為基礎，說明該技術有效的基本原理。許多教師發現，源自各種理論方法的諸

多技術之綜合運用最管用。本書的所有建議來自不同的理論基礎。下列討 4
論將對源自四個特定理論：行為的、精神分析的、人文的、認知的等輔導技術做簡述，及如何將這些理論融入本書。

一、行為論

根據行為論——其主要倡導者之一為史肯納（B. F. Skinner），行為不論適當與否，都是兒童學會對其環境及其中的人之回應方式。當兒童與同伴及大人互動時，他乃在社會情境裡學習反應、回應、行為等方式，他也學習他人如何反應及回應他的社會行為。結果，兒童調適行為以配合他人的期待。

適應行為及挑戰行為都以相同方式發展，兒童的行為受到環境增強與否影響。可接受的行為若受到增強則持續；相同的，挑戰行為若受到增強也會持續。二者若未受到增強則削弱。兒童的許多挑戰行為因引起他人注意而增強持續，許多適當行為因未受到增強而中斷。

幼兒出現挑戰行為是由於他們過去的經驗，或缺乏對其期待的了解（有限的社會經驗所造成），這是一種正常的情況。透過技巧，成人能系統地改變兒童的行為，由不可接受到較適當的行為。

行為主義為表現為一門精確科學，強調僅以可觀察的用語定義行為（例如：打人、咬人、嘛嘴、罵人綽號等動作動詞），而避免用不可觀察的用語（例如：動機、嫉妒、生氣、悲傷等感受）。注重可觀察的行為，尤其記錄這行為發生的次數及行為的增加或減少等。行為記錄將於本書附錄裡的記錄行為部分詳述。

社會學習——班都拉（Albert Bandura）倡導的理論——加諸行為學派主張：兒童因觀察模仿他人的示範，學習如何對許多不同情境反應。觀察學習常發生於學前幼童教室（例如：兒童因教師及同伴的示範而表現同理
心、關心、禮貌、惜物等特徵），兒童特別喜歡模仿他們所愛慕、認同的 5
人之行為模式。除此之外，某些情況（例如：兒童看到楷模受獎勵）會更

容易造成對行為的模仿。

本書許多技術以行為理論為基礎，例如：每章建議教師以可觀察、可量化的標準謹慎辨認定義該挑戰行為。此外，每一章也建議配合其他各種技術如：示範、故意不理會等，同時有目的地增強適當的行為。

二、精神分析論

精神分析論，源自弗洛伊德（Sigmund Freud）的研究，對於討論兒童何以會有挑戰行為提供另一種觀點及處理的技術。這個理論強調檢視該行為的淵源及根本原因。

《兒童：挑戰》（*Children: The Challenge*; Dreikurs and Soltz, 1964）一書的合著者德瑞克（Rudolph Dreikurs）認為，所有挑戰行為源自四個根本動機之一：兒童會有這行為是因為他們追求注意，或因為他們向成人爭取權力，或因為他們想要報復、反對成人，或因為他們感到無助和無法完成合理的期望。大人在有效處理這行為前，首先必須確定造成這行為的原因。在改變挑戰行為方面，德瑞克提倡用鼓勵及合理的後果，勝於用獎賞及懲罰。

另一源自精神分析論的應用是艾瑞克遜（Erik Erikson, 1963）的心理社會發展階段論。根據這理論，敏於兒童在每一階段的需求，及認知該一發展階段所要面對的任務是非常重要的，例如：為發展幼兒的信任感，需提供一個一致性且有愛的環境。建立堅強的信任感是正向關係和引導的根本且必要的基礎。

幼兒期乃在追求自主感，可見諸於他們快速發展動作、語言、認知等能力的需求。因此，他們需要有許多機會在安全、愛、合理的環境裡練習獨立自主。幼兒若無法自立，則會滿懷羞愧及懷疑進入下一發展階段。

根據艾瑞克遜的下一階段發展，三至五歲兒童追求自動自發。他們需要在沒有大人不當的責難及批評中，能試探、滿足他們的好奇，嘗試新冒險。若是失敗，則造成畏懼退縮。

當兒童在學前階段末期，他們努力於發展勤奮進取。他們喜歡規劃、執行、完成計畫。他們也為工作、堅持等習慣奠定基礎，並深入了解社會規則。若是無法達成適當的勤奮進取，則會造成平庸及自卑感。

精神分析學派的主張也融入本書，例如：從全書中你會發現許多建議， 6
要你謹慎檢視挑戰行為的原因有哪些。通常，兒童的行為是對他們無法控制或無法了解等情境之回應，例如：父母離婚、新生弟妹、健康問題等。當大人努力推測哪些因素引發某一行為，就較能有效且敏於處理這些挑戰。

除此之外，本書鼓勵你考慮兒童表現挑戰行為之心理社會發展階段。幼童追求活潑自動，卻會做出與班級期待相抵觸的行為，例如：搶其他兒童的玩具、遇到挫折時咬人、打人，或經常對合理的要求說：「不！」教師若能了解該童這行為只是不成熟的自主表現而非偏差行為，則能溫和地指導解說，再引導其進入這行為的積極面。

三、人文論

另外的輔導技術，例如《父母效能訓練》（*P.E.T.: Parent Effectiveness Training*, 1974）一書的作者戈登（Thomas Gordon）所提倡的，即以人文論為基礎。人文論主張大人與兒童間所有的互動必須基於尊重及悅納。當兒童「擁有」自己的問題，教師必須尊重該童的權利及解決這問題的能力。因此，教師不是要勸告、說教或引開該童，而是要主動傾聽（active listening），基本上將該童所發出的訊息反映回該童（「聽起來你生氣是因為雅麗和瑪麗不讓你和她們玩」）。這樣的反映反而提醒大人了解兒童正在溝通什麼；同時，成人讓該童自己去解決這問題。

當成人「擁有」這問題，則需用不同的技術。教師用「我—訊息」（I- 7
messages）告訴兒童，他們的動作帶給老師的感受如何（「當我看到地上被丟滿了積木，我怕有人會踩到、滑倒、受傷，這真令我生氣！」），而不應用「你—訊息」（you-message）（「你沒有收拾好積木，你真是不負責！」）。

人文論的要旨也融入本書。仔細傾聽、坦誠說出你自己的感受、不貶損、不藐視等策略都是處理挑戰行為的一部分。總之，任何改變兒童挑戰行為的計畫，都必須給予該童極大的關注與尊重。

四、認知論

認知論——尤其是以道德發展為核心者，也建議一些輔導技術。皮亞傑（Jean Piaget）由確認兒童認知發展的階段演變（包括道德發展）奠定了認知理論的基礎。教師以歸納推理（inductive reasoning）培養兒童增長邏輯思考的潛能及自主。經由邏輯及推理，教師協助兒童了解他們的行為表現對他人之後果，重點在他人的權利及感受，而不是懲罰式的訓誡或限制。此外，大人讓兒童有許多機會做決定及經驗這些決定的後果。邏輯推理及做決定的機會可協助兒童發展自我控制。結果，兒童的動作愈來愈依據內在的統整，而非僅是做人家叫他做的事（Kamii, 1984）。兒童若自幼成長於有教養、尊重的氣氛之環境中，即較會遵守合理的期待，因為這些期待是合理的、邏輯的。

維高斯基（Lev Vygotsky）的理論也加入對幼兒輔導的建議。在這種社會文化理論上，他特別強調成人及較大同儕的角色，協助兒童學習他們文化的期待和參數。他強調成人常藉鷹架作用提供幼兒經驗的重要，給幼兒足夠的輔導使他們能學習新技能。這適用於學習知覺動作技能，例如：益智拼圖；大肌肉運動技能，例如：學會踩三輪車；或社會技能，例如：學會與人分享相互滿意的遊戲項目（Berk, 1994）。

本書也有引自認知論。當教師用心於增長兒童自我管理的發展需求，此一了解即可反映於他們與兒童的互動、對兒童內隱或外顯的期待、所採用的輔導技術等。如此，受協助的兒童逐漸覺察其行為對他人的影響，並發展負責的社會行為。成人的鷹架作用幫助孩子發展技能，可協助他們發展社會技能及其他技能等能力，這正是兒童所無法單獨承擔達成的。

貳、基本假定

在這本書裡提供的策略，是根據一些關於建議使用策略的情境和氣氛之基本假定。教師在尋求解決挑戰行為之前，他們必須確定一些基本條件是存在的。

一、環境與教師

本書對於處理特定行為挑戰所概述的建議，應是在以兒童為導向、適合其發展的環境裡，其可提升和促進積極互動和活動。此外，與孩子相處的教師必須認知到他們在輔導幼兒所擔任角色的重要性。他們必須是前後一致、客觀、體貼的。他們必須把表現欠佳的孩子看成一般孩子在做挑戰行為，而非看作「壞」孩子。在第二章關於環境的部分，提及老師的角色在鼓勵適當行為，會有更深入的討論。

二、為什麼兒童會有挑戰行為

這本書的另一假定，是關於為什麼孩子會表現挑戰大人的行為。教師必須非常小心地檢核為什麼孩子表現某些行為，不能僅僅認定該童有過失，就認為必須去改變其行為。通常，環境因素包括這老師的行為，是該童行為挑戰的根源。本書各章在處理一特定行為時，會先討論發生的可能原因。教師在試圖改變該童的行為之前，必須先排除所有可能的外在因素。在第三章會詳盡討論，為什麼兒童會有挑戰的行為表現。

三、規則與期待

本書的第三個假定是，兒童需了解大人對其行為的期待如何。如果孩子未能察覺哪些行為是可接受的、哪些是不可接受的，就無法期待他們遵守。幼童方案應該是對該童發展一些有用的簡單常規。學前兒童的規則大都強調安全，會導致對自己或他人傷害的行動必須預防。當規則是合理的，他們較容易遵守。經常檢討行為規則和解釋原因，有助於防止許多挑戰行為的發生。

另外，重要的是要認知到，許多時候孩子表現挑戰行為，只是因為他們不知道他們的行為是不被接受的。雖然孩子通常知道他們的行為表現是大人不喜歡的，但實際情況並非都如此。因此，重要的是：成人要幫助兒童區分可接受行為和不可接受行為間的差別。如果孩子未察覺自己行為的後果，有時一個簡單的口頭解釋即可；相反地，期待的行為則需以楷模示範或更有系統的方式教導。另一方面，如果孩子了解這行為是不被接受的，但他們卻繼續做，教師就必須考慮怎麼改變這行為，這在本書後續的章節會討論。

四、成人前後反應的一致性

本書的策略建議另根據的假定是，成人的反應要前後一致。成功改變兒童不當的行為，要靠成人前後反應的一致性；對執行改變兒童行為計畫的結果有信心，是極為重要的。經相當時間兒童仍會持續某一行為，是因周圍人們的反應增強此一行為；因此要改變這行為，必須完全袪除對這行為的增強。

若成人大部分時間故意不理會該行為，卻又間歇地給予注意，則會造成兒童混淆。對成人前後反應不一致的困惑，幼兒會以增多該不當行為來找舊有的、期待的成人反應。

五、行為發生的頻率

本書的另一假定是行為發生的頻率。本書所提的策略在處理一再出現的不當行為。兒童可能因單一因素表現不當的行為，例如：可能累了、家裡有壓力、被同學激怒等，這時應沉著地告訴該童這行為是不被接受的，同時並解釋其原因。若可能，要矯正這情況，例如：教師可讓累了的兒童在靜息區躺下休息。並非所有問題都可矯正，但要讓該童知道成人的用心。若經相當長的時間，同一挑戰行為一再地發生，則可能環境中有某些事物 10 增強了該行為。需密集地檢核這行為發生的情境，再以系統步驟矯正之。

六、家庭與學校的溝通

最後本書假定，處理挑戰行為的最有效方法，是在許多情況下強調教師和父母的合作努力。教師面對兒童一再重複挑戰行為，應以誠實、無威脅的態度與家長溝通。家長可能已注意到這行為。若教師與家長一同努力解決這問題，會發現家庭與學校的溝通是最有效的。家長對其子女行為的看法可能有異於教師，則有待釐清基本價值以增進了解。

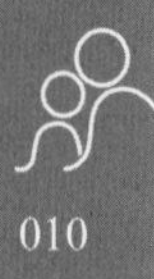

參、如何使用本書

本書乃在協助學前教育教師，有效處理學前情境最常發生的行為。若教師要改變特定的挑戰行為，可參考本書目錄找到有關的行為情況。大部分常見的學前兒童行為情境已收錄在本書裡。每一特定行為都自成一單元來討論，可針對該特定行為找出與本書最有關的一章來研讀。

本書各章均採同一標準格式，下列乃各章的大小標題，茲分別解釋各項資料。

敘述這行為

本段在指明這特定行為。

觀察這行為

在處理這挑戰行為前，要蒐集所有有關該行為的可用資料。本段在提供行為發生的可能線索，例如：何時、何地、如何、為何會發生這行為，有些建議與特定情境有關。根據本段內容，教師需仔細觀察該童行為好幾天，有意的觀察會獲得一些寶貴的資料，做為較正確處理這行為的基礎。本段並非窮舉改變這行為所有有關的觀察要點，而是在協助教師盡可能多方面檢核這行為。

與家庭諮詢及合作

在本書各章，建議與該童的家庭合作，找出解決其行為挑戰的途徑。在與家庭成員討論關心的事之前，重要的是要基於信任和相互尊重建立良好關係，這將在第六章裡詳細討論。在這樣的基礎下可更積極地討論問題。與該童家庭成員討論你的關心，你們將有機會交換資訊及共同合作找出該問題的解答。例如，如果該童的行為發生在校外的情境，家庭成員能幫助你了解，共同合作找出該問題的解決途徑和實施方法，為該童提供一致的管教，並確保這解決途徑是學校和家庭都支持的。持續通知家庭該童的進步，分享該童成功學會更適當的替代行為，這是非常重要的。

考慮其中涵義

本段在探討若未能改變挑戰行為則會發生什麼結果。在處理兒童的不當行為時，教師有時會有自我挫折的反應；這可能會使行為的挑戰惡化，造成惡性循環，原本努力要改變這行為，反而強化之。

探討變通策略

本書的重要考慮是，不適應行為並非全然因為該童的緣故。本段在了解有哪些變通方式，可改變或消除該童這行為；通常，環境會鼓勵某一行為的發生，例如重新安排擁擠區域的桌椅，會減低兒童在這區打人的行為。經初步觀察行為後，就在本段仔細考慮變通方式；當所有有關的變通方式都嘗試無效後，才開始正式擬定這行為的改變計畫。

敘述這目標 12

本段以敘述所要改變的行為為目標。這目標只是建議，可因兒童、環境、教師、家庭期望等的不同而異。例如，同一不當行為，對甲生可能要完全消除，對乙生可能只要減到較低程度即可。在實施改變計畫前有其目標，則可依目標評量進步情形。

方 法

針對該章的特定行為，本段逐步呈現改變的方法。

定 義

對擬改變的行為要明確定義，使所有輔導該童的成人對該行為的概念一致是重要的。

策 略

每一方法列舉好幾個序列或並列的步驟。本書所討論的行為大都建議增強變通的適當行為為一策略。有些章採故意不理會挑戰行為。另有些章採逐步改變，每一階段漸增其預期的通過標準。

起點行為

在開始改變兒童行為的方法之前，對該問題的嚴重性及大小的感受是重要的。例如，莎拉打其他孩子的次數有多頻繁？皮特每天叫其他孩子綽號多少次？胡安每次勃然大怒持續多久？在放棄並轉向一新事物之前，艾麗森待在同一活動多少分鐘？在你開始一系統的改變方案之前，有關該童行為的一些資訊，可提供你以後比較改變與否的基準線。在本書附錄裡的記錄部分，提供了如何以簡單有用的方式做紀錄的詳盡討論。

13

維　持

當目標達成後，重要的是要維持之。本段在建議如何協助該童維持這一良好行為，避免退回以前的挑戰行為。

肆、結論

當看完「參、如何使用本書」這段後，你會發現行為改變是煞費苦心的事。必須知道，困擾行為若未能有效處理，需再花相當時間及努力嘗試去克服；而花掉相當時間及努力，相對即減少了您與該童積極的互動。

時間管理是重要的。更重要的是，挑戰行為對該童自我概念的影響。成人對挑戰行為的回應是負面的，該童受此負面的注意而無法發展良好自我價值。

當消除了挑戰行為後，教師及該童都受益；進而，該童學會適當行為本身即是獎勵。

參考書目

Berk, L. E. 1994. Vygotsky's theory: The importance of make-believe play. *Young Children, 50*(1), 30-39.

Dreikurs, R., & Soltz, V. 1964. *Children: The challenge*. New York: Duell, Sloan and Pearce.

Erikson, E. H. 1963. *Childhood and society* (2nd ed.). New York: W. W. Norton.

Gordon, T. 1974. *P.E.T.: Parent effectiveness training*. New York: Peter H. Wyden.

Kamii, C. 1984. Obedience is not enough. *Young Children, 39*(4), 11-14.

Chapter 2

建立積極環境、鼓勵適當行為

14 鼓勵適當行為的最有效方式之一，是建立養成這行為的環境。仔細考慮發展適當的環境，提供兒童能積極參與各種促進成長的活動情境。廣義而言，學前兒童環境包含：物理情境的安排、情境內提供的材料與活動、時間管理、成人的動作及回應等。本章討論這四個部分，考慮每一部分對兒童行為的積極影響。

壹、物理情境的安排

學前兒童教室一般包含多種設備及材料的設計，協助幼兒的身體、認知、社會、情緒等發展。環境的安排要充分發展兒童建構的及利社會的行為，唯必須考慮兒童的需求以示尊重。

良好的學前兒童環境，例如：經由適當且具挑戰性的設備與材料，可
15 增強小肌肉及大肌肉運動技能；教室安排及謹慎選擇材料，可提供兒童培養其物品分類、關係、測量、比較、配合、命名等認知發展；當兒童的空

間不擁擠、有大量各種物品可用、有許多材料促進社會遊戲等，可增進積極的友伴互動；當兒童有信心、有能力地使用適合其能力及體型的設備，空間及材料的安排便於兒童自己選擇使用等，可培養兒童自主感的成長；用心設計、滿足兒童需求及發展的適當環境，也可增進兒童的自我尊嚴。

布置教室要用心、注意，不應隨便做。學年開始時是考慮如何做好教室安排的好時機。隨著年齡增長，兒童較長大成熟了，教室安排的改變要能反映其能力、興趣、注意廣度等的變化。

一、環境傳遞的訊息

教室桌椅的放置及組合，傳遞給兒童許多訊息，例如：當所有積木存放在架上，地板上有明確的積木區並與走道隔開，即很清楚地傳達一個訊息：「這裡是你堆積木的地方，積木不會被踢倒，也不會妨礙到其他人。」當桌椅安排得沒有大的開放空間，這訊息是：「教室裡是用走的，不是用跑的。」當每一個兒童都有個人空間放自己的所有物，這訊息是：「你的所有物是重要的，你也是重要的。」當靜態活動集中在教室一角，而動態活動集中在教室另一端，這訊息是：「教室裡有的地方可以大聲，有的地方要小聲。」當家事區裡只適合四至五位兒童同時玩，這訊息是：「這裡只可容納少數人活動。」當環境非口語地傳遞訊息，就鼓勵兒童有適當的行為表現。

二、空間安排的一些指引

許多有用的指引可協助教師安排教室，充分養成積極的行為。從門窗的位置、教室的大小及形狀，某種程度上就控制了教室的安排。除了固定的特徵外，尚有許多方式安排學前兒童中心。為使兒童及教師都感覺舒適，在規劃教室時必須考慮整體安排的和諧。顏色要愉快柔和，窗戶的光線或燈光照明要最適於增進活動，室內空間要統整且互補，家具安排有組織且合理。謹慎運用地毯及牆壁覆蓋物以降低室內噪音。 16

班上各活動區要明確釐清。室內空間通常分成數個個別學習中心或興趣區，這些中心集合材料及設備供做藝術、操作、積木、扮演遊戲、音樂、科學、數學、語文、木工、烹飪、電腦、玩沙玩水等感官活動和其他種種功能的活動。學習中心的材料有組織地擺放在架子下層，供兒童自己選擇；當兒童能看見材料並容易取得，他們就能獨立選擇他們所要玩的，玩後放回適當的地方。除此之外，室內的走道要明確且無障礙，像走廊一般。

各活動區的組合要合理，靜態及動態的活動要分開。操作、藝術、語文、數學、科學等活動通常較靜態，要與較動態的活動如積木、家事、大肌肉運動、音樂活動等有所分隔。有共同元素的活動可加以組合以盡量擴展遊戲，例如：並列積木區與扮演遊戲區，可鼓勵擴展遊戲。

好的學前兒童教室有空間供團體、小組、個別等活動。大多數班級老師規劃某些區，供所有兒童在一天中一或多次參加團體活動，例如：說故事、運動、音樂等。教室內也應有不同區供小組一同遊戲，特別是自選活動時間。另外，也需個別空間，尤其當兒童全天在幼兒中心，必須考慮他們隱私及舒適的需求；個別封閉的空間，讓兒童能暫時離開忙碌的班級活動。也可以有一個安靜的區域，譬如圖書室；或在室內設一個小器具箱，一邊及頂端是開放且看得見的，裡面放一些軟枕、可擁抱的玩具、書等。兒童也應能使用舒適柔軟的空間，例如：豆袋椅、枕頭、毯子等可以使其放鬆舒服。

學前兒童環境最重要的項目之一是安全。事實上，安全應是幼兒環境中最優先考慮的事。任何未靠牆的家具應是堅固、穩定、不會被兒童撞倒的，電源插座要加蓋，所有家具及存放的東西要沒有銳利的邊緣。安排良好的教室應有清楚肯定的界限及走道，以減少安全顧慮。

所有物理環境因素影響兒童的行為。當環境是愉快、溫暖、吸引人的，帶給兒童的訊息是：這空間是為他們而設計的。當環境有自然界限，兒童發現這樣更容易遵守規則。當環境沉默地顯示能做的活動類型，兒童會較願意參與這些活動；環境顯示對兒童的尊重，他們會更易於以尊重回應。

貳、材料與活動

教室安排為活動的舞台，但任何好的學前教育方案，具備適當的材料與活動是必要的。這需要配合兒童的年齡及發展層次，如此，兒童才能接受適當難度的挑戰。如果材料及活動太容易，兒童就會感到厭煩；若是太難則會有挫折感。厭煩及挫折都會造成挑戰的行為。

一、適當的材料

有許多適當的材料，不論市售的或自製的，可用於學前教育方案。針對你的方案，選用材料需考慮兒童發展的適合性，應包含許多活動與變通選擇，及增進所有領域的發展。確定要做的是選用各種材料，以符合上述教室內諸學習中心之所需。

對相當年幼的學前幼兒而言，遊戲項目可鼓勵：建立詞彙、提升平衡感、練習手指操作、獨立感的成長等。較小幼兒的教室裡，一般是較基礎的、較少的項目，但同一物品的數量應不只一件，以調適學前幼兒有限的社會能力。相反地，較大的學前兒童要求廣泛選用適合於較複雜、有挑戰性的環境之材料，以便運用其各發展領域上較精緻的技能。他們的環境也提供許多可增進社會遊戲的材料。

所有幼童材料要能促進主動參與及探索。任何不要求兒童活動，或不能擴充其想像力的事物，很快會令兒童感到厭煩。要使兒童主動參與的方法，是提供廣泛的開放式材料，例如：積木及扮演遊戲的布偶能彈性使用，沒有特別限定要如何使用。當然，並非所有材料都要採開放式的，例如：拼圖只有一個正確結果。 18

二、適當的活動

就現有環境的情況，教師通常規劃廣泛的課程活動，以增進學習及發展。如同材料一般，活動必須適當地發展，以配合兒童的需求及興趣。活動必須要能讓兒童主動參與，教師所帶的活動，若兒童被動地旁觀是不適當的。

幼童的興趣及其對環境的具體了解，提供了某些範圍以選擇適當的主題活動。活動應源自兒童具體的生活經驗，並與其現有技能有關。活動要能增進及擴充學前兒童對自我、家庭、學校、社區的了解，因為其範圍仍相當受限於他們的直接經驗。

材料及活動也影響兒童的行為。當這些材料及活動適合年齡發展，傳達給兒童的訊息是：這些是特別為他們設計的。當材料和活動具適當的挑戰性，兒童會努力主動參與。當有許多不同的材料及活動，可增進所有領域的發展，滿足所有興趣，兒童會積極地充實他們的時間。當所選的材料和活動顯示對兒童的尊重，則兒童對這教室及裡面的人較會表示尊重。

參、時間管理

另一個深入影響兒童行為的環境因素，是時間的安排。學前教育方案的日課表，必須考慮及敏於兒童的發展能力及需求。日課表必須是穩定的、可預測的，同時也要留有某些彈性空間。排日課表的方式不只一種；事實上，因為日課表必須適合於兒童，每一班常各有不同的調整。

一、日課表的要素

日課表必須平衡諸時段，以調適一天的活動。許多學前教育方案大部分的時段是自選活動，兒童從現有的材料及活動選擇他們喜歡的。在大團體活動時間，兒童及教師一同參與故事時間、音樂、運動、討論。相當多時間用於戶外遊戲。也有功能活動時間，例如：午餐、午憩、休息、如廁等。除此之外，安排整潔時間，將教室裡物品歸回原位是明智的，讓老師及兒童都了解整潔活動時間在方案中是重要的。

二、安排活動時間的指引

以有效率的方式安排課表，包括了動態與靜態時間的交錯安排，以適於兒童消耗精力及放鬆的需求。兒童在靜態活動之後，應有機會做體能活動；相反地，在動態活動之後應靜下來休息。因此要考慮循環平衡較動態的戶外遊戲、活動時間、運動練習，與較靜態的聽故事、午憩、點心時間等。

在一天中，兒童主動的與教師主動的活動要平衡。許多方案提供大部分時段供兒童決定：參加哪些活動、如何做，以及什麼時候需要教師的指導。兒童主動的活動可協助兒童發展自動自發、主見、獨立決定、社交往來、主動、探索、創造等特質；成人主動的活動可鼓勵聽從成人合理的指導、悅納成人的權威及智慧。許多兒童主動的活動若謹慎保持平衡，有助於兒童發展上述這些特質。

課表也需要考慮到該童的發展程度。對有較大注意廣度的較大學前兒童，你能計畫較長的時段供做各種活動，譬如：故事、音樂、活動時間等。對較小的學前兒童，無法期待他們做超過五或十分鐘的團體活動；他們也許需要額外時間做功能活動，譬如：吃飯、如廁、小憩、清潔工作等。也要考慮到該童的一般活動程度，如果團體活動大部分是特別動態的，課表應該包括更多主動休息的機會。最後，天氣也可能影響課表，當溫度極冷或極熱時，課表應該考慮到較多變通的室內活動。

三、轉銜時間

日課表中常被忽略，但卻非常重要的一點是活動間的轉銜時間。把轉銜時間作為日課表的一部分是有助益的，這一時間給兒童許多學習機會。用心思考兒童活動事件的順序，由一學習區到另一區，例如：由圓形地毯轉到廁所、再轉到點心桌，或從整潔時間轉到穿外套、再到外出等。若是未能用心安排這些時段的轉銜，則會造成時段間的混亂。

兒童要能覺察即將來臨的轉銜時間。你可透過平常使用的線索或信號，如歌聲、語調、錄音、鈴聲、閃爍的光等，提示即將來臨的整潔時間、團體時間、戶外時間等。在活動結束前的提示可提醒兒童，讓兒童準備結束所參加的活動，知道在幾分鐘內必須完成整潔活動。

有些轉銜時間用來限制下一活動兒童的流量。在一般短時距內，讓四位兒童上盥洗室，比同時讓二十位去方便得多；用熟悉的歌謠及手指遊戲能有效地達成這目標。

日課表也影響兒童的行為。當適當的日課表被建立及遵守時，能讓兒童穩定地知道下一步要做什麼。當日課表讓兒童有大量時間追求自己的興趣，他們將愈能積極地參加活動。當日課表仔細考慮兒童對活動、休息、營養等的需求，兒童將愈能適當地表現。當日課表依兒童發展適當設計，顯示對兒童需求及興趣的尊重，他們愈會以滿足成人的期待回應。

肆、成人的行動及回應

學前兒童環境的最後一個要素是以兒童為工作對象的成人。成人的行動及回應也影響兒童的行為。具備兒童發展及學前教育原理的教師，較能了解班上的兒童並滿足他們個別的需求。事實上，研究發現：最能幹的學前教育教師，乃是受這方面特定訓練的教師。除此之外，個人特徵，例如：溫和、教養、耐性等也影響學前教育教師有無效率的形象。

從事學前教育工作需要有精力、熱忱、創意、開放的心胸等條件。教師認識自己工作的重要，特別是對幼童人格形成的影響，須用心並以深謀遠慮來工作。這樣的老師在對兒童行為做決定前會慎思熟慮，對兒童的回

應是尊重及前後一致。他們意識到自己的決定及行動對兒童影響深遠，因此不急於草率做決定。他們意識到兒童的需求及應獲得最好的，這也是教師所該給的。

伍、結論

鼓勵幼兒適當行為表現的基本方式之一，是建立積極的環境。如你在本章所見，提供這樣的環境需要：仔細安排物理空間、用心提供適當的材料與活動、良好的時間管理、環境中成人的慎思謹行及回應等。高品質的學前教育方案，要義在於預防的本質。若對這些元素加以密切注意，兒童不當的行為常是可避免的。

Chapter 3

何以兒童會有挑戰行為

22 在學前教育教室裡，兒童行為的範圍廣泛；每一兒童都各為一個體，就其環境而發展獨特的反應方式，許多適當的行為因成人或友伴的稱讚而持續發展。

有些行為是挑戰的，在學前階段有打人、破壞班上秩序、與其他兒童
23 互動有困難、隨意大小便等，這些行為並非不尋常，但應加以關心。本書是協助兒童學會適當行為以取代挑戰行為的實用指引。

有時，兒童的挑戰行為是由於需要或渴望被注意所促動的。孩子可能學會獲得成人注意的最佳方式，是做些成人不認為適當的事。例如，佩里知道，如果他打其他孩子，安老師就會注意他。如果佩里已建立了用打其他孩子引起注意的模式，那麼本書裡建議的技術，也許是改變這行為的最佳方式。人類行為受制於報應，在佩里的例子，安老師的注意足以維持他打人的行為。為何不是？畢竟佩里已發現獲得所需注意的捷徑！在後面幾章會討論特定的挑戰行為，你將會發現通常是什麼促動該童這行為。

另一方面，兒童的挑戰行為，是在該童的環境裡有其難以控制的因素所致。因此，重要的是教師要考慮導致挑戰行為的可能外在因素，在決定

如何改變該童之前，要仔細考慮這挑戰行為的可能原因。如果該童的行為是由他難以控制的事物所觸發的，教師就要設法適當減緩這環境狀況；當然，觸發行為的情況不是都可能改變的。例如，老師無法處理過敏症或不要有新出生的小妹妹，但是老師能了解該童有壓力，並幫助他找變通的克服策略。一些策略將在後續諸多章節提出。

下列各段討論較少或無法控制的一些外在因素，在教師檢討兒童挑戰行為時應予以仔細考慮。

壹、教師能直接影響的環境因素

有時，孩子的行為是直接肇因於早期童年環境裡的因素。我們將開始看看有哪些方面也許是教師能改變的。

一、物理環境

孩子活動的物理環境非常重要。環境會助長或抑制某些行為的發生。空曠的教室沒有間隔，易使兒童相互追逐；東西堆放在高處，小朋友常需依賴老師幫忙拿下來；室內走道穿越活動區，易造成破壞行為、攻擊行為。

空間的安排很重要。圍坐適合於說故事，排隊適合於上廁所。若擠在一起會有推擠、攻擊等行為；兒童自然活動量所需的個人空間若太小，會造成問題。

大環境中的活動及器材要經常地仔細評估。器材不夠會造成爭執或無所事事而閒蕩；活動及材料要適合兒童發展程度，要因應各領域的發展而變化；要經常評估環境對兒童行為的影響。需要改變的常常不是兒童，而是物理環境。 24

二、對兒童發展水準的不當期待

接觸兒童的成人都需了解兒童的發展階段，每一階段的發展有其獨特的特徵、需求、行為等。兒童會有攻擊行為，是成人對其要求太多或太少，造成其挫折或厭煩所致。

成人對每一兒童的期待要適合其能力發展。教室安排、教材、活動、日程表等的規劃，要如第二章所討論，適合該團體的特定特徵。若期待或環境不適合其年齡發展，則易於發生挑戰行為。熟悉兒童發展，有助於老師的規劃和反應：二歲兒童宜單獨玩而非分享一起玩；三歲兒童只能靜坐十五分鐘做道具表演秀（show-and-tell）；四歲兒童有時會不當地使用新學的字詞。

三、管教訊息的不一致

成人在不同時間對同一兒童或同一行為有不同期待，會使兒童無所適從，不知哪些是被接受的、哪些是不被接受的。教師需敏於這問題，適時做調整，並了解兒童對大人給的訊息做何解釋。又，家庭與學校對該童同一行為的期待不一，教師必須與家庭溝通以減少差異。若差異仍存在，則可告訴該生：即使你可以在家裡與兄弟扭打，但不可在學校與同學扭打。要成功地改變兒童的不當行為，大人前後的要求及彼此的觀點一致是必須的。

四、對刺激過於敏感

學前階段教學常是緊湊的、多采多姿的，大多數兒童適於這環境的刺激；另有些兒童可能因過度的顏色、噪音、活動量、運動量等刺激，感覺負荷不了。有時孩子出現過度活動、無法安於活動、不尋常地破壞或攻擊、難以專心或自我控制，是因為環境刺激太大了。當出現這種情形，孩子常會微妙地顯示負向壓力，例如：他們會因負擔過度而緊繃、緊張。

教師幫助這些孩子的方式有幾種。如果環境刺激太大了，至少提供教室裡一安靜區做為孩子的休息場所，這一區應該是隔開的、小的、簡單的設計和有裝飾。另一策略是檢查整間教室，確定調整是否有益於班上所有孩子，例如：教室裡的裝備及材料要更加有效地安排，以顯示非常明確的秩序感。更好的室內安排、使用地毯和枕頭等柔軟材料，以便降低噪音。更柔和或較少顏色能減少教室的視覺衝擊。也可參考第五章的「獨處時間」，進一步討論這個問題。

貳、教師無法改變的環境因素

有些其他外在因素會影響兒童的行為，但一般不是在教師能力所能改變的範圍內。我們將檢核下列這幾個因素。

一、健康問題

健康對兒童行為有明確的影響。教師宜了解兒童不舒服時會有哪些反應，例如他們鼻塞時、頭痛時、胃痛時。兒童不舒服時，處理自己行為的資源遠少於成人，也無法向成人說清楚感覺如何，只能以動作表現他們的不舒服。兒童生病不應來學校，但有的兒童是慢性疾病或輕微感染而來學校，這時他們的表現及容忍力降低；教師需了解兒童的健康狀況，及挫折容忍力較低的時候。

二、過敏

有些兒童的行為會受食物或環境過敏的影響，因而產生反應過度、哭鬧、注意力短暫等。了解哪些兒童經診斷有過敏及其如何地反應過敏是重要的。有些兒童也可能受所服藥物作用影響。

三、營養不良

兒童行為受他吃些什麼或不吃什麼的影響。兒童不吃早餐就上學，易於發脾氣、倦怠、哭鬧等。兒童平時飲食營養不均衡或缺少某些營養，會影響其能力表現或有不當行為。由兒童進用的食物、進食的習慣、進食的時間等資訊，可了解該童的營養問題。例如：如果孩子上學需花長時間坐車，最好當他們到達時就有點心可用，而不是要等一兩個小時以後。

四、感官缺陷

行為也受視覺、聽覺等問題的影響。視覺有障礙的兒童會有不安全感、不願嘗試、顯得笨拙、視動不協調、無法遵從指示，甚至故意違規。聽覺有障礙的兒童會大聲說話、易於分心、不注意、過度反應、出現違規行為等。考慮兒童的挑戰行為時，必須注意該童是否有感官缺陷，以致無法控制自己的行為。

五、缺乏親情依附

孩子在嬰兒期最重要的一個需求，是對重要成人安全的親情依附之形成；大多數孩子與他們的母親形成這樣一個親情依附。不幸地，父母在今日繁忙的生活方式和需求，有時無法留給孩子足夠的時間。有些嬰孩無法發展堅固的親情依附，以後在童年期會轉化成行為挑戰。研究顯示，在嬰孩期不安全的親情依附與其後的行為困難，有很大的關聯。

六、家庭壓力或變化

兒童可能因已習慣的日常例行作息突然改變，也不了解發生了什麼而產生異常行為，例如父母分居、離婚、經常吵架、金錢問題等家庭不合，也可能因新的弟妹出生、祖父母來暫住、搬新家、父或母外出不在家等改變。因此教師必須經常與家長開放地溝通，了解該童家庭狀況，進而解釋或預測該童的行為反應。

七、現代生活的壓力

今天，許多孩子的生活是忙碌、繁忙的，如同他們繁忙的父母般忙個不停，參加各種各樣的活動，例如補英文、學芭蕾、隨他們的父母度假旅行。這樣經驗固然能充實、娛樂孩子，但可能完全填滿他們的時間，沒有時間省思、遊戲。另外，許多孩子經常體驗一種以上的照料兒童安排，一般多達四或五種安排。這件照料時間的「拼湊物」，反映的常是父母所需的變通安排；因此能配合父母繁忙的行程表。由多位成人照料的副作用，27
也可能是變化和不一致的規則和期望。

參、結論

兒童的挑戰行為並非不尋常。在假定這行為是該童自己能力所及之前，必須仔細考慮影響該童這行為的其他因素；若是非該童能力所及之外在因素，老師須盡力去處理。有些問題是無法改變的，如慢性疾病或父母離婚，則教師需以同理心支持協助該童盡力去克服。

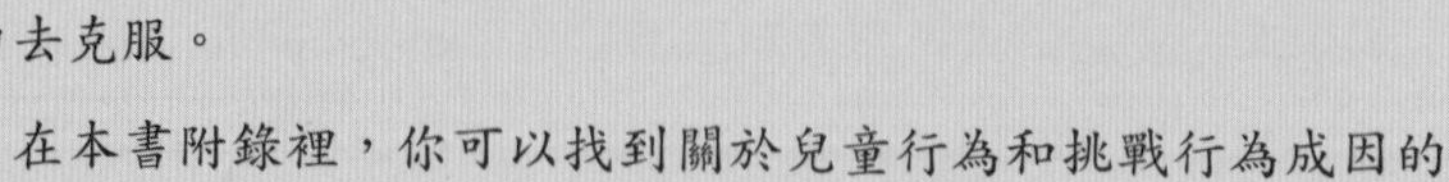

在本書附錄裡，你可以找到關於兒童行為和挑戰行為成因的額外資源。

Chapter 4

身心障礙兒童

28 由於法令規定及其具有意義，許多幼兒方案包含特殊需求幼兒。融合身心障礙孩子對大家都有好處，包含：特殊需求幼兒、非身心障礙幼兒、二者的父母、教師等。融合方案提供身心障礙孩子支持，因此他們能充分參與幼兒方案的社會世界；也提供這些無特殊需求幼兒楷模和支持，發展他們的同理心、容忍差異、教養、助人技能等。父母也能像老師一樣，了解所有孩子彼此有許多相同處，不論他們的能力程度如何。另外，教師可從孩子、父母、健康和心理衛生專業人員、他們自己的研究等學習，獲取他們領域的知識和技巧。

融合特殊需求兒童，本身就是有益的、應該被獎勵的，並具有挑戰性的。有時，行為挑戰是兒童整體障礙的一部分；有些孩子，行為困難是主要問題，其他問題是衍生的。另要提及的是，常有兒童雖未被正式診斷為
29 身心障礙兒童，特別是情緒或行為方面問題的孩子，也可能有與被診斷為身心障礙兒童類似的特別需要。教師教導身心障礙兒童的教材教法，對執行包括所有孩子的有效幼兒方案是重要的。

而且，教師和父母間的溝通也很重要。通常，父母是他們身心障礙孩

子資訊的最佳來源，他們不僅熟悉自己孩子的一般障礙，也是了解障礙如何影響他們這個孩子的專家。沒有兩個孩子是一樣的，每一位身心障礙兒童有其獨特的症狀、反應、限定、能力、協助需求等。對負責照顧身心障礙兒童的教師而言，該童的父母應是首要的資源。教師也應該認知，有這樣孩子的父母本身有其特別需要，因此，支援的和開放的溝通特別重要。

本章下列部分將討論特定的身心障礙領域，除了將討論該身心障礙領域外，並將連結其潛在的行為關切。

壹、身心障礙領域

一、情緒／行為挑戰

記住，所有孩子偶爾會有挑戰行為。我們所關注的是常失控的行為，特別是那些攻擊行為或破壞行為。這些行為可能源於生理功能失常，雖然大多與社會和環境成因連接：親情依附欠佳、教導不一致、頻繁體罰、虐待或忽視、其他許多可能造成情緒或行為缺陷的因素等。

近年來，較注意兒童早期顯現的泛自閉症。自閉症是屬於神經學問題，由於其社會互動和溝通的困難特別引人注目。這一障礙的嚴重度及症狀彼此變異大，處遇的變異也大。如果你班上的孩子經診斷為泛自閉症，可要求家庭讓你與該童的治療師接觸。學校和家庭的方法一致，有助於處理自閉症兒童的問題。

如果兒童的行為常干擾學前兒童方案的進行，那麼該童很可能有特別需求。有些孩子被診斷為情緒或行為缺陷，可尋求公立或私立方案的幫助。另外，學前教師可要求父母尋找專家幫助。本書所述許多策略在處理情緒或行為缺陷孩子是有用的。 30

二、肢體挑戰

肢體障礙的範圍從輕微的動作不便到幾乎無法控制肌肉。有些孩子可能受限於坐輪椅、可能需要協助做肢體動作、可能需要一些特殊矯正設備，或當他們在物理環境活動時可能只需要一台監視器等。動作障礙可能由於遺傳，或腦功能異常，或產前暴露於各式各樣的有毒物質或事故。

較普遍的肢體障礙是腦性麻痺，狀況由輕微到嚴重。腦性麻痺孩子經常有肢體協調的困難，他們可能會以異常方式移動胳膊、腿、面孔和脖子，且無法掌握這些運動。腦性麻痺也許伴隨智能障礙，但並非都是如此。從該童的治療師獲得資訊是重要的，確保你知道如何用最佳支援的方式處理該童的問題。

肢體障礙孩子也可能有行為挑戰，雖然這些障礙次於他們的主要障礙，例如孩子因無法跟上同儕，或成功地參加活動，或滿足溝通需要等感到挫折。教師敏銳的規劃和輔導該障礙孩子和其他孩子，有助於減少導致行為挑戰的情況。在本書某些章的一些策略，可能對那些動作障礙孩子有幫助。

三、認知挑戰

智力功能顯著落後同儕的兒童被歸類為有特殊認知需要。那些較輕度者僅在發展里程稍落後同齡，似乎發育未全；較嚴重缺陷者智商顯著低落，較少符合期待的能力表現，記憶和注意力廣度顯著短缺。認知障礙源於各式各樣的起因，包括：各種基因情況、產前暴露於各式各樣的有毒物質、一些病症、事故、虐待和忽視的極端情況等。

有些認知障礙孩子相當被動但脾氣溫和，例如唐氏症孩子傾向富感情及和藹可親，其他認知障礙孩子也許顯現行為挑戰。這可能由於挫折感、
31 不了解對他的期望、缺乏溝通能力或一般性的未成熟。教師在計畫活動和提供溫和輔導時，若能仔細考慮該童的能力和局限，當能幫助減輕行為挑戰。後續一些章節可用於認知缺陷兒童。

四、學習障礙

學習障礙最近被認為是醫療問題。其在幼兒期有些難以辨認，是因為這些症狀也可能由其他事物造成，譬如：厭倦、漠不關心、正常活動程度等。也有些學習障礙有聽、說、思考等基本學習歷程的問題，若孩子在運作讀、寫、算等技能有困難，則在低年級較易被診斷出。有時，兒童的空間覺察有困難，可能是有身體平衡和協調的問題。

學習障礙最普遍的特徵之一，是注意力缺陷過動症（attention deficit-hyperactivity disorder, ADHD），不應該與繁忙兒童的正常活動程度混淆。ADHD 孩子的注意力廣度非常短，經常是靜不下來、衝動的控制差、無法專心注意、非常容易分心等。這樣的孩子需要醫療幫助，一般要接受醫學治療。針對這樣兒童的需要，教師需用心安排才能在教室有效的發生作用：安排教室空間以使分心程度降到最低、提供肯定一致的輔導、計畫能幫助學障孩子的有趣活動以增進專心，特別是 ADHD。後列諸章，特別是第四十四章注意力短暫，可為有這樣孩子的教師提供一些有用的技術。

五、產前暴露於藥物和酒精

愈來愈多的學前教師發現，班上會有孩子在胎兒期暴露於各式各樣的藥物，或因為他們的母親在妊娠期酗酒而被診斷為胎兒酒精中毒症（fetal alcohol syndrome, FAS）；有些兒童，同樣在產前暴露於酒精，但衝擊較不嚴重，被診斷為胎兒酒精效應（fetal alcohol effect, FAE）。產前暴露於藥物和酒精對幼兒所產生的影響相當多樣化。有些顯現的影響輕微，然而，另外還有攻擊、衝動、變化莫測、對他們的行動不計後果。

許多產前暴露於藥物和酒精的孩子，有不安全的家庭生活、缺乏情感支持等的複合因素。服務這些孩子的工作人員發現，在有結構的環境裡，敏銳、有專業的教師，是對這一缺陷的最佳解藥。因此，對這些孩子這樣的支持，及保護所有兒童潛在變化莫測爆發的預防措施是重要的。本書後續諸章，提供策略滿足產前暴露於藥物和酒精孩子的需要。

六、感官挑戰

有些兒童的特殊需要源於聽力或視覺的缺陷，這樣的感官缺陷範圍，從輕度聽力損失或視力損失到幾乎完全損失。聽力擴大器或眼鏡可能矯正一些問題。感官缺陷源於產前和產後的許多成因。

有嚴重感官問題的孩子在早期就被診斷出和處理，但許多孩子的聽力或視覺是部分損傷而未被發現。有些行為挑戰是由於孩子被誤認為故意製造噪音、敲東西、濺溢出等的結果，問題也許是無法區別噪音或看清楚。為幫助這些孩子參與學前方案而多獲益，教師敏於潛在的感官缺陷，及調整環境以適應被診斷出有聽力和視覺困難的孩子是重要的。後續的諸章介紹的一些策略，可對這個過程有幫助。

七、感覺訊息處理障礙（SPD）

感覺訊息處理（sensory processing）指我們透過運動及各種感覺（視覺、聽覺、觸覺、味覺、嗅覺）接受、組織和解釋訊息。有些孩子無法透過感覺對訊息做適當反應，是因為他們的腦子解釋如何接受及如何反應訊息的方式所致。有些感覺訊息處理障礙的孩子對感覺訊息過度反應，對感覺訊息感到負荷過重；另有的孩子感到感覺訊息輸入很少，結果經常尋求刺激。

因為感覺訊息處理障礙的孩子從環境獲得的訊息不完整，他們經常反應不當。由於有挑戰行為，他們常被標記為「困難的」孩子。同儕傾向避開他們，造成他們低自尊。經診斷為感覺訊息處理障礙的孩子應該接受適當的治療，協調家庭和學校的反應。

八、說話和語言挑戰

由於講話或語言的問題，有些孩子無法有效地溝通。這樣的問題也許是源於生理、也許是認知缺陷的副產物、也許是在早期的生活中缺乏語言刺激造成，或常是未知的原因等。若孩子比他的同儕較難理解，或他在學校和在家裡很少或從未講話，這就有問題了。如果孩子接受語言治療師診療，學前方案和治療師間的協調是重要的。 33

有說話或語言問題的孩子也許參加學前方案有困難，因為他們無法適當地表達他們的願望和需要，結果是與同儕溝通有困難。一些孩子也許發現肢體「溝通」是有效的，譬如打人；其他孩子也許是退縮和不參加教室活動。無論如何，教師敏於協助該童，幫助他成為一個完全的參與者是重要的。後續章節建議的一些策略，有助於處理說話和語言缺陷孩子的問題。

九、身體病弱的問題

有些孩子遭受持續的健康傷殘，也許需要特別調適，也許參加學前方案活動有困難。有些孩子有糖尿病、哮喘、癌症、纖維囊腫、愛滋病、其他長期疾病或絕症等；雖然他們無法像同儕常上學，但可參加部分學前方案。採取保障措施是重要的，保護學前方案裡其他兒童避免受傳染，父母和醫療專家要提供適當的指導原則。

一個病弱的孩子可能因惱怒自己的情況，憤怒攻擊他人；另一方面，有些這樣的孩子也許是退縮和不參加教室活動。他們也許能量有限或感覺沮喪。不論該童的反應如何，教師的協助在於幫助該童感受舒適，做必要的調整以協助該童能充分參加班級活動，以及持續使他感受是這個團體的一分子，即使他的出席是零星的，這些非常重要。下列一些章裡，將建議如何幫助慢性疾病的孩子。

貳、結論

本書後續的其他部分，在處理特定行為問題的章節裡，有針對障礙孩子的諸多參考，及教師該如何處理這問題的建議。下列諸章，出現星號（*）是提示與特殊需求孩子的相關資訊，也有註腳詳述有關資訊。

在本書附錄裡，你會找到關於身心障礙兒童和可能的挑戰行為之額外資源。

Chapter 5

處理挑戰行為的技術

適當輔導幼兒行為是重要的，兒童的自我概念深受成人如何回應其 34
行為之影響。輔導方法對班級流程是否順暢或常常被打斷的影響是
直接的，有些特定技術可維持正向的行為及消除挑戰的行為，本章概覽地
討論本書下列各章的技術，特別是在各種情境的適宜性。

壹、積極增強

積極增強是首要的技術，應時常使用，但時機要適當；進而，應常配合其他技術一併使用，以改變兒童的挑戰行為，告訴該童他所表現的行為是成人所期待的，以維持這好行為。

記住，口頭增強需要有意義和真誠，空泛的稱讚或敷衍的承諾無法帶給孩子正面的訊息。反之，增強不一定都要用口語表達。悅納常可用許多
微妙的方式傳達，微笑、觸摸、視線接觸、擁抱等，都可將大人贊同其行 35
為的訊息傳達給兒童，效果不輸口語讚美。有時，教師不願中途打斷兒童

的活動，就可以非口語的增強表示讚美及認可。

特別的是，增強技術可用來改變兒童的消極行為。教師應記住：要改變兒童的不當行為，可扣除該童某些事物，尤其扣除先前對該童這行為的注意。要減少不當行為，不僅需要讓該童知道哪些行為是不被接受的，而且必須經由增強讓該童知道另有哪些行為是被接受的。每一不被接受的行為有其對應的被接受行為，應積極增強、鼓勵被接受的行為，使其養成好習慣。若兒童常打人，當他以適當方式與友伴互動時應增強之；若兒童常啜泣，當他以適當方式陳述時應讚賞他；若兒童要破壞團體活動時，應告訴他在參與時他表現多好而增強之。

有時，需密集地以連續增強協助兒童快速學會適當行為。例如：對三歲幼童密集地施以連續增強，可將每小時平均攻擊他人四十次降至一次。這幼童對其他方法都沒反應，因此施以每隔三十秒不打人即增強一次；經實施兩天，打人的比率急速降低；這樣經數週，漸次改為間歇增強，直至完全不再打人為止。這期間，教師花相當多時間於連續增強；但就長遠而言，省去了許多安撫被打的兒童及處理該童行為的時間。

貳、故意不理會

「故意不理會」是很有效的策略，但很難執行。當兒童一再重複同一事以激怒老師或破壞班級秩序，「故意不理會」是個好方法；唯「故意不理會」不適用於該童會對自己或其他兒童造成傷害時。若是兒童因要求成人注意未果而表現挑戰行為，則「故意不理會」會特別有效；該童在表現該行為前，會注意是否有人在看，則顯然是殷盼有人注意。

要所有有關成人每次對該童這行為予以完全忽略是困難的，但若要這策略有效則必須做到；即使皺眉、嘆息等非語文訊號，也會被該童意識到大人的注意，而使這策略失效。「故意不理會」是消除激怒或破壞行為重要且有力的技術，唯「故意不理會」這不當行為的同時，必須以增強適當的行為來替代。

參、自我控制時間

有時，「自我控制時間」常會幫助孩子有機會離開教室的活動和刺激核心，恢復對自己反應和情感的控制。與較傳統的暫停增強（隔離）不同，「自我控制時間」讓該童更有權力掌握如何實施。它不是完全受教師控制的。暫停增強（隔離）常以懲罰的方式施行，自我控制時間則容許該童能自我控制時，自行恢復鎮靜和回到教室參加活動。重點是由兒童控制該情境而非由教師控制。

「自我控制時間」必須慎用，主要用於兒童會傷及自己或他人時始用之。需要立即制止攻擊行為時可用「自我控制時間」，但並非最佳方法，不可常用。經教師告知該童這行為是不被接受的，而該童卻一再表現這攻擊行為時（至少連續兩次以上），才可以採用「自我控制時間」。

在決定使用「自我控制時間」前，需經有關教師同意，一致採行此同一方式。所有有關老師事前對下列看法必須一致：對該行為的定義、執行「自我控制時間」的場所、實際執行過程等。

本書對「自我控制時間」過程的建議如下：

1. 即刻確定被攻擊的兒童是否受傷；若可能，由另一位老師安慰該名受害者。
2. 冷靜地將該童帶入「自我控制」區，肯定且平靜地說：「我不容許你去傷害其他兒童。請坐在這裡，直到你可以再加入友伴為止。」
3. 在「自我控制」期間離開她、不看她或不與她說話，口語或視覺接觸會增強該童這行為。
4. 若有其他兒童靠近「自我控制」區，靜靜地叫這兒童離開，並解釋：「珍需要獨處幾分鐘，等她回來上課才跟她說話。」
5. 當該童認為她準備好如此做，讓她再加入班級活動。不要訓話。她知道被隔開的原因。引導該童有建設性的行為，你可建議她加入持續中的活動。增強該童盡快參與適當的活動是非常重要的。

6. 如果該童未準備好之前重新加入班級活動，再次出現不被接受的行為，就對她說：「我想你還沒準備好加入我們。」帶她回到自我控制區。再次讓她自己確定她何時準備好再加入班級活動。

「自我控制時間」不是懲罰，它應是讓該童靜下來並思考發生過的事。有時，攻擊行為是一般的憤怒、焦慮、不舒服等之反應，讓她離開班級的刺激一會兒，有助於該童冷靜下來。

肆、獨處時間

另一種有效的方法是獨處時間。有時會有一些兒童發現自己負荷不了班上的噪音、活動量、一般刺激等，需有機會離開片刻。一些兒童的神經結構也許無法處理這樣的過度刺激，例如早產兒或產前暴露於藥物和酒精的孩子，也可受益於這樣的策略。一個安靜、較少刺激的隔離區乃因此而設置，可設於教室內或外；若是設在教室內，則要設計得有離開班上一般活動及嘈雜的感覺。

一位兩歲半男孩在班上行為極具破壞力及攻擊性，每天早上發脾氣四、五次，對傳統改變其行為的方式少有反應。教師發現該童在攻擊他人前極為焦慮，經有關老師討論，該生可能有時無法處理班上刺激程度，因此擬出一新策略。

第二天老師與該童談話。讓該童知道老師「看得出」他開始要生氣了，問他是否感到自己要「發狂」了？他表示確是如此。教師告訴他當他覺得要生氣發作時，可以離開教室到特定區（如教師辦公室），該特定區有小桌椅及可操弄的玩具；唯在每次離開前，必須先告訴教室裡的老師。

該童行為有相當的變化。第一天他開始定期離開教室到特定區，其不被接受的行為即戲劇性地減少，即使未能完全消失。他不會濫用離開教室的特權，也不會跑到其他地方，並約在五至十分鐘內回到教室來。一天離開教室多次，如此持續了兩年；第三年他轉到兒童中心，離開教室的次數減少了，但仍保有離開的特權。他說每當他要發脾氣時，讓自己離開教室可使自己覺得舒服些。

當處理挑戰行為的其他方法似均失敗時，可考慮採此變通策略。唯須慎用，必須等到該童長期難以處理班上的刺激才採用。這個個案的挑戰行為原因是外在的，因此本方法使兒童有機會去控制環境。

伍、預　防

在挑戰行為未發生前，及時制止是一良策。成人經仔細觀察該童行為，了解什麼原因會造成該行為，即可事先防患於未然。例如，老師注意到，該童若活動不成功，即易有挫折感，就會攻擊旁邊友伴，教師即可事先預防。這固然無法解決所有問題，但可使該童學會技能及克服問題的方法；對未能自我控制或表達自己意思的兒童（尤其幼童），預防的方法特別有效。

陸、再指導

另一種對幼童（尤其兩歲的幼童）有效的方法是「再指導」。教師指導該童注意其他的活動或玩具，避免衝突；兩歲幼童尚不會遵守學校規則及分享等社會技巧，教師需教他漸次學會。對較大的幼童，需輔導其有效解決社交問題，就不需反覆再指導。

柒、討論法

討論是對較大幼童適用的方法。通常，四或五歲幼童較願意與老師共同解決行為挑戰；有不當行為的兒童自己不會覺得好受，若兒童極有興趣於改變自己的行為，教師可以與他討論，更成為共同解決問題的夥伴。

唯與該童討論的場所，必須是寧靜的、隱私的。若該童努力於自我改變，教師即應隨時予以協助，直到該童學會這行為為止。

捌、創意解決問題

孩子需要學會有效地處理社會衝突，最有效的方式之一，是幫助他們參與創意解決問題。教師要鼓勵孩子辨認且澄清問題、腦力激盪所有可能處理問題的方式、評估這些可能方式、選擇最能滿足雙方的那個方式、找出解決這問題的辦法等，以增進解決衝突的技能。這種方法主要特點在避免某一個人（不論孩子或成人）強將他的主張加在他人。要相互尊重，而不是某一個人的力量勝過其他人，這是關鍵。

玖、特約時間

另一個非常有效的方法是特約時間，用於過度需求注意的兒童。目前許多家庭，不論單親家庭或雙親均在職的家庭，深受壓力及忙碌影響，常無暇顧及兒童所需的注意，因此造成兒童的挑戰行為及暴力。

若教師懷疑該童挑戰行為的目的在求被注意，即可考慮給予特約時間。教師每天一次、每兩天一次、每週兩次等另給予幾分鐘時間與該童單獨相處。對全班兒童實施不容易，但每天早上、放學前、午休、下課時間等都可做有創意的安排。可找義工、主任、教職同仁等，協助對一位或多位兒童提供特約時間。

特約時間內應僅有一位教師與該童，兩人單獨相處。可問兒童特約時間要做什麼，盡可能依其建議來做。令人驚訝的，小小的時間投資對減少暴力行為的作用很大；經長期採用，教師可花較少時間於處理挑戰行為，並開創更積極的班級氣氛。

拾、星星貼紙

若要協助該童表現良好的行為，有具體可見的進步紀錄，星星貼紙特別有效。星星貼紙是看得見的增強物，尤其對某些兒童及某些情況特別有效。星星貼紙不是懲罰物，不可用來記錄兒童未做好的行為；應是記錄成功的，不是記錄失敗的。

增強圖表是容易製作的，可以在座標的橫軸依序註明日期，縱軸依序註明次數；以星星或其他形狀的貼紙記錄兒童表現良好的行為。該童這行為每次一有好的表現，就給一張星星貼紙貼於增強圖表上，依日期分別張貼。實施時間的長短，要看行為的性質而定。

拾壹、結　論

上述這些輔導技術，在塑造兒童行為方面是重要的。本章在討論改變兒童挑戰行為的十個不同方法，技術的運用可因兒童及行為的不同而異；本書下列各章另建議特定技術，或就不同行為合併使用多項技術。

增強作用在輔導兒童方面是非常重要的技術，應經常使用，讓兒童知道他所做的是對的，應與其他方法併用於改變兒童行為。與增強作用相反的是「故意不理會」策略，即使是難以實施，但它是另一非常有效的技術；當故意不理會一行為時，必須同時增強與其對立的適當行為。

「自我控制時間」宜慎用，僅用於兒童有攻擊或危險的行為時。它需詳細規劃，不可當作是懲罰。「獨處時間」是一相關策略，當兒童覺得無法控制自己的行為時，即可選擇讓自己離開教室。

41

經仔細觀察，可發現兒童挑戰行為的肇因及線索。「預防」法是教兒童不讓這行為發生的變通策略；對尚無法自我控制及表達清楚的幼童，「再指導」是教其處理潛在的挫折情境的策略。

對想改變自己行為的較大幼童，你可以與他「討論」，然後成為該童改變這行為的夥伴。「創意解決問題」是另一種有效的方法，教導兒童找到適當的社會方式解決衝突。「特約時間」是給不當地需求注意的兒童，與教師單獨相處的時間，頗為有效。最後，「星星貼紙」乃是使用在具體記錄進步的情況。

下列各章，將應用各種技術於不同的挑戰行為案例；這些應用上的建議，乃根據對兒童及其行為的一般了解。雖可應用某些一般原則，但每一兒童、每一教師、每一情境都是獨特的，你必須運用自己的判斷，決定所建議的方法是否適於該童及這問題情境。

在本書附錄裡，你會找到協助挑戰行為兒童相關策略的額外資源。

Chapter 6

與家庭合作

若要使處理兒童挑戰行為的策略達到最有效，必須教師和家庭合作尋找解決途徑。在本章裡，我們將檢討使家庭與教師合作更有效的方式，並增強家庭、教師、孩子。我們將討論幾個有關的主題，包括：家庭與教師互動的基礎、處理這些出現的問題、當家庭和老師意見不一致的處理策略、提供家庭資訊的一些樣本範例等。 42

壹、家庭—教師正向互動的基礎

教師和家庭間的互動，必須建立在互信和尊重的基礎。當然，這些需要花時間建立。這在問題剛發生，第一次開始討論時就應該提及，但不應該是教師第一次與該童的父母或其他家人談話。相反的，教師和家庭平時就需要透過一系列的積極互動，逐漸增進彼此了解。如果教師和家庭間已經有信任的關係，一旦問題出現，將能較有效地討論這些問題。在不同的
情境，有許多方式可建立這樣的關係，我們將討論這些機會，包括：接送 43

孩子上下學、特約家庭聚會、個別家庭—教師會議、書面通知等時刻。

一、接送孩子上下學

接送孩子上下學時，是建立相互尊重和積極關係的好機會。在上學和放學時，留些時間和家庭成員說些肯定的話，這是重要的。當父母來學校時，教師們需要清楚確定，哪位有時間和父母或其他家人談話，誰在看管孩子。接送孩子上下學時間，是教師和家庭的繁忙時段，即使只有十五秒和家庭友善正面討論孩子，在建立關係上也是重要的。

接送孩子上下學時表達的訊息，可傳達一些事情。這些訊息告訴家庭：該童在學校是受歡迎的、受到老師的喜愛、被重視為個體而不只是「一群」中的一個；也傳遞該童在學校的成功和勝利，以及對家庭溝通該童在學校生活中發生什麼事等，這些對老師和家庭都是有意義的，是應該被分享的。也傳達給老師，該童在家庭生活中發生的重要事情，是否為一次意外的事件、損失或變動。以下幾個例子，是教師對接送孩子的家庭成員和孩子說的話：

- 「很高興看到你，愛麗絲！我今天做了一些新的彩色黏土，我知道你有多喜歡玩彩色黏土。」
- 「吉米，我們想念你和你媽媽！我希望你的喉嚨感覺好多了，而且準備好和你的朋友一起玩。」
- 「阿科爾斯先生，新生嬰兒還好嗎？你的太太還好嗎？芮秋非常興奮地告訴我們關於剛出生的小弟弟的所有事。我們在扮演區放了一些新的嬰兒道具，可以讓芮秋和其他孩子在學校自行扮演媽媽和嬰兒。」
- 「卡洛斯，昨天你幫忙帶領我們的小組時間，我為你感到很自豪。你告訴祖母這件事了嗎？」
- 「特維諾女士，我想與你分享亞倫裁剪的這些紙帶。他很成功地拿著剪刀完成這些。我們為此感到高興！」

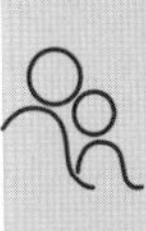

- 「今天很熱，下午我們在屋外用水管玩噴水。雪莉的衣服淋得很濕， 44
她換了衣服後較舒服。她的濕衣服在這塑膠袋裡。」
- 「嘿，瑞克，你爸爸在這裡。你要不要拿我們拍了你用積木造的火箭的相片給他看？勒萬德斯基先生，你應該看看！他建造了一個壯觀的建築物，我們拍下了相片，這樣你也能看到它。」

這些訊息是正面的、樂觀的、友好的，表達你對該童及其家庭的興趣和關注。家庭將感謝你提供該童的活動和成就等資訊。即使一些家庭成員似乎總是在忙，但對他們子女的成就和融入每天的生活事件感到自豪；如果你持續如此做，則傳遞出該童在學校是被重視和被愛護的。有時，你也可能需要表達對該童健康的關心；但是，這樣的消息要和表達該童負面且不當行為的關心加以區分。例如，你也許說：「奇怪，愛瑞兒是否哪裡不舒服。今天午睡時間後她起不來，相當無精打采。她是否生病了呢？」

二、特約家庭聚會

教師和家庭間除了在接送孩子上下學時的這些非常重要的非正式溝通之外，還有許多較正式的選擇可供教師—家庭互動。許多學校會提供特殊聚會，讓父母和教師見面及談話。這樣的聚會有許多的可能方式，一些如下面列出的：

- 有些學校發現，會議的主題若是熱門，有助於對家庭傳達資訊。然而，提供這樣的小組會議，必須考慮到父母或其他家庭成員的需要、興趣及可行性。繁忙的家庭成員會發現一次再一次的聚會，超過他們能力所能負荷；因此，要仔細地考慮，是否這樣的會議是與家庭溝通的最佳方式。會議的時間安排也是重要的，是否在晚上？在週末？在傍晚？或在午餐時間？會議的主題可能廣泛變化。學校發現，春季會議若是處理轉銜到幼稚園或一年級，對五歲兒童的家庭是非
常受歡迎的。家庭較感興趣的其他主題，包括：處理行為挑戰、電 45

視的影響和怎麼限制使用、兒童健康和營養、早期語文技能等。

- 家庭和老師互動的另一個機會，是學校開放日。這一次聚會，特別是開學初期，提供家庭參觀學校的機會，能夠與老師聊天、與其他家庭見面、得知兒童參與的課程和活動等。
- 食物總是能夠在人們享受互動時提供輕鬆的氣氛。因此，午餐或晚餐聚會，邀請家庭和孩子參加，提供家庭和老師另一個機會見面。假日是提供聚會的好機會；但其他時間，例如與課程有關的聚會，也提供好的契機。
- 有時，家庭成員和老師的小組聚會，興趣在探求一個特定主題，可成為專題座談。這一聚會提供一個較親和的環境，可交換想法和相互熟悉。
- 家庭和老師互動的其他熱門方式，是在工作日計畫改善學校或教室某些方面的環境；當家庭和老師在捶釘子、鋪沙、粉刷、清洗牆壁時，可能有許多不錯的交談。

這些小組聚會，可以是家庭和老師互動的好方式。如果他們參與的是正式方案，這樣的聚會必須仔細計畫；也應該包括某些時候，讓家庭和老師不拘形式地聊天。

三、家庭一教師會議

另外，平常預定的會議，提供個別的家庭成員和老師間一對一的互動機會。這些時間，提供老師和家庭機會分享對該童的了解和資訊，並建立積極關係。當家庭和老師能私下見面，沒有他人打擾，會議是他們提出問題討論的最佳機會，我們將在下篇較詳細地考慮。然而，會議不應該將焦點集中於問題，應該讓家庭和老師有機會分享關於該童和他各方面的發展和表現。

四、書面公告

書面資料和公告欄也能有效地跟家庭溝通訊息：關於他們的孩子、孩子的學校環境和活動、對所有家庭重要的一般通訊和資訊公告。若是老師 46
和特定孩子的家庭間有更具體的消息，可作為資訊分享的方式；此外，如果有需要，可以面對面的互動替代。學校每週至少一次發「快樂通訊」給每一家庭，分享兒童的學校經驗。也可精心設計整齊的布告欄，提供良好的方式，與家庭有效溝通訊息，包括：關於兒童活動的資訊、最近的相關研究摘要、展示兒童的作品等。一些學校展示兒童的和老師的作品資料。這樣的資料重點在學習的過程，而非只是班級活動的結果。

如果在你的方案裡，有些父母不會讀或寫國語，你需要找些變通策略以保持聯繫，可以錄音帶甚至錄影帶傳遞訊息到家，公告的訊息可採視覺方式而不是書面的。如果方案裡有一定數量的家庭國語不是母語，你可以翻譯團體的公告當通訊。

五、電子通訊

許多學前兒童方案和許多家庭能夠以電腦科技和新的方式通訊。例如，電子郵件提供了教師和家庭分享資訊的便捷方式。藉著所有家庭的電子郵件帳戶，讓老師以快速、友好的方式提供一般訊息。學校連接每一班級的網頁，提供了另一方式，與現有的和未來的家庭分享班上許多方案的資訊。然而，在這樣的科技時代，教師必須敏於這事實，不是所有家庭都有接網際網路或有電腦。應該提供其他的通訊方式和所有家庭分享資訊。

貳、當挑戰出現

如果在家庭和學校間已有友好和正面的關係，當老師關注兒童的行為時，與家庭談論這問題較容易。這就是為什麼我們要首先討論建立適當關

47 係的一些方式，當有信任和相互尊重存在，問題就好討論。家庭、老師，或雙方所關心的事，需要加以討論，這是不可避免的。通常，這些討論圍繞在兒童的行為。當家庭和老師能共同努力針對問題找出解答，各方包括該童都受益。下列為當問題出現時與家庭討論問題的一些建議：

- 提供一個隱秘地方討論行為問題是重要的。安排與家庭討論的場所，讓你和家庭見面時不被中斷，是重要的第一步。
- 如果家庭成員提出關心的行為問題，例如在接送孩子上下學時，當場不要立即談論。而是告訴父母，你會盡快安排會面時間，屆時可私下討論並有足夠的時間可考慮所需。
- 要為會議做準備。慎思你要談論什麼，且手頭有特定事實資訊；例如，你已觀察有關該童的行為，即可列入討論的一部分。
- 就該童所有狀況，考慮該童的行為挑戰。換句話說，打其他兒童的同時，也許該童也正從事許多其他的行為，包括非常建設性的、社會性的。要準備對父母概略提出該童的優點、喜愛的活動、友伴、成就等。在這樣的情況下，挑戰行為僅被視為該童其中一項的活動，而不是主要的或僅只一項的活動。
- 作為老師，總是要以這樣的態度與家庭成員會談——你們有共同目標，討論和決定什麼是對該童最好的。要積極樂觀地面對事實，你和這家庭將找出解答，幫助改變挑戰行為。
- 會談要及早確定，你與家庭談論該行為發生的環境。例如，只在學校，或在家裡、在其他環境發生嗎？如果挑戰行為同時在家裡和學校發生，家庭和老師若有一致的策略，將最有效地改變這行為。另一方面，如果該行為主要發生在學校，那麼家庭應被保持連繫並支持老師的努力。
- 48 不要責備家庭。討論的目的在於共同解決問題。
- 避免分析和過度解讀該童這行為。就事實資訊敘述什麼是你所觀察到的。

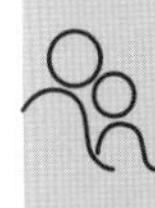

- 對家庭不可說教、不可長篇大論、不可訓話。
- 傾聽家庭成員說話。關於這個孩子，你不是「專家」；相反的，這家庭是。你的任務是與家庭合作，建立夥伴關係，找到問題的解決方法。
- 你大概已經有一些怎樣處理這挑戰行為的想法，也許來自本書的點子，應該要有準備。然而，與家庭面談時不要好像你已經決定怎麼做了，僅是通知家庭，而不是要和他們一起合作。要開放面對許多不同的想法和談論，以發現最佳的解答。
- 在與家庭面談前，也許你已經在教室嘗試一些方式處理該挑戰行為。如果是這樣，要與家庭分享這些經驗，並問他們在家裡是否嘗試了相似或不同的方法。
- 最重要的是，把繼續與家庭面談看作建立正面連結的機會，共同努力找出方式處理該童令人困擾的行為，造福大家。

參、當家庭和老師意見不一致

上述諸點，討論與家庭合作處理挑戰行為，乃基於家庭和老師同意找相互一致的解答之正面和信任關係。然而，不是所有家庭—教師關係都是這種關係；有時家庭和老師會有意見不一致的時候，或家庭顯示出難以有效溝通的態度。下列諸點是當關係較困難時，建立較有效與家庭合作的方式：

- 要記得，家庭對自己的感受，與他人怎樣看待他們的孩子有密切的關聯。要敏於這事實：當有人告訴家庭他們的孩子在學校的一些挑戰行為，家庭可能變得自衛和封閉。
- 實際上，家庭可能否認有問題，並告訴你這是學校、你或其他孩子造成的困擾。仔細傾聽該童家庭的觀點，其中或許有些是真的。另外，列出家庭對處理這挑戰行為的建議。

49 • 一些家庭有很多憤怒和敵意，這也許與你或他們的孩子無關。注意，把你當成憤怒的目標可能是非故意的，可能是家庭面對更多令他們焦慮的問題。你的鎮靜與同理心可幫助消滅家庭的敵意。

• 如果家庭不同意你對他們孩子的評估，嘗試了解該家庭的觀點。仔細地和誠實地聽他們說什麼。用有效傾聽技術幫助你保證你正確地聽見家庭表達的訊息。

• 作為老師的你，應該避免妨礙有效家庭—教師溝通的一些行為。例如：與家庭開會不要期待要有特定結果，每次要以開放的心胸和共同努力解決問題的態度與家庭會面。另外，不要給人這種印象：你是專家，知識和了解優於家庭。記住，家庭最了解他們的孩子；並且避免使用專業術語，要用一般日常用語。避免公開或私下評斷家庭，你的態度會如此顯示。如果你發脾氣、惱怒、自衛或敵對將是無助益的，應設法保持鎮靜和敏銳。

• 有些情況不適於邀家庭討論關於他們孩子的挑戰行為。幾年前，當時我（本書作者）是一學前兒童方案的主任，明顯地，一位母親對她孩子非常惱怒和消極。她多次告訴老師：「如果特雷弗做錯什麼事，你告訴我；回家我會好好修理他。」在家庭—教師會議上，她被詢問：「告訴我們，特雷弗有哪些好的表現。他的優點是什麼？」她考慮片刻後說：「他什麼優點也沒有。」同仁們決定：如果特雷弗有常見的挑戰行為時，最好由老師處理，不必每次對他母親提及。相反的，每天母親接送他上下學時，同仁們提出關於特雷弗非常正面的觀點。經過兩年的期間，特雷弗的母親變得相當正面和開始開放地與老師談話。

不是所有家庭—教師互動都是順利和相互支援的。有些家庭也許是你無法接觸到的，因為他們不感興趣或專心於其他事。然而，不要急於對家
50 庭下不關心的結論，也許那是被太多問題淹沒的反應。不應將不感興趣誤

以為是缺乏關心。以上列出諸點，當家庭與你不一致或難以溝通時，特別重要且要記住的事。在這些困難的情況下，你的溝通能力將是最需要的。

肆、通知樣本

下列書面樣本為可用於協助家庭一教師溝通的一些例子。這些原型可依需要使用。

前述我們提及學校每週至少發一次「快樂通訊」給每一家庭，作為建立正面溝通的方式。這些簡要訊息著重於該童在校的正面成就。

快樂通訊

日期：____________________

今天我們要與你分享，你的孩子（該童的名字）

____

其次是邀請家庭出席團體活動。當然，用語可因事情做必要的改變。

我們需要您！請幫忙！

在（日期和星期），我們準備整修學校操場，亟需您的幫助。我們將鋪沙、油漆所有木頭表面和金屬結構、新建一間遊戲屋，並全面清掃戶外。我們的時間將從上午9點到下午4點，歡迎全部或部分時間參加。我們將提供午餐。您若有意參加，請在家長布告欄簽名。

謝謝您（來自老師和您的孩子！）

有時，可邀請家庭就家長方案提供意見，譬如針對特定主題的家長會議。以下是調查樣本。 51

家長意見調查表

親愛的家長：

在過去幾年，我們舉辦了幾場家長聚會，討論家長有興趣的主題。我們希望您——作為今年家長的一員，也會喜歡我們規劃這樣的活動。請花幾分鐘填好這張調查表後，投入 貴子弟班級教室外的藍色箱子。我們會盡快給您回覆。

什麼主題會是您有興趣討論的：

______輔導和管教　　______升上公立學校

______善用電視　　______閱讀預備技能

______健康和營養　　______優良玩具

其他點子：______________________________

____

____

哪一天聚會最適合您？

星期一______　　星期二______　　星期三______

星期四______　　星期五______　　星期六______

哪一時段聚會最適合您？

12 時至 13 時______　　17 時至 18 時______　　19 時至 21 時______

星期六上午______　　星期六下午______

參加會議時您需要有人代為看護小孩嗎？

是______　　否______

除非預留時段，否則最好計畫每週與少數的家庭面談，這樣你的時間負擔較輕，這在公立學校家庭—教師會議常是如此。在預定時間的兩週前，個別通知家庭有助於計畫執行。以下是通知樣本。

這是會議時間！

親愛的（父或母或雙親的名字）：

每年，我設法與班上所有孩子的父母至少見面二次。這給我們機會交換關於 貴子弟的訊息和觀察。每週我會見三或四位家長。請告訴我該週的（日期），您是否方便會面。

我可以在下列時段會面。請告訴我哪些時段您較方便：

07:00 至 07:30______　　17:00 至 17:30______

13:00 至 13:30______　　17:30 至 18:00______

（你的署名）

我／我們可在（日期）______（時間）______見面

（父母的署名）

最後，你可以與家庭約談關於特殊關心的事。如果由於時間關係，上述通知不適用，你可以使用以下建議的格式。

親愛的（父母的名字）：

有時，我喜歡和班上一些孩子的父母面談多於通常的一年兩次。我希望有機會很快與您面談。您能在下兩週某一時間來學校與我面談嗎？請告訴我您什麼時間較方便。我方便的時間是每天上午 8:00 之前、下午 1:00 至 3:00，或下午 4:30 至 6:00。盼望很快能和您見面。

（署名）

53 家庭—教師會議檢核表

下列檢核表提供教師計畫與兒童的家庭會議時——特別是討論所關心的挑戰行為，應該考慮的一些要點。重要的是要對該童保持正面和平衡的態度，不宜過度關注。

_____ 確定雙方同意的會議時間。

_____ 選擇一個隱密場所開會，不會被干擾中斷。

_____ 準備討論該童的全部，不只是挑戰行為。換句話說，準備分享該童的交友、學習項目、技能和成就等資訊。你可提出該童代表作品或文件與家庭分享。

_____ 會議時要記得：你和這家庭的共同目標是為了該童。

_____ 要準備好討論你所關心的挑戰行為，帶來事實資訊，例如觀察所得，支持你所說的。

_____ 準備提問，可幫助你更明白該童的問題。傾聽這家庭與你分享的訊息。

_____ 在會議之前或之中，避免過度分析該童的行為。你的分析和結論應該根據事實資訊。

_____ 在接觸家庭時，不要好像你已經做好決定如何解決你所關心的行為。引出和傾聽家庭如何處理最好的想法，想法很可能來自個人經驗。

_____ 在結束會議之前，嘗試達成相互理解，關於家庭和教師將如何共同努力解決所關心的事情。

在本書附錄裡，有情節供練習，你可在其中找到一項活動，請就該情節應用本檢核表的原則準備家庭—教師會議。

伍、結論

與家庭合作總是重要的。終究，家庭和教師是花最多時間與幼兒相處的成人；因此，他們可能是幼兒生活中最重要的人。家庭和教師間的夥伴關係，分享和討論該童生活中的重要事件，受益的是該童——尤其當關心的是孩子的行為。當家庭和教師交換想法和領悟，可能有助於找出符合該童利益以及成人關心的解答。

攻擊及反社會行為

Chapter 7

打　人

57 雷蒙，四歲大，母親忙於全職工作，進入快樂時光兒童中心約兩年。雷蒙是個外向、友善、多話的小孩，他喜愛老師所提供的所有活動。雷蒙有想像力，常參加扮演遊戲，用心搭建積木融入遊戲情節，用小道具建構玩具，在遊戲場的「高速公路」騎小三輪車，經常參與家事和其他戲劇性遊戲。

雷蒙喜歡在團體遊戲中當領袖，指揮其他小孩的行動，指定他們的角色。通常，其他小孩會跟著雷蒙一起玩，如果誰不和他一起玩，雷蒙便打誰。當他打人後，掉頭便走，口中並說沒有人喜歡他。這時老師通常會走近告訴他，他已傷害其他的小朋友，直到幾分鐘後雷蒙不再噘嘴，並且同意向他所攻擊的小朋友道歉為止。老師也對雷蒙一再保證，其他小朋友是喜歡他的，但底線是如果雷蒙打他們的話，他們便不喜歡他。雷蒙通常會大聲的抗議，而讓老師繼續的說教。當老師離開後，雷蒙又很快的再加入團體中，並再度表現他的領導角色。

敘述這行為

該童經常地打其他的兒童。

觀察這行為

花些時間觀察並蒐集，可使你更進一步了解這行為的資訊。

該童通常何時打人？

- 在一天中的任何時間
- 在特定的時間，像一天中稍晚
- 在特定或例行的活動期間
- 在室內時
- 在戶外時
- 當孩子們密切接觸時，像團體活動時間
- 在正式活動期間
- 當該童自選活動時
- 在轉銜期間

什麼因素引起這行為？

- 班上同學有該童想要的東西
- 班上同學從該童手中拿走東西
- 老師對該童說不行
- 該童不能完成工作時
- 該童與其他小孩有爭執
- 該童被推擠時

- 該童與他人接近時
- 該童感到厭倦時
- 沒有具體的激怒事物
- 該童不能做他想做的事時

誰是受害者？

- 通常是同一個小孩或同一群孩童
- 任何一個孩童
- 膽小的孩童
- 固執的孩童
- 年紀較大或較小的孩童
- 體型較大或較小的孩童
- 男孩
- 女孩
- 成人

59 ## 當該童打人時，有什麼事情發生？

- 該童承認打人
- 該童否認打人
- 其他小孩哭時，該童覺得生氣
- 該童受到反擊
- 在打人之前，該童四處張望，看看有沒有人在看
- 該童道歉或試圖使受害者覺得好受些
- 該童離開那挨打的孩童
- 該童待在附近
- 該童大笑

從這些非正式資料的蒐集中，應該有一些「該童為什麼打人及何時打人」的概念。兒童打人的原因各有不同，有的是防衛性質，有的是出於挫折，有的是為了不順自己的意而打人。不論任何理由，打人是不被容許的，但你可由觀察的過程中防止一些打人行為的發生。

與家庭諮詢及合作

當你有機會觀察該童的行為後，要與其家庭會面，從他們的經驗和觀點了解一些該童的行為。特別重要的是，要辨別打人是否主要發生在學校，或在其他地方也發生。如果孩子在別處也打人，要和家庭探討是在家裡或在其他地方發生。該童何時、在哪裡、如何打人、打誰？是否兄弟姊妹或其他孩子也涉入？與家庭交換你對該童在學校打人的觀察，討論在學校和家庭發生的事件是否有相似處，找出家庭使用什麼策略處理該童打人。腦力激盪其他選項。一旦你開始實施減少該童打人事件的策略，要持續與家庭聯絡，特別是成功的事例。

考慮其中涵義

當一個小孩經常打其他小孩時，常會帶給老師挫折感；通常老師會懲罰或訓誡打人者，因為避免其他兒童受傷害是老師的責任。每次該童攻擊他人，教師就花一些時間跟他解釋這行為是錯誤的；這樣的注意雖是負面的，但該童獲得注意了。通常該童知道自己的打人行為是不當的，這可從該童通常會很快的向對方道歉便可看出。這樣經過一段時間後，無形中教師增強該童認為打人是獲得注意的有效方法。 60

探討變通策略

從觀察中，你可以發現一些簡單的方法矯正打人的問題，請參考下列的建議：

- 如果該童總是攻擊某一兒童，應考慮將他們分開；因受害者很可能會引起其他兒童的攻擊。將兩名兒童其中之一轉到另一班，問題應可解決；如果不可行，教師需時時注意他們的行為，並將他們分開，如此攻擊者便無攻擊的目標。
- 擁擠的環境容易產生打人的行為，減少擁擠可以避免攻擊的發生。當移動時，可以用其他方法來代替排隊，例如：先讓一部分人到下一個目的地；又如團體時間，要求學生坐下，圍成圓圈或是半圓，以減少擁擠。教師可以坐在兩名常打架的兒童中間，以減少攻擊行為的發生，教師可說：「我喜歡跟你們坐在一起。」或「你想坐在我的旁邊當我的特別助手嗎？」
- 小孩在遭受挫折時容易攻擊他人，教師要特別警覺此一情況的發生。例如：若有拼圖難倒了一個小孩，此時教師可坐在這小孩的旁邊，給他一些幫助和建議，這樣可使小孩達到成功，並減少因挫折而引起的攻擊。
- 檢視教材和活動是否可用且適合兒童的年齡，以及數量是否足夠。如果教材太簡單或太困難，或者教材不夠，就會因厭煩或挫折而引起攻擊。
- 年紀很小的幼童會打人，可能因為他缺乏表達需求、要求自立、保護他認為是自己東西等所需的語文技能。兩三歲幼童需相當的協助，來學習以社會接受的方式獲得自己想要的，因此，必須有較低的師生比例（每四至六位學前幼兒有一位成人）。適當數量的成人可以溫和且警戒地替他們說出、預防、給予他們所要的備品，或以替代品等方式引導兒童滿足他們的需求。因此，在幼童教室裡，大多數的玩具都要有好幾個備品。

- 若該童大多在一天中稍晚或近午睡時間打人，他的行為可能是因疲倦引起的。若可能，則安排該童提早午睡，這也是一種變通措施。另外，當你覺察該童疲倦了，要加以注意並預防造成打人的情境。
- 孩子的打人可能是反映不安全的親情依附。孩子對父母的親情依附感到不安全時，經常會以攻擊他人做反應，這是對被注意、一致性、安心等需求的徵兆。當孩子確定對他們的老師和照料者發展了依附關係，在學校也能有安全依附，可幫助孩子發展較穩定的自我意識。
- 有些孩子可能經歷過度的壓力，這可能造成攻擊的行為，譬如打人。有素養的老師提供安寧、一致、安心的環境，就長遠而言，可幫助該童更有效地處理壓力。

如果上述的建議仍未能解決這問題，則教師需要下列更詳細的方法處理。

敘述這目標

目標是使該童不再打人。

方　法

基本上同時採用下列三個策略：

- 盡可能預防發生打人的事件。
- 讚美該童好的社會行為。
- 如果該童攻擊他人，使用「自我控制時間」法。

定　義

打人（hitting）意指一小孩刻意毆打攻擊他人的事件。

起點行為

在實施行為改變計畫前，必須先了解該童在班上打人的頻率，這可提供基準線以做為評量進步的依據。將每次出現的打人行為記錄在紙上。

每天放學前將該天總次數登記於次數紀錄圖上，如此至少連續記錄三天。

策　略

當教師記錄打人事件三天之後，便開始進行策略，有關的老師都必須一同參與執行下列方法。

一、盡可能預防發生打人的事件*

從非正式觀察，你應能預期何時可能發生打人的事件；此時必須保持警覺，古訓：「一兩的預防勝過一斤的治療」，教師應主動找線索預防打人。例如：該童在積木角玩積木時打人，教師可協助他處理因積木倒了的挫折，解釋要與他人分享積木，提供機會與其他兒童合作排積木。教師可示範適當的行為和協助積極的社會互動：「看！瑪俐要在積木角和我們一起玩。瑪俐，我們正在蓋倉庫，你要幫我們找做牆壁的積木嗎？」換言之，

* 預防對障礙兒童是特別重要的。這孩子若是情緒／行為障礙、認知缺陷兒童，或產前暴露於藥物或酒精的孩子可能需要特別注意；這孩子也許需要較長時間的幫助，才能學會以變通方式解決衝突。

將本來可能是負面的情境轉為正面的；如此，該童學會不用打人的方法來處理事情。一旦學會打人的替代方法，他打人的次數就會逐漸減少。當打人的行為逐漸消失，教師對該童自我控制漸有信心，就不必經常警戒。 63

二、讚美該童好的社會行為

教師在注意該童可能打人的同時，也觀察其正面的行為；當該童妥善處理一問題情境，應即時予以讚美，讓該童知道你多高興他有好的表現。記得：當打人次數漸少，負面的注意——被責罵和教訓也會減少。但仍需注意該童好的行為，可使這適當的行為持續。若該童缺乏社會技能，增強其這方面的適當行為尤顯重要。

三、如果該童攻擊他人，使用「自我控制時間」法

如果該童打其他年幼者，依據下列原則處理：

1. 即刻確定被攻擊的兒童是否受傷；若可能，由另一位老師安慰該名受害者。
2. 冷靜地將該童帶入「自我控制」區，肯定且平靜地說：「我不容許你去傷害其他兒童。請坐在這裡，直到你可以再加入友伴為止。」
3. 在「自我控制」期間離開他、不看他或不與他說話，口語或視覺接觸會增強該童這行為。
4. 若有其他兒童靠近「自我控制」區，靜靜地叫這兒童離開，並解釋：「雷蒙需要獨處幾分鐘，等他回來上課才跟他說話。」
5. 當該童認為他準備好如此做，讓他再加入班級活動。不要訓話。他知道被隔開的原因。引導該童有建設性的行為，你可建議他加入持續中的活動。增強該童盡快參與適當的活動是非常重要的。
6. 如果該童未準備好之前重新加入班級活動，再次出現不被接受的行為，就對他說：「我想你還沒準備好加入我們。」帶他回到「自我控制」區。再次讓他自己確定他何時準備好再加入班級活動。

四、繼續記錄這行為

為確定這行為是否改善，需持續在紀錄表上記錄打人事件。進步的情形會逐漸增加。由紀錄表上你能看出行為的改變；即使攻擊行為暫時還沒有完全的消除。對該童打人事件的減少要加以鼓勵，因為這代表了該行為已逐漸改善。

維　持

當打人行為消除後，仍要對該童的社會行為多加注意，讓該童知道你多欣賞他的意志，以新的社會技能替代舊的不當的打人行為。

在本書附錄裡，有幾個假設情節，供你應用本書各章建議的輔導原則。請在附錄裡找「輪到你」中的情節，特別是前兩個情節與本書〈攻擊及反社會行為〉篇有關。

Chapter 8

咬　人

兩歲大的珍妮才上托兒所兩個月。每當她媽媽要到大學上課時，才將她送來，每個星期來三個早上。珍妮長得矮胖，眼睛深褐色。她喜歡上學，認真參加了所有的活動，是個很可愛的小孩，常喜歡跟老師及同學擁抱。 65

可是，她會咬人，如果有人手上拿的玩具是珍妮想要的，她就會去咬那個人。有時候，她會走向一個小孩，對著這小孩笑，然後把她的手繞在這小孩的肩膀上，進而咬這小朋友的臉。在吃點心的時候，如果餅乾沒有很快分給她的話，她就會咬鄰座的小朋友。或者是在盥洗室裡，當她在等著洗手的時候，也會咬別人。幾天前，當一個孩子攀登得不夠迅速，她就咬了那個孩子的腳踝。

老師對珍妮這種咬人行為的反應是，告訴她這樣會很痛並責罵她；也告訴她，如果別的小朋友咬她的話，她一定會不喜歡。通常，珍妮對自己的行為頗有悔意，並會向受害人道歉；可是，她這種在意不會持續很久，很快地又去玩了。有時候她好一陣子不會咬人，可是有時候在幾分鐘後，她又找到咬的目標了。

敘述這行為

該童經常咬別的小孩子。

觀察這行為

在採取任何行動之前，先觀察這孩子幾天，以了解該項行為。

什麼時候該童最容易咬人？

- 一天裡任何時候
- 在某些特定或例行的活動
- 在室內
- 在戶外
- 在團體活動，當所有的小朋友都緊密相靠近的時候
- 當老師在指導活動的時候
- 在自選活動時間
- 在午休時間
- 在轉銜期間
- 當該童情緒不穩定的時候

什麼事情會使該童有這種行為？

- 別人拿走她的東西時
- 別人擁有這孩子想要的東西時
- 該童累的時候
- 快要吃飯的時候
- 該童無法完成一件事情的時候

- 該童被拒絕的時候
- 該童看到其他的孩子傷害到友伴
- 該童跟別人很靠近的時候
- 該童急躁不安，又不參加某一特定活動時
- 該童必須等候的時候

誰是受害者？

- 任何人都有可能
- 同齡或同體型的孩子
- 年齡較小或體型較小的孩子
- 拿走她的東西的孩子
- 任何靠近她的人

當該童咬人的時候，發生了什麼事？

- 在咬人之前，她四處張望，看看有沒有人在看她
- 該童道歉，或是在事後試圖讓受害者覺得好一點
- 該童走開，假裝什麼事都沒有發生似的
- 當其他孩子哭的時候，她就會煩躁

其他觀察要項：

- 該童會不會自己咬自己
- 該童會不會咬東西，例如：木塊、塑膠圈等
- 該童會不會常把東西放在嘴巴，例如：衣服、玩具、手指頭等

這些初步的觀察應該能夠讓你有一些概念：什麼時候咬人、為什麼咬人、如何咬人等。通常，會咬人大都是很小的學前兒童或兩歲的孩子。咬人是很多小孩發展的一個階段，但咬人是危險的、不被容許的。因此，獲

得的線索愈多，愈能夠防止這一類事情的發生。

與家庭諮詢及合作

當你有機會觀察該童的咬人行為幾天後，可以與其家庭約會面時間。從家庭處可發現，是否該童在校外其他情境也發生咬人行為，例如在家裡。與家庭成員討論，當該童咬人時，他們使用哪些策略。與家庭分享事實：特別當該童是學步兒期或剛過學步兒期，咬人在這年齡階段是相當普遍的，這行為似乎會消失，即使咬人不應該被忽略或寬恕。與家庭腦力激盪他們已發現的有效策略。肯定的是，你不可在學校使用懲罰方法，你的目標是幫助該童學會她所需的其他技能。一旦你開始你的減少咬人方案，要持續告知家庭成功的事例。

考慮其中涵義

咬人是幼兒自然的行為。許多小孩沒有社會覺察來控制自己這種行為。兩歲大的孩子因為社會化不夠，她還不習慣同伴的感受或是較好的社會互動方式。另外，就好像小嬰兒長牙齒一樣，小孩子可能利用咬東西來紓解不適。

老師一定要了解，兩歲大的孩子會咬人，可能只是過渡時期的行為，也許很快就會消失。若老師不能容忍咬人的行為，應該注意孩子咬人的原因，並幫助制止這種行為。

每當一小孩傷害到另一小孩，老師的自然反應會認為這是壞行為，應該加以責備、說教、處罰；孩子發現每當她咬人的時候，她就能夠得到注意，所以老師的反應反而加強了咬人這種行為，變成一種獲得別人注意的方法。當該童須為她沒有惡意的行為付出被責罵的代價，她也會因此而感覺困惑；當大人對該童本身還無法控制的行為生氣的時候，該童的自我概念就會受到傷害。

探討變通策略

以下一般線索提供對改變環境的一些概念，能幫助教師處理幼兒咬人的行為：

- 太過擁擠會刺激兩歲大的孩子去咬人。兩歲大幼兒的班級應該要維持小班制，約八到十二名孩子，有二到三名的老師，可降低咬人的行為。
- 兩歲大的孩子需要許多感官上的活動。教室設計應讓孩子能夠大量觸摸、感受、鼻聞、舌嚐、耳聽、眼看、手動等。孩子可能把東西放在嘴巴裡，所以東西必須是安全的、衛生的；小孩子用舌嚐、用口咬東西，有助於轉移孩子咬人的衝動。
- 教室裡的材料及活動要適合他們的年齡，必須是孩子能力所能及的。如果不適合兩歲小孩的需求及能力，這些孩子可能就會感到挫折；有些孩子可能就用咬同伴來表示他們的挫折。
- 環境的設計，要方便老師清楚地看到教室的所有角落、所有的小朋友。用心的看護，對年幼的學前兒童特別重要，也讓老師能及時採取預防措施。
- 幼兒教室裡應該有大量的備品材料供孩子用。兩歲的幼兒尚不懂分享的藝術，因此，他們喜愛的遊戲材料要不只一個，須確定分量足以防止咬人及其他攻擊行為。
- 評估點心和午餐的時間。孩子可能因為飢餓咬人，時常提供食物也許可以阻止咬人。
- 當孩子突然開始咬其他孩子，但她以前並沒有那麼做，這可能是一種替代的生理解釋。例如，該童也許有耳疾，她尋求以咬人來解除難受。

69 如果對這問題的解決辦法，不在你前述的觀察或上述的這些建議中，請參考下列較系統的方法。

敘述這目標

本章的目標是讓老師能夠幫助這兩歲大的兒童找出咬人的替代方法，以減少咬人的次數。

方　法

下列程序是用來處理兩歲大兒童的咬人行為，並提供教師基本的預防措施：

- 確保教室環境盡可能可以有效預防。
- 要敏於潛在的問題情況，預防咬人。
- 增強適當的社會行為。
- 如果該童咬人，告訴她這是不能接受的。

注意：這些步驟是針對學前幼兒的建議，如果有年齡較大的孩子，可採用本書第五章的策略。

定　義

咬人（biting）是一個孩子的牙齒陷入另外一個孩子身體任何一部位的事件。

起點行為

為了要有效評估整個方案，並了解該童如何渡過咬人的這個階段，你必須把咬人的事件都記錄下來。在教室裡適當的地方張貼一張紀錄紙，該童每咬人一次便劃記一次。經過三天，將該童咬人的總次數登記於次數紀錄圖上。

策　略

蒐集完基準線資料後，班上所有老師要一同實施下列的策略：

一、確保教室環境盡可能有效

持續檢核教室的布置、材料、課表，以確定這些都符合兩歲大孩子的需要；班級流程愈順利，愈能降低兒童間潛在的挫折及衝突。兩歲大的孩子容易疲倦，在主餐之間，需要有點心時間；他們的注意力短暫，渴望立即的注意；他們會靠得很近玩，但不會一起玩，不太會與別人分享。你對這些孩子的期望及在設計活動時，應該將上述這些特徵考慮進去。 70

二、要敏於潛在的問題情況，預防咬人

當了解某位小孩在某一種情境可能會咬人的時候，你就可以開始採取預防措施。不要離這孩子太遠，注視著她；如果她好像快要咬人了，趕快把她抓開。如果她打你，溫和地抓住她，直到她停止抗拒。如果該童接受被帶開，馬上轉移她的注意力到另一個活動上。不要跟她說教，如果她似乎需要咬，那就拿東西讓她咬。

三、增強適當的社會行為

兩歲兒童亟待學習正面的同儕互動，咬人是不被接受的溝通方式。要讚美孩子適當的社會行為，讓這孩子知道你很喜歡她現在所做的事情，協助她用言語對別人表達她的感覺。孩子學會以更多正向變通方式，替代咬人及其他攻擊行為；她會有更多的社會互動，使她與她的同伴感到滿意。

四、如果該童咬人，告訴她這是不能接受的

應該藉由預防的措施來降低咬人的事件，但偶爾還是有小朋友會咬人，這時請照下列步驟來處理：

1. 對咬人的孩童說，「不可以！咬人會傷害人。你看，_______哭了，因為他受傷了。」
2. 帶被咬的孩子清洗被咬的部位，並做必要的急救處理。把咬人的孩童帶在身旁。
3. 要咬人的孩子參與安慰和照料被咬孩子的過程。在這過程中，要一面口述一面做。要咬人的孩子幫忙安撫被咬的孩子、貼繃帶或其他協助，這樣提供了一個同理心和正面社會反應的模式。

五、繼續記錄這行為

利用表格來記錄每天的咬人次數。如果發現次數愈來愈多的話，要檢討你的預防措施，並做必要的加強。如果教室裡的大人都能夠保持警戒的話，咬人事件應該會明顯的降低。

71

維　持

經過一段時間之後，這個圖表顯示不再有咬人事件了，這就表示該童已經渡過了咬人的時期；這個時候，就可停止你的預防措施，但還是要繼

續增強可接受的社會行為，因為社會化是一漫長的學習過程。

在本書附錄裡，有幾個假設情節，供你應用本書各章建議的輔導原則。請在附錄裡找「輪到你」中的情節，特別是前兩個情節與本書〈攻擊及反社會行為〉篇有關。

Chapter 9

向別人扔東西

「碰！」的一聲！所有老師迅速環顧教室四周，都在找馬克在哪裡。他們變得愈來愈關心，因為四歲的馬克很容易生氣，只要不順他的意，他就動怒。

最近幾週，老師注意到馬克常為小事而發怒，會撿起身邊的東西，向惹他生氣的人扔去。他扔過積木、拼圖、刷子、洋娃娃、盤子、鞋子、玩具，甚至剪刀、椅子。每次他對準目標扔，一扔再扔，幸好沒有人嚴重受傷，而馬克自己也受到割傷或瘀傷。

班上其他小朋友害怕、討厭他，也對他感到生氣。最近，當馬克用木棍打瑪喜的背，瑪喜的朋友理奇大叫：「馬克！我討厭你，你弄傷瑪喜了。」馬克就拿另一塊積木扔理奇。

老師責備、教訓馬克，試著跟他講道理，並威脅要剝奪他的權利，但都沒有效；當他生氣時仍會扔東西。

敘述這行為

該童常故意向其他小孩扔玩具和其他東西。

觀察這行為

非正式地觀察該童幾天，可知道所發生的事。

該童在什麼時候常扔東西？

- 無法預料，一天中的任何時候
- 自選活動時間
- 正式的活動時
- 在戶外時
- 在室內時
- 一天中較早的時間
- 一天中較晚的時間
- 三餐時

該童扔東西前，通常會有什麼事發生？

- 別的小孩激怒他
- 別的小孩拿走他的東西
- 別的小孩有他想要的東西
- 他和別的小孩爭吵
- 該童被別人打
- 別的小孩或老師告訴該童「不」
- 該童期待老師注意他

誰是受害者？

- 通常是同一小孩或一些小孩
- 任何人
- 任何一個惹他的人
- 固執的小孩
- 膽小的小孩
- 較大的小孩
- 較小的小孩
- 男孩
- 女孩

通常扔些什麼東西？

- 該童手上的任何東西
- 任何拿得到的東西
- 硬物
- 尖銳物
- 軟物
- 小東西
- 大東西
- 特定的東西

該童對其他小孩扔過東西後，發生什麼事？

- 未擊中目標
- 擊中目標
- 未擊中目標，該童生氣
- 該童承認扔了東西

- 該童否認扔了東西
- 該童找回東西
- 該童觀望大人是否在看
- 當別的小孩被打中，該童生氣
- 該童道歉或試著使受害者好過些
- 該童走開
- 該童在附近逗留

由這些非正式觀察可較清楚地得知該童何時、如何、為何扔東西，這些訊息可幫你尋找解決的方法。

與家庭諮詢及合作

一旦你完成了觀察，盡快計畫與家庭會面討論該童的行為。發現是否該童也在家裡或校外其他情境，向別人扔東西；如果是，要問家庭：在什麼情況下這行為較易發生、為什麼該童會有這行為、要怎麼反應會是有效的。與家庭分享你從觀察中的發現，與家庭腦力激盪改變這行為的點子；一旦開始實施下列策略，要持續告知家庭該童成功的事。

考慮其中涵義

該童向班上其他小孩扔東西是危險的，別的小孩可能被扔投硬的或尖銳的東西而嚴重受傷，老師必須立即阻止這種潛在的危險行為。通常，老師會馬上激動地向該童嚴正解釋這行為多危險、錯在哪裡。因為這問題的嚴重性，老師甚至會使用一些處罰方式。不管老師如何反應，傳遞給該童的訊息是扔東西可得到大人的回應，扔東西會使成人變得激動且更加注意。

該童藉由扔的行為紓解生氣或挫折，這動作進而得到注意*。絕大部分小孩扔東西是生氣和挫折的反應；況且幼兒不善於言詞，難以表達情感。小孩沒有能力或討厭用言詞表達，以致用肢體表達生氣或挫折。當該童扔了東西後，老師的勸說只是表示注意到該童不好的行為，並無助於解決這問題。

探討變通策略

經由觀察可以找到很快消除這種行為的一些線索：

- 如果該童只扔一種特定的東西，就把這個東西從教室拿走幾個星期。例如：該童只扔木製積木，就把它們拿走；一兩週後，你試著用較難扔的較大中空木塊替代，或輕的塑膠片、紙板、自製的牛奶盒積木等。幾週後，再將木製積木放回；如果該童已克服扔東西的欲望，就把木製積木留在教室裡。
- 如果某一特定小孩經常是被扔的目標，這孩子可能會引起衝突。盡可能分開這兩個小孩，使他們分隔在教室內不同的角落，引導他們做不同的活動並注意他們；轉移目標也可以改善問題。
- 該童可能可以從對著目標投擲的活動受益。例如，將裝豆子的小布袋投擲入一個容器，或擲入一個洞孔的目標。

如果這些建議都行不通，則繼續下列更詳細的方法。

敘述這目標

目標是讓該童不對其他兒童亂扔東西，並學習處理生氣或挫折的適當方法。

---

* 一般認為觸發挫折的事物，會導致向別人扔東西的反應。有些孩子若是受產前藥物的影響，就不易找出攻擊行為的前導因素，行為似乎就相當的變化莫測。

方　法

基本策略將同時採用這些步驟：

- 盡可能預防扔東西的意外事情。
- 系統地教導該童適當處理生氣或挫折的變通方法。
- 如果該童向其他小孩扔東西，則採「自我控制時間」法。

定　義

「向別人扔東西」（throwing objects at others）指小孩對準別的小孩扔東西，以至於造成傷害的故意動作。

起點行為

為了知道這行為發生的次數，以三天時間記錄其頻率。在你開始要做任何改變之前一定要做紀錄；每當該童向別人扔東西時，都要記錄在紙上。每天放學前將發生的次數登記於次數紀錄圖上，做為將來進步的評估依據。

策　略

蒐集完向別人扔東西的資料後，開始下列的策略時，為了使其有效，班上所有教師必須注意並合作：

一、隨時盡可能預防該童向別人扔東西

根據過去的觀察可略知：什麼事會激怒該童和什麼時候會有如此行為。對任何線索詳做筆記，例如：該童在扔東西之前會緊握拳頭或大叫，或只

是和同學之間有口語警告或非口語的不滿。

任何線索都需要老師的警覺，去注意跡象並防止這行為的發生。當確定了一個線索後，可照著這個程序做：

1. 教師走到扔東西的孩童那裡，站在他面前，擋在這兩個小孩中間。
2. 教師蹲到與該童一樣高度，溫和地將手放在他的上臂，限制他手臂的活動。
3. 當覺得該童的緊張情緒消失，教師可放鬆自己的手或去擁抱他。
4. 同時準備下一步。

二、系統地教導該童適當處理生氣及挫折的變通方法

預防該童傷害別人是很重要的，但幫該童學會可接受的其他變通方法也很重要。一旦該童開始的生氣消失了，可以花幾分鐘時間和他談一談。首先用下列的方法：

1. 你如看到生氣的經過，詢問「什麼事？」可幫該童用口述說出這情形，甚至可以做個開頭說：「你生氣，因為你想要蕾思妮的卡車。」確定該童也用同一方式，說出這情形。
2. 一旦問題說出，給該童機會理出一個建議，如「我想知道，該如何做。」如該童的建議是可接受的，就稱讚他；如意見不可行，就說：「我們還可以試試什麼方法？」
3. 如果該童沒有意見，就說出一個處理方法，例如：「我們問蕾思妮，是否她可以和你一起玩這部卡車，你們可以用積木建一條路讓車子通過。」
4. 嘗試用角色扮演：「假裝我是蕾思妮，你想要我正在玩的卡車，」教師假裝正在玩卡車，問：「你要和我說什麼呢？」幫該童說出一個可接受的要求，回答時好像你就是蕾思妮，同意和他一起玩卡車。
5. 當角色扮演完後，讚美該童，然後幫他找一個活動加入。
6. 達到這一階段要花幾週時間，但切記這是在教該童對一個曾引起攻

擊情境的新反應之感受。

當該童了解處理生氣和挫折的變通方法，而且對角色扮演有反應，就可進入下一步驟：

1. 當問到「什麼事？」時，該童應有足夠的練習，說出他為何生氣。
2. 一旦問題說出來，就問該童他將如何做，有好的意見時就稱讚他。
3. 告訴該童，你希望他和另一名涉入的孩子嘗試看看他的建議，例如：「讓我們去對蕾思妮這樣說。」
4. 和該童一起去，鼓勵他友善地解決這問題；需要的話，用些巧思安排成功。這是很重要的，讓該童認為你教的變通方法是有效的。
5. 稱讚這兩位小孩的彼此合作。

當該童適當處理生氣或挫折方法的能力漸增，逐漸減少你的角色，該童應漸能為自己的動作負責。常讚美該童，讓該童知道，你對他的新表現感到高興。在教新行為的過程中，只要該童用可接受的方法，處理好潛在的衝突情況時，就應給予慷慨的讚美。

三、如果該童向其他小孩扔東西，則採「自我控制時間」法

如果該童對其他小孩扔東西，不論擊中與否，應參照下列幾點：

1. 很快確定被他瞄準的小孩是否被擊中；如果被擊中，確定是否平安。盡可能由另一位老師去照顧受害者。
2. 冷靜地將該童帶入「自我控制」區，肯定且平靜地說：「我不容許你去傷害其他兒童。請坐在這裡，直到你可以再加入友伴為止。」
3. 注意時間並離開該童；在「自我控制時間」，不要和該童說話，也不要注視他。
4. 若這問題尚未處理完，老師可自己撿起被扔的東西，放回適當的地方；不要要求該童撿起東西放回，當作是另一問題。因為如此的要

求，容易使問題混淆。你想要強調的是，傷害別人是不對的，而不是東西應擺在適當的地方。後者的規矩（物歸原位）對小孩子是重要的，但應在不同的情況、其他的時間去教。

5. 如果其他小孩接近「自我控制時間」區，靜靜地將他帶走，解釋說：「馬克需要獨處一些時間，等他回來加入班上活動時，你才和他談話。」
6. 當該童認為他準備好如此做，讓他再加入班級活動。不要訓話。他知道被隔開的原因。引導該童有建設性的行為，你可建議他加入持續中的活動。增強該童盡快參與適當的活動是非常重要的。
7. 如果該童未準備好之前重新加入班級活動，再次向其他小孩扔東西，就對他說：「我想你還沒準備好加入我們。」帶他回到「自我控制」區。再次讓他自己確定他何時準備好再加入班級活動。

四、繼續記錄這行為

繼續記錄每天所發生扔東西的次數是重要的。保持記錄，看是否產生了改變；而且，可決定在程序中什麼時候該從這一步驟進到下一步驟。例如：該童從角色扮演進到真正和別的小孩溝通，顯示其扔東西的行為有相當大的減少。同樣地，在你減少提示該童適當的行為之前，扔東西的意外事件應減低到零或接近零。由紀錄顯示，該童由於你的努力正在學習進步中。

維　持

一旦該童停止對別人扔東西，確實地繼續讚美他的進步是有效的改變方式。該童所學到的，並非排除引起生氣或挫敗的情境，因為這些情境仍然會發生。該童學到的是一些可被接受的處理情緒方法，且對自己學會如何控制這種情緒感到滿意。繼續不斷地增強他這種新的表現。

在本書附錄裡，有幾個假設情節，供你應用本書各章建議的輔導原則。請在附錄裡找「輪到你」中的情節，特別是前兩個情節與本書〈攻擊及反社會行為〉篇有關。

Chapter 10

傷害他人

泰德才讀了三個月的幼稚園，就被老師認為是「最具攻擊性」的孩子，他非常容易被其他孩子所激怒，然後會失去自制力攻擊他人。他採取任何可使用的方式去攻擊其他孩子，包括：敲打、咬、拉扯頭髮、拳打、掌摑、推擠刺戳、擊倒別人然後跳到他身上等。

自從泰德開始攻擊他人，班上的孩子就不喜歡他，他參加活動時老是一個人孤單地玩，沒有人肯和他接近。因此，泰德開始挖空心思挑釁，有時候他會走近其他孩子，搶奪他們正在做的東西，並喊：「我要它。」假若受到抗拒，他就與人打架。有時他會試著去參加其他孩子的遊戲，若不被接受，他就跟人打架。這一行為，每天早上大約發生三、四次。

老師對泰德的攻擊行為表示生氣，也試著幫助他與其他孩子一同遊戲；但是他仍不斷地持續憤怒和攻擊。

敘述這行為

該童用各種方式去攻擊其他孩子，諸如：打、踢、咬、掐、扭打等，攻擊的方式無法預知。

觀察這行為

透過非正式的觀察該童，可獲得更多相關的資料。

何時出現這行為？

- 全天候
- 特定活動進行中，如團體活動、討論或是音樂活動時
- 當孩童緊湊在一起時
- 當一個活動要換至下一個活動時
- 進行結構性的活動時
- 自選活動時間
- 在戶外遊戲時
- 在室內時
- 大約在用餐時間

當該童出現這行為前，常有哪些徵兆？

- 其他孩子擁有該童想要的東西
- 該童與其他孩子有爭論時
- 被老師或其他孩子拒絕
- 該童與他人湊在一起時
- 該童被推擠

- 該童疲倦了
- 該童被另一個孩子觸怒了
- 該童無法完成工作時
- 該童不想參加班上例行活動
- 無明顯的動怒原因

誰常是受害人？

- 同一或少數一些孩子
- 任何人
- 只要是與該童有爭執的人
- 畏縮的孩子
- 固執的孩子
- 年齡較大或體型較大的孩子
- 年紀較小或體格較瘦小的孩子
- 男孩子
- 女孩子

當該童傷害其他孩子時有什麼情況出現？

- 該童會四處觀望是否有成人在看
- 該童承認自己的傷害行為
- 該童否認自己的所作所為
- 其他孩子會反擊他
- 該童道歉或盡量讓受害人感到較舒服些
- 該童繼續去傷害其他孩子
- 該童逗留在受害孩子的附近
- 該童試著再去傷害同一孩子
- 該童離開現場

該童如何去傷害其他孩子？

- 傷害的方式和傷害的前兆有關聯
- 傷害的方式和誰是受害人有關聯
- 傷害的方式、傷害的場所、受害人都有相關
- 傷害的方式、傷害的前兆、誰是受害人、事件發生的場所等都無關

這個非正式的觀察應可提供這問題的線索，有些可幫助你消滅這行為。

與家庭諮詢及合作

一旦你完成了觀察，要盡快與家庭面談該童的行為。讓家庭確信你要與他們一起合作，和向他們學習以發現什麼策略是有效的。確定是否這行為也發生在校外，譬如：在家裡、教會，或家族聚會等。詢問家庭：該童在校外發生這行為的情況。與他們分享你從你的觀察中學會了什麼。與家庭討論該童攻擊他人的可能原因；並且強調你的目標是幫助該童，學會以更積極的方式與他人融洽相處。與家庭保持密切的聯絡；特別是一旦這行為開始減少，要與他們分享。

考慮其中涵義

該童傷害其他孩子的方式無法預知，這在學前教育是一個嚴重的問題。當該童只是踢打他人，教師可預知其攻擊方式；但該童的攻擊方式不一，教師就無法確定其攻擊方式。更甚者，由於這一行為常出現得突然和魯莽，而顯得更加嚴重；該童一感到憤怒就失控攻擊，不知道他人受害的嚴重程度，往往造成極大危險的嚴重傷害。教師常用訓誡、勸說、處罰的方式，但效果不彰。可肯定地讓該童知道，這一行為是他人無法容忍的；並幫助

該童學會控制自己的脾氣，及對生氣情境的反應。

探討變通策略

處理該童以無法預知的不同方式攻擊他人的問題，可能無法用簡單的方法，然而可參考下列建議：

- 如果這行為只發生在一些特定的活動，或一天當中的某些時間，可變換課表活動時間。通常，幼童不喜歡擁擠、等候、停止參與中的活動等，在這些情境容易產生攻擊行為。避免擁擠：只要在團體活動中設計出較大的圓圈或半圓即可。改變等候的方式：當其他小孩還在唱歌或做手工，可利用時間叫一些小孩上廁所或穿外套準備。幼童較缺乏等候的耐性，活動的安排要減少停頓和等待的時間。如果教師發現有特別缺乏等待耐性的小孩，應盡量減少其等候的時間，直到他能夠等待較長時間。要小孩停止正全神貫注進行的活動，是另一困難的事，應盡量避免打斷孩童的活動。活動時間的規劃要夠長，並在結束活動的前幾分鐘，提醒兒童活動即將結束。
- 若某一小孩常是該童攻擊的受害者，分開這兩位小孩。如果可能的話，將他們其中之一轉入另一班；若是無法做到，則在班上將這兩個小孩隔離，鼓勵他們參加不同的活動。在團體活動和午餐時間，也不要讓他們坐在一起；若班上有分組活動時，讓他們參加不同小組。這需要相當的時間與精力，但將降低攻擊行為的發生。
- 通常，一個小孩的過度攻擊，是反映他在生活情境中少有或沒有控制力。經由與他家庭的討論，可覺察到該童生活中發生了什麼事。讓該童知道，你感受到他的創傷和困擾；這樣，你將更容易傳遞了解及同理心。同時，可提供該童替代傷害他人的措施，例如，你可以告訴該童：「當你感到哀傷、惱怒或生氣時，我將在這裡擁抱你，並和你談話。」在本章後續部分，你將發現較詳細的舉例說明，怎樣與該童討論感受。

若該童以不同方式攻擊其他小孩，上述策略無法消除這一行為，可能這行為不限於班上時間或對某一小孩發生。你可綜合下列改變策略的建議。

敘述這目標

這目標是為了使該童能停止傷害其他小孩，找到變通的方式去處理自己的憤怒。

方　法

你將同時採用數個步驟，去消除該童傷害其他小孩的行為：

- 無論何時，都要阻止攻擊事件的發生。
- 讚美所有正面積極的社會互動。
- 有系統地指導該童控制傷害他人的衝動。
- 當傷害行為發生時使用「自我控制時間」法。

定　義

以不同方法去傷害他人（hurting others through a variety of means），包括以打、踢、咬、拳打等方法攻擊其他小孩。班上教師應共同歸納出該童攻擊行為的內容，並列出所有的攻擊方式。

起點行為

在實施行為改變前，花三天時間去計算該童傷害他人的次數。將每次

出現的傷害行為記錄在紙上；並於每天放學前，將該天總次數登記於次數紀錄圖上。這些資訊將提供評估進步的依據。

策　略

一旦你有了該童傷害他人的紀錄後，可準備開始進行本方案。重要的是：班上所有教師要合作，一致依照下列的方案進行。

一、無論何時，都要阻止攻擊事件的發生*

由非正式的觀察，將可知在什麼時間、什麼情況之下，該童的傷害行為最容易發生。注意該童傷害其他小孩的任一可能線索。

如果該童已被激怒，依該童的反應，試用下列兩種方法之一來應對：

1. 如果該童能接受勸說，則與他討論他憤怒的原因。
2. 如果該童對勸解無反應，硬是要打人，則使用肢體限制方式。將該童抱住，以溫和關心的方式，阻止他攻擊其他小孩；重要的是，不要有生氣的反應（若覺得自己會對該童發怒生氣，則宜交由其他教師處理此事，不要以更憤怒來處理生氣的事）。繼續抱住該童，直到你覺得他不再緊張為止；進而擁抱他並告訴他：「很高興你未傷害洛克。」協助他找活動參與。

預防激起憤怒及攻擊的情境出現，比只在憤怒發生時再去阻止好得多。其次，運用你觀察得到的線索，敏於預防潛在的問題。如果有一致性地在何時、何處、何種環境下，該童常有攻擊他人的行為，則可預知並防止該行為的發生。

---

* 通常，導致攻擊反應的情況是可辨認出的。有些孩子是受產前藥物的影響，就不易找出攻擊行為的前導因素，行為似乎就相當的變化莫測。因此，保持警戒是一個特別重要的預防措施。

二、讚美所有正面積極的社會互動

該童需學會與同儕相處的可接受方法，重要的是讓該童知道何時他的社會行為是適當的。盡可能常讚美該童正面的互動行為，例如：

- 「謝謝你幫助洛克，這件事你做得很好。」
- 「我喜歡你和洛克一同玩拼圖。」
- 「你讓洛克幫你蓋積木堡壘是件好事，我知道他非常喜歡和你一起玩呀！」
- 「洛克幫你推鞦韆，多好玩的事呀！待會兒，輪到你幫他推，好嗎？」避免提及該不當行為（例如：你現在沒有傷害洛克，好乖！）。

三、有系統地指導該童控制傷害他人的衝動*

重要的是，讓該童知道生氣是自然的、正常的，但因此而傷害他人就不對了。善用每個機會讓該童表達情緒，以增強「有情緒是正常的」，可以適當方式表達。此外，每天施行「特約時間」，與該童討論他的情緒，及如何以可接受的方式處理情緒。這段特約時間可約為五至十分鐘，且不可中途被打斷；若他真的有興趣、有反應，則可延長更多的時間。若為了避免被干擾而分心，亦可將該童帶離教室。與該童的討論應符合他的興趣：

1. 開始時，討論引發不同情緒的各種情境。例如：「我昨天得到一隻小狗，我非常興奮和高興，感覺就像跳舞和歌唱般快樂，心裡感到真美好。什麼事會讓你真的感到很高興？」如果該童回答了，你可問得更仔細些；如果沒有任何回答，則簡略帶過，繼續討論其他的感受：「相反的，我有時候感到不舒服，我真是傷心。有一個好朋

---

* 關於情緒的討論應該是學前兒童課程的一部分，用於自發方式和活動的一部分。幫助情緒／行為障礙孩子學習表現他們的情緒，是幫助他們學會以變通方法反應的好方式。

友離我而去，那令我感到很糟。你是否有時也覺得傷心？」繼續，盡可能鼓勵他回應，同時也討論「憤怒」：「你知道，有時我真的非常生氣；我知道，有時一些事真的令你生氣，哪些事讓你生氣？」舉些自己生氣的例子，與該童分享，幫助該童說出令他生氣的情形。

87 2. 當該童認識到不同情境會有不同的感受時，與他集中討論這些情緒：「當你內心是（生氣、快樂、悲傷或孤獨）時，你的感受如何？」幫助該童，將對情緒的內在反應說出來；你將花更多的時間去思考這些問題，因為感受是難以用言語表達的，這是你準備與該童討論的基礎。然而，要注意的是，需要談話的該童也正是需要你協助的對象；同樣的，這步驟也要進行好幾天。

3. 當該童說出經驗不同情緒的感受後，開始和他討論，他表達了哪些情緒。當該童告訴你，誰激怒他，他就如何踢、打、咬誰，不要中斷或做任何評論。一再地討論各種不同的情緒和在動作上要如何表達。

4. 下一個步驟是告訴該童，尋找表達情緒的其他不同方式。如果這個孩童告訴你，他高興時就以笑容表達，問他是否有其他方式去表達高興。也許你們可以想出拍手、跳躍、唱歌、擁抱等主意。除了其他情緒外，可與他討論表達生氣的變通方式，如：

   - 告訴某人，你在生他的氣。
   - 在等候其他小孩玩完他所要的玩具時，可先找其他的東西玩。
   - 敲地板或桌子取代打人。
   - 告訴大人幫他處理生氣的情緒。

5. 不要侷限在使用口語討論，可使用道具協助。使用布偶、黏土、積木或許對表達感受及情緒是有幫助的。

6. 在討論的每一個步驟，找機會舉例說明你和該童在特約時間所討論的。首先，把焦點集中在什麼事件引發一特定的情緒上；其次，轉而討論該童對這件事的內心感受；然後，尋找這情緒外在表現的例

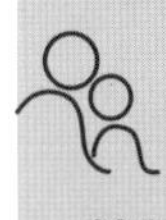

子；最後，鼓勵該童說出這情緒反應的變通方式。以預防攻擊事件提供機會，讓你每日與該童所討論的與他的實際情緒有所關聯；不要限於負面的事件，盡量找出所有情緒及感受的實例。

四、如果該童正在傷害他人，則採取「自我控制時間」法 88

可依照下列步驟：

1. 迅速確定被攻擊的小孩沒事，若可能，請其他老師照顧受害者。
2. 冷靜地將該童帶入「自我控制」區，肯定且平靜地說：「我不容許你去傷害其他兒童。請坐在這裡，直到你可以再加入友伴為止。」
3. 記錄時間並離開攻擊者，在這段時間不要與他講話或注視他。
4. 如果其他小孩接近「自我控制」區，則將其迅速帶走並解釋：「泰德必須獨處一些時間，等他回來參加班上活動時，才可和他說話。」
5. 當該童認為他準備好如此做，讓他再加入班級活動。不要訓話。他知道被隔開的原因。引導該童有建設性的行為，你可建議他加入持續中的活動。增強該童盡快參與適當的活動是非常重要的。
6. 如果該童未準備好之前重新加入班級活動，再次出現不被接受的行為，就對他說：「我想你還沒準備好加入我們。」帶他回到「自我控制」區。再次讓他自己確定他何時準備好再加入班級活動。

五、繼續記錄這行為

當你與該童一起改變其攻擊行為時，持續記錄該童傷害他人的次數，再記錄該童每天以各種方式傷害他人的總次數。漸次的進步是可能的，這紀錄反映出任何改變，即使是小的改變，都將鼓勵你繼續去嘗試這個改變策略。

維　持

當該童停止傷害他人時，繼續讚美他正面的行為，以及可接受的情緒表達方式（如生氣），不斷地鼓勵他新學會的行為。記住，有時該童傷害他人的行為仍可能會出現；若是其他變通的行為未被稱讚，這種攻擊行為將被增強。即使目前的情境已轉換，仍要對期待的、重視的行為予以增強。

89

在本書附錄裡，有幾個假設情節，供你應用本書各章建議的輔導原則。請在附錄裡找「輪到你」中的情節，特別是前兩個情節與本書〈攻擊及反社會行為〉篇有關。

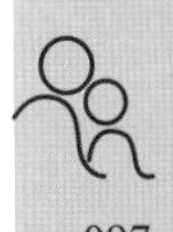

Chapter 11

使用不當語言

四歲的葉伊琳一直是被托育的，母親是位職業婦女；自從她出生一個月，就被送到目前住家鄰近的日間托兒中心。葉伊琳是家裡五個小孩中的老么，上有兩位哥哥都是青少年了，一位姊姊讀小學四年級，另一位哥哥讀小學二年級。葉伊琳在學校過度自信和話多。 90

最近她的用語中不乏使用不當語言，漸帶有髒話；當她不高興時，就用髒話宣洩情緒。在日常生活言談中，也常穿插使用不當語言，自己覺得很得意。

老師曾對葉伊琳使用不當語言表示不悅，常告訴葉伊琳不該說那些話；但這並不能改變她的行為，葉伊琳仍然出口成「髒」。有些孩子學她說髒話，老師擔心很快會有其他家庭對此有所抱怨。

敘述這行為

該童經常使用不當語言。

91

觀察這行為

知道該童何時、何地、為什麼、對誰會出現這種行為是很重要的。應花費時間觀察該童：

通常該童何時會使用不當語言？

- 無法預知，一天之中任何時候都會發生
- 團體活動，如說故事或討論時間
- 自選活動時間
- 早上
- 下午
- 戶外活動
- 室內

什麼情況會引起使用不當語言？

- 該童生氣
- 老師或其他孩子跟該童說不行
- 該童無法完成工作
- 該童在角色扮演中，扮演某一角色
- 該童未參加活動
- 該童和其他孩子玩，扮演領導者
- 該童在廁所
- 該童在玩鬧

通常該童對誰使用不當語言？

- 對任何人

- 對一位或少數孩子
- 對所有孩子
- 對大人
- 對好朋友

該童使用不當語言時，會發生什麼？

- 該童大笑
- 其他小孩大笑
- 其他孩子會告訴她不要這樣
- 其他孩子會模仿使用不當語言
- 該童會留意大人是否聽到
- 老師會告訴該童不要說髒話
- 大人會驚訝地反應
- 大人大笑

初步觀察應能給你一些有關該童使用不當語言發生情況的概念；使用這些資料，可尋求解決此問題的方法。

與家庭諮詢及合作

92

孩子在許多情境學得使用不適當的語言；通常不是在學校學得的。在學校他們可能從同儕處聽見這些用語；但也可能從家裡手足、鄰居、親朋好友或電視等聽見這些用語。這樣的行為也許是有些家庭所關心的，但另有些家庭可能不在乎。當你與該童家庭會面時，要讓他們知道，你的目標為幫助該童在學校使用禮貌和適當的用語。如果該童家庭對不適當的用語不在乎，要告訴他們，你不允許在學校使用這些用語，並且你將幫助該童在學校使用適當用語。但是，如果該童家庭對這行為是關心的，要與他們合作分享改變這行為的點子和策略。家庭可能認為，他們的孩子是在學校從同儕處學得使用不當的語言。與該童家庭分享你的觀察紀錄；並向他們確保你的規則是要所有孩子使用禮貌的用語。要持續通知該童家庭有關該童行為的改變。

考慮其中涵義

孩子常常從周遭聽到什麼就學什麼，使用不當語言也是這樣學來的；大人、同儕、兄弟姊妹使用不當語言時，孩子聽到就學了。一般說來，學前孩子不明白使用不當語言實質的涵義，但他們很快地會體會到這種話多少有些特別。孩子可能觀察到，不當語言常在特定環境下說出，如生氣時，這些話可因音調變化而特別的強調；然而，孩子決定使用時，這些話又變得更加特別。

孩子初次說出不當語言，可以確定的是，大人聽到會驚嚇或大笑，訝異孩子怎麼會如此說，會懷疑孩子是從哪兒學到或聽到，或訓誡孩子不可再說；而該童很快地知道，這種話可以得到注意。

當孩子在學前情況下使用不當言語，老師通常是這樣反應（他們認為年幼孩子不適合說不當語言），想用一切方法消除。在這過程中，他們常對這問題付出更多注意；要是髒話的使用可引起增強的反應，要減少就更不容易了。其他孩子的仿效、大笑、注意，都可能增強使用不當語言。

93

探討變通策略

針對使用不當語言，相對地可以有個簡單的解決方法。檢查你平常觀察的資料，然後看看下列任一建議是否有效：

- 如果該童只在特定情況下使用不當語言，可能是她得到不正確資訊或誤解。孩子扮演某一特定角色，便使用不當語言，例如：她認為加油站服務人員始終說髒話，可能是她認識一位加油站人員整天說髒話，因而類化，相信所有加油站人員都是這樣。這可和她討論，改正她的錯誤概念。老師也可安排參觀加油站，或邀請加油站人員來校訪問。

- 該童說髒話以引起他人的注意，可能出於無聊。檢討你平時觀察得來的資料，特別是與說髒話有關的；如果發現不當語言出現在計畫或自由活動時，可能是該童覺得活動沒有挑戰性而選擇作怪。仔細檢討班上一切，提供更有趣的教材和適當的活動吸引該童，你應很快可以看到該童減少使用不當語言了。
- 孩童四歲時，許多兒童有時傾向喜歡造詞，或使用如廁用語（bathroom language）；要確定是模仿成人，或是使用童語髒話。後者聽起來像兒語，譬如：pee-pee 小便，ca-ca 大便，poo-poo 大便，potty 大小便，由於使用這種不雅的話只是一段過程，孩子自然會停說，所以老師不用太在意。然而，如果你發現孩子說得太過分，可跟她談談，用一些方法來限制他們的使用，例如：你只同意他們在廁所用，其他地方就不可以。
- 如果使用不當語言的孩子是班上的「頭頭」，其他孩子可能會照樣學，則可藉著她的參與幫忙用較適當的行為領導同學。要讓她知道你不喜歡她使用不雅語言，導致其他學生群起仿效。透過討論，試用變通行為；想辦法使班頭幫忙其他孩子學習，這可能包括使用新藝術媒材、學新歌、玩新遊戲等。靠著強化班頭的領導，將她本來使用不當語言的影響力導入適當的用途；讚美該童，因她成功教導其他孩子新技巧。

上述建議若仍無法解決問題，就可進行下列詳細策略。

敘述這目標

目標是制止該童使用不當語言。

方　法

為達目標，你的策略應同時包括三項步驟：

- 任何時候，盡可能防止使用不當語言事件的發生。
- 故意不理會使用不當語言，聽而不聞。
- 系統地增強不使用不當語言的時段。

定　義

使用不當語言（using inappropriate language）是指學前孩子任何不當語言的使用；這較屬於成人髒話，而不是孩子自編的如廁用語。具體列出一張你不要孩子說的髒話，並經班上所有老師同意。

起點行為

實施行為改變前，需要知道使用不當語言的發生頻率。利用三天時間，把每次使用不當語言的事件記在紙上。如果她一小時出現五或六次，可整天蒐集資料；然而，如果出現很頻繁，一小時二十或三十次，則只要每天蒐集一小時的資料就可以了；這在你要開始觀察時就要決定好。在每天結束時，將該天總次數登記於次數紀錄圖上。這些紀錄將提供評估進步的依據。

策　略

與該童家庭開會討論這問題，除非該童是從學校其他孩子學到不當言語，否則，髒話大多是從家中或鄰居學來的。家庭可能也已注意、關心到該童說髒話，家庭和老師需要一起討論，使用不當語言的行為是如何學得和增強的？如何可消除？家庭和學校攜手改變孩子的行為是較有效的。

你蒐集三天使用不當語言事件的紀錄，並和家庭溝通後，就可開始下列的方案。班上所有老師應一致使用相同的程序：

一、讓該童知道你的關心，及你將如何處理使用不當語言

在該童不說髒話時，把她叫到身邊親切地和她交談。讓該童知道你在意她使用不當語言。告訴她，你會和她共同努力改變這種行為；也必須跟她說，你為什麼不能接受使用不當語言。

二、故意不理會使用不當語言的行為

任何時候該童使用不當語言，不管出於生氣或要引你注意，不要用訓誡或表現驚訝，否則正合該童心意。當該童使用不當語言時，班上其他孩子可能出現下述兩種情形之一：

1. 如果其他孩子對使用不當語言沒有反應、沒注意到，老師可對說髒話的該童聽而不聞，好像沒事一樣。
2. 如果其他孩子模仿、大笑或談論這些髒話，盡可能移轉孩子的注意力，如說：「珍妮、愛麗思、麥克、塔德過來，我要秀一種新玩意兒。」不要叫使用不當語言的該童，盡快帶其他小孩離開。事先設計幾種轉移注意力的方法，是很有幫助的。不談論該童使用不當語言的事，如有其他孩子提起，只說：「是的，我知道了。」就不提及這問題。

三、任何時候，盡可能防止使用不當語言事件的發生

從非正式的觀察可得知何時會發生使用不當語言的線索，例如：該童生氣或挫折時，就可能使用不當語言。如果是這種情形，當該童有衝突的徵兆，就要注意；要很快地接近該童，幫助她用可接受的方式表達她的困擾。該童一有可接受的行為，就讚美她。至於在其他情形下，若該童使用不當語言不在宣洩感情，而是在引起注意，這就不易預防，忽略這行為是較好的對策。

四、系統地增強不使用不當語言的時段

下列程序會幫助孩子減少使用不當語言：

1. 從起點行為資料，計算使用不當語言的平均頻率。如果一小時發生六次，那麼平均每十分鐘發生一次（60 分鐘 ÷ 6）；若每小時發生三十次，則平均每兩分鐘發生一次（60 分鐘 ÷ 30）。這種平均數，不但代表該童使用不當語言的頻率，而且可知她多久沒有說不當語言。你的目標是增加該童不使用不當語言的時間長度，直到她完全不說為止。
2. 做一張表和該童共用，每一直格表示一天（星期幾），每一橫格表示該天中的時段，每方格空間要大到能貼上星星貼紙，表格就像這樣。

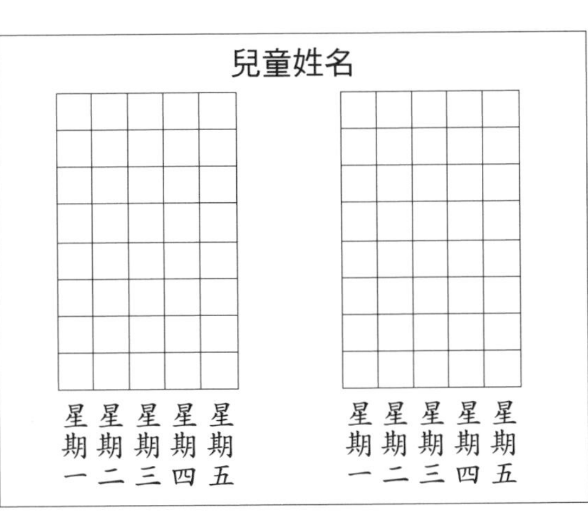

一天中觀察的時距數，決定該天的方格數目；時距愈短，則表上一天中的方格愈多。使用一個表記錄整天是不切實際的；可選一天中的一個時段觀察記錄。要讓該童知道正在使用此表；尤其，要留意該童其他時間好的行為，並予以口頭增強。

3. 在使用此表時，要注意時鐘和該童。每次設定時距一過，沒有出現使用不當語言的情形，就讚美該童，並告訴她已得到一顆星星。給她星星貼紙，讓她貼在表上的適當方格上。 97

4. 每天放學前，再次給該童看這張表格，讚美她今天已得到多少顆星星貼紙。即使她只得到一張貼紙，也要讚美。告訴她，你相信明天她會得到更多的星星。

5. 接下去幾天，隨著使用不當語言的減少，該童貼的星星會更多。若連續兩天該童得到的星星數，至少達到當天所有要貼的方格數，就可延長不使用不當語言的時距。時距的延長應逐漸調整，以確定孩子能成功做到。如果任何時候，使用不當語言的情形增加，得到星星數相當少，就要縮短時距，以確保該童能享有成功經驗為原則。

6. 當使用不當語言的次數愈來愈少，或幾乎沒有；告訴該童，你對她行為變好是如何高興。也告訴她，你不再使用星星圖表了，因為你知道，她在言談中不會再使用不當語言。給她自己用過的圖表，增強她已做得多好。當然，使用圖表的新鮮性逐漸褪去，該童就不再需要圖表提供直接增強。

五、持續記錄行為

繼續記錄每天使用不當語言的出現次數，看看是否進步；如果記錄起點行為時，使用不當語言是算整天的；實施策略時就要繼續整天算。如果是設定較短時距，在蒐集資料時也要用相同時距。

維　持

一旦發現該童已沒有使用不當語言，就可停用星星圖表。重要的是，維持該童新的好行為；只要該童表現出各種好行為，就要讚美她。如果該童偶爾使用不當語言，可忽略之；當她使用適當語言，告訴她，你是多麼高興。

在本書附錄裡，有幾個假設情節，供你應用本書各章建議的輔導原則。請在附錄裡找「輪到你」中的情節，特別是前兩個情節與本書〈攻擊及反社會行為〉篇有關。

Chapter 12

用綽號罵人

「佩妮是個愛哭鬼！佩妮是個愛哭鬼！」當五歲的艾麗嘉笑著走開時，佩妮就開始哭泣了。在「提早啓蒙中心」，艾麗嘉常用綽號罵人來嘲弄其他孩子。 98

慧黠活潑的艾麗嘉常常叫人不雅的綽號，令愈來愈多的孩子生氣。特別令老師和其他孩子感到困擾的是，艾麗嘉給人綽號，通常都是以對方某一程度的實際行為為依據，例如：佩妮常會哭泣；約翰一激動就有語言上的困擾，「約翰說話很滑稽！」；南迪很性急，所以艾麗嘉稱他為小惡霸。有很多次，綽號似乎是有惡意的，像「你是蠢蛋！」或「你是討厭鬼！」等。

老師曾一再地告訴艾麗嘉，用綽號罵人是不好的，同時也會令其他孩子生氣；但艾麗嘉依然我行我素。有一次經老師訓話後，艾麗嘉似乎仍然無動於衷；當要艾麗嘉去道歉時，她卻也欣然去做。通常，即使其他的孩子仍在生氣，她卻表現得若無其事。

敘述這行為

該童用不雅的綽號或標記，激怒和擾亂其他孩子。

99

觀察這行為

為了深入了解用綽號罵人的行為，花些時間觀察該童以獲得訊息。

什麼時候該童會叫其他孩子綽號？

- 一天中的任何時候
- 特別是在自選活動時
- 團體活動時
- 討論時間
- 戶外遊戲時
- 在室內時
- 用餐時間
- 如廁時間
- 午睡或休息時間

什麼事會引起該童用綽號罵人？

- 其他小孩做些不平常的事
- 其他小孩做些老師不允許的事
- 其他小孩激怒她
- 其他小孩拒絕了她
- 其他小孩或一群孩子不讓她參加遊戲
- 沒有確切的原因

誰被取綽號？

- 班上的任何小孩
- 同一個或少數幾個孩子
- 女孩
- 男孩
- 該童的朋友
- 膽小的孩子
- 固執的孩子
- 年紀較小的孩子
- 年紀較大的孩子

該童用綽號罵人時，會發生什麼事？

- 該童大聲用綽號罵人
- 該童只重複罵一次
- 該童重複很多次
- 她一面罵人，一面大笑或微笑
- 當她生氣時，就會用綽號罵人
- 該童注意看大人是否聽到
- 該童注意看其他孩子是否聽到
- 該童試圖讓其他孩子重述她罵人的話
- 該童道歉
- 該童離開被叫綽號的孩子
- 該童待在被罵綽號的孩子附近

從非正式的觀察，可以發現在什麼情況容易發生用綽號罵人。利用這些訊息，可以找出消除這行為最好的方法。

與家庭諮詢及合作

一旦你完成了蒐集觀察該童的資訊，與其家庭會面討論這行為。查明是否該童也叫家裡手足或校外朋友不當綽號。與家庭分享你自己對這行為的觀察，並討論其家庭的建議與洞察。要持續告知其家庭該童進步的狀況（改變該童叫其他孩子不當綽號）。

考慮其中涵義

小孩子跟大人一樣，會尋求對自己有良好感覺，因此任何不能增強正面的自我形象的事都是有害的。替別人取不雅綽號的孩童，找到了傷害他人的方法。當該童第一次給其他小孩不雅標記時，可能並沒有惡意；但當她注意到其他孩子有反應時，便重複這行為以得到類似的反應。她注意到，這是影響別人的有效方法。

小孩子對被叫不雅綽號的反應是很激烈的，被罵的受害者可能會有生氣、受害、拒絕、哭泣或其他反應方式。除此之外，通常也會引起大人的反應。

不管老師是因聽到而加以處理，或因其他孩子告狀使老師注意到這情形，都表示大人開始介入這事。這種用綽號罵人的行為受到兩種增強，一是受害者非常明顯的反應，二是大人以訓誡或用其他方法對犯規的人傳達不滿等方式，而給予進一步的注意。該童發現，這是引起雙重注意的好方法；只要她可以因此得到注意，她繼續用綽號罵人的行為就被增強。

101

探討變通策略

你可以從初步的觀察中發現一些線索，幫助你得到解決問題的簡單要領。參考下列建議：

- 該童是否一天中只在某特定時間才會用綽號罵人？若是，則將該時段的例行活動重新安排。教師也可以留在該童身旁，幫助她繼續計畫中的活動而無暇罵人。
- 如果某一個孩子常是被罵的目標，那麼就把這兩個小孩分開。盡可能把其中一個孩子轉到另一班，或者讓兩個孩子同時在一間教室不同的角落。若減少她罵人的機會，則可減少其罵人的次數。
- 假使該童沉溺於謾罵及其他挑戰行為，她參加應參與的教學活動可能不多。仔細檢查提供的教材及活動，是否合乎該童的實足年齡。該童的罵人行為，可能因厭煩或挫折而發生。假使教材和活動太簡單、太困難、數量不足、適用的不多，該童就可能忙於表現其他較不被接受的行為方式。

上述建議若仍無法解決問題，就可進行下列詳細策略。

敘述這目標

目標是使該童停止罵其他孩子不雅綽號。

方 法

要停止該童罵人不雅綽號的行為，下列兩個步驟應同時進行：

- 盡可能增強許多正面的行為。
- 故意不理會該童所有用綽號罵人的事件，這樣也可幫助被罵的孩子不理會這種行為。

定　義

用綽號罵人（name-calling）是孩子給予他人不雅標記的事件，老師應將合於用綽號罵人定義的字或片語等標記列出。

102

起點行為

在實施任何改變之前，先確知用綽號罵人出現的頻率是重要的。以三天為期，把這孩子罵人綽號的次數計算出來，每罵人綽號一次就在紙上記錄一次。在每天結束時，將該天總次數登記於次數紀錄圖上。

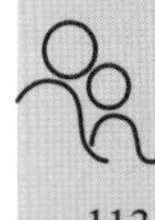

策　略

在你蒐集三天的罵人綽號事件紀錄後，便開始下面的方法。班上所有的老師一致地參與這個方案是重要的。

一、增強該童和其他孩子間的互動*

讓該童知道什麼行為是被接受的，並稱讚她的好行為。無論何時，只要該童與他人互動良好，讓她知道你對此是高興的；以這種方法說出稱讚的話，包含讓他人感到愉快也是一件好事的想法。例如：該童和其他小孩在玩家家酒，你可以說：「我喜歡妳扮演媽媽的方式，媽媽讓爹地和孩子覺得很好，就像爹地和孩子讓媽媽感覺美好一樣。」或者該童和其他小孩在積木角玩時，告訴她：「你和保羅正在建造很棒的塔呢！一起工作是不

* 情緒／行為障礙孩子對自我有不好的感受，他們也許經由用綽號罵人，將受創的同樣感受加諸在他人身上。當該童變通的正面行為被認可，可促進其自我概念；並且從老師認可這行為中，得到非常積極的反應。

是讓你們感覺很好？! 」

二、故意不理會該童用綽號罵人的事件，並幫助被罵的孩子也不理會這種行為

罵人的孩童，從被罵的孩子和成人對這行為的反應得到增強。不對被謾罵起反應，對大人較簡單；但對孩子而言，是較困難的。因此，大人必須幫助其他孩子，不要理睬被罵事件，或是至少將反應減至最低。

當聽到該童用綽號罵人時，照著下面方法去做：

1. 盡快地讓自己身處這兩個孩子中間，面對被罵的孩子，並以背對著罵人者。
2. 將手臂環繞被罵的孩子（如果這孩子對與成人身體接觸是正面反應的），這樣可使孩子因你的了解而安心。如果可能，支開罵人者，而把被罵者叫到你身旁，這樣做只需幾秒鐘。
3. 當你要帶離被罵者時，和她談一些無關這事件的話，要求她幫忙做些事，例如：餵兔子或調顏料，或出示一些該童覺得有趣的東西。
4. 如果受害的孩子抱怨這罵人事件，你只需說：「我知道，被這樣叫是很不愉快的。我們必須幫助艾麗嘉，學習給朋友好的稱呼。」承認被標記是不愉快的，同時支持受害者，幫助罵人者改變這種舉動。這也確立你不想因罵人事件，而製造令人厭煩的困擾。
5. 減少被罵孩子的反應，可能不容易成功。若是如此，你的目標是使被罵者離開罵人者；如此，不會由於受害者的反應，而增強罵人的行為。
6. 盡可能不給該童罵人綽號的行為任何增強。事情過後幾分鐘，對於罵人者良好的行為給予關注和稱讚。讓該童了解惹你討厭的是她罵人綽號的行為，而不是該童本身。強調只有被社會接受的行為，才會引起你的關注之事實。

三、繼續記錄這行為

繼續統計罵人綽號事件發生的次數，且登記在紀錄表上。對於被罵者的反應，你無法完全控制，只能影響而不是命令。因此，罵人綽號的行為將會受到某些增強，這需花一段時間去改變它。要堅持下去，最後你將會因該童挑戰行為的減少或消除，而有所回饋。

維　持

持續地稱讚適當的社會行為，以消除罵人綽號的行為。幫助孩子了解，讓別人愉快比否定別人更能獲得回饋。假使偶然發生罵人事件，就如同你在這計畫中一樣地處理就可以了。

在本書附錄裡，有幾個假設情節，供你應用本書各章建議的輔導原則。請在附錄裡找「輪到你」中的情節，特別是前兩個情節與本書〈攻擊及反社會行為〉篇有關。

Chapter 13

不與人分享

成老師轉頭看見，四歲的樂陶雅正猛烈地保護一些她要用來堆疊的積木，並叫著：「這些全都是我的！是我先拿到的！」樂陶雅環抱著雙手，盡可能把積木都圍起來。卡森站在一旁困惑地說：「我也想玩！」樂陶雅回答說：「你不可以玩，我要所有的積木；你，一塊也不可以拿！」成老師抱著卡森並且低聲的說：「樂陶雅，乖！這裡有很多積木，分一些給卡森玩嘛！」「不要！」樂陶雅大聲喊叫著：「這都是我的！」 104

卡森決定拿一些起來玩，他拿起一些散落在樂陶雅外圍的積木，並且開始堆了起來；樂陶雅就把卡森剛疊好的積木踢倒，並且尖叫：「你一塊也不可以拿！這些都是我的！」

成老師嚴肅地訓誡樂陶雅，要與人分享。幾分鐘後，成老師強制地從樂陶雅那兒拿走一些積木，給隔幾尺外的卡森玩；樂陶雅站起來跺腳、哭叫：「我討厭你，你拿走了我的積木。」成老師對樂陶雅這樣的行為很不高興，但也無可奈何。樂陶雅總是不喜歡與人分享。

敘述這行為

該童拒絕與其他小孩分享學校的或個人的物品。

105

觀察這行為

花幾天時間觀察該童，以了解在哪些情況下她不與人分享。

什麼時候最易發生不與人分享？

- 一整天大部分的時間
- 一大早剛到時
- 下午
- 表演與說故事時間
- 課間活動時間
- 小睡和休息前後
- 轉銜時間
- 掃除時間

哪些東西該童不與人分享？

- 任何該童正在使用的東西
- 只限個人物品，如從家裡帶來的玩具
- 家事區的東西，如洋娃娃、盤子、衣物等
- 積木
- 工藝材料，如：紙張、油漆、黏土等
- 操作材料，如：拼圖、積木、樂高等
- 玩沙或玩水的工具

- 書本
- 戶外器具和材料

該童拒絕與誰分享？

- 任何一個小孩
- 只有一個或少數幾個小孩
- 男孩
- 女孩
- 較大較高的小孩
- 較小較矮的小孩

該童如何拒絕與人分享？

- 該童告訴其他小孩，她正在用的東西是她獨有的
- 該童打跟她要或拿她東西的小孩
- 該童向老師求助
- 該童大叫或放聲大哭
- 該童用雙手圍住占有
- 該童移到較不被打擾的孤立區域
- 如果有其他小孩靠近，該童就趕快把東西抓起來 106
- 該童告訴其他小孩，她不想讓他們一起玩
- 該童拒絕輪流玩的建議

如果其他小孩不與該童分享，她會有何反應？

- 該童生氣
- 該童哭
- 向老師求助
- 該童強硬地從其他小孩那裡拿走她要的東西

運用這些觀察以深入了解這行為，以最佳方式幫助該童改變。

與家庭諮詢及合作

在你蒐集一些初步觀察的同時，可與該童的家庭討論你對她不願與其他孩子分享的關心。與其家庭討論，是否這行為已是該童的固定模式，或是最近才有的行為。例如，家裡的小手足最近會走動了，迫使該童感到需要保護她的財產。與家庭分享你的想法（幫助該童欣然與人分享），和他們發現了什麼有效策略。要繼續與其家庭交換資訊，特別是分享該童愈來愈願意與其他人分享的成功。

考慮其中涵義

在小孩能與人分享之前，必須有對自己持有東西的安全感；能了解不管誰使用過，這些東西仍是她自己的。只有體驗自己的所有權之後，她才會了解別人的所有權。幼童仍不懂「我的」和「他的」的意義；他們努力地保有自己的東西，同時又想要擁有別人的東西。對兩歲小孩而言，這是典型的正常階段發展。在幼稚園裡少數東西是「你的」或「我的」，大部分是「我們的」，在這種環境裡的情形更顯複雜，幼童必須學會：她有權玩的東西，別人一樣也有權玩。當期待小孩也能體諒他人時，這個分享的簡單規則就實現了。

四到五歲的孩子必須認可別人的權利。當別人想用她擁有的東西時，
107 鼓勵他們有時必須放棄自己獨有的權利，與人分享。分享（sharing）是一種概念，需要多練習和成人的幫助；分享意指小孩不能總是獨占使用任何她要的玩具。有時，他們不能玩想玩的玩具，或被要求放棄這個玩具，不但不會減低樂趣反而更有趣。小孩需要社會理解與發展，才會與人分享；應學會這一概念並有所表現。幼童在三、四歲時應多練習與人分享。

探討變通策略

你的期待、了解、課堂安排，可協助該童與人分享。下列乃提供解決這挑戰行為的一些建議*：

- 切記：不與人分享，是大多數小孩必經的發展歷程，別冀望兩歲或一些三歲幼童會與人分享。需了解：小孩在能有「你的」觀念之前，會先發展強烈的「我的」意識，這一認識在奠定往後學習如何分享的階段是重要的。使學前幼童適應非分享階段的方法，是班上的材料要充分。在兩歲的幼兒班裡，要有多個同類的玩具，即使類別少，仍優於許多不同類別的玩具。也就是說，與其有四十個完全不同類的玩具，寧可有八到十類不同的玩具各四或五個。這樣，如果一個孩子正在拖玩具鴨，而另一個小孩也要玩玩具鴨，這時候第二個小孩也可以玩相同的玩具。這樣，同類的玩具有好幾個，可避免必須與人分享。
- 學前幼童對學校公有的玩具，比自己個人的玩具較容易與他人分享。小孩對自己的東西有擁有感，是十分平常自然的事。如果有個小孩帶寶貝的東西到學校來，卻被人弄丟或破壞了，這時，就很難教該童學習與人分享。因此，規定並維持一些關於從家裡帶私有物品（如玩具）的規則，是明智的。這些規則建議如下：
  1. 要有可供小孩存放他們自己東西的特定地方。小型衣櫃或置物櫃都可，或者提供場地存放從家裡帶來的特殊物品。在上課期間，將家裡帶來的玩具和學校的分開。
  2. 每日或每週定一個特定時間，分享私人玩具。這一分享時間要小心地看管以確保這些東西的安全及小孩的安全。記得：通常家裡

* 發展上相當於兩歲的認知障礙小孩，不與人分享也許是發展程度的反映，而不是不當行為。

的不如學校的耐用；幼稚園的材料較經得起大力磨損和拉扯。對於易碎的或較脆的玩具，要特別注意他們如何玩。明確訂定分享時限的開始和結束。結束時間到時，要孩子們把玩具放回。

3. 和小孩們一起討論從家裡帶東西來的事。與小孩們一同訂定一些使用私人物品的規則，強調尊重他人財物的必要性。如果小孩能參與訂定指導原則，並知道分享私人物品的適當方式，則會更有意願遵守這些規則。
4. 當小孩從家裡帶東西到學校來，你可能會遇到一些問題。可能會發現東西破了、遺失了或小孩們不願意與人分享；在這種情形下，你或許該禁止學生帶這些東西到學校來一段時間。讓小孩們和其父母知道，這一決定及其原因；然後，努力執行這一決定。

- 如果你已經發現小孩們很難分享學校的物品，檢查是否由於你的教室物品缺乏。如果沒有足夠的物品讓孩子們同時使用，就很可能發生分享的問題。在大約有二十名小孩的班級裡，基本上在任何時間各興趣區的物品，都至少可供五、六位小孩使用。教室中的興趣區可包括積木區、扮演遊戲區、手動玩具區、閱讀區、藝術區、知覺遊戲區、認知遊戲區及其他區域。另外，日常例行的活動都要有足夠的物品，供所有的小孩參與。如果小孩覺得必須用爭的才能玩玩具，則不與人分享將是必然的結果。當然，這並不是說要為每個小孩準備每一種物品，而是在一特定時間應有足夠的物品，供所有的小孩積極參與。當有兩個以上的小孩要玩同一物品時，各種情況將會發生。若在物品充分的環境，將有助於小孩與人分享。
- 有時小孩會黏住一特殊物品而覺得有安全感。不應要孩子與人分享一個他覺得有安全感的特殊物品，例如：布製填充的動物、洋娃娃或毯子。如果必要的話，老師應保障該童有權保有他覺得有安全感的特殊物品。

如果以上的建議都未能解決不與人分享的問題，則繼續以下進一步的改善方法。

敘述這目標

這目標是，該童至少有三分之二的次數，能與人分享學校物品。三分之二是一個合理的目標，不應要求學前幼童在所有時間都與人分享，而是應在合理的時間量內與人分享。

方　法

減少不與人分享的基本策略有幾個步驟：

- 改變環境以促進分享。
- 系統地幫助小孩，學會與人分享的理由及方法。
- 增強自動與人分享。
- 處理該童不願與人分享的情況。

定　義

不分享（nonsharing）意指該童不允許別的小孩使用她自己正在用的東西，或甚至僅是她身旁的東西。例如：這個小孩可能僅在玩部分積木，但卻告訴他人這些全是她的。

起點行為

開始執行本方案前，先蒐集該童不與人分享的頻率資料。在教室中手邊隨時備有筆和紙，在紙上劃分成兩欄：一欄記「分享」，另一欄記「不分享」。仔細觀察該童一整天，不論何時任何人要求該童分享，在適當欄位記錄她的反應。同樣地，若是該童自願與其他小孩分享，亦記錄在「分享」的那一欄。每天結束時，計算該童實際與人分享次數在有與人分享機會的總次數中所占的百分比。其計算公式如下：

$$\frac{\text{分享}}{\text{分享}+\text{不分享}} \times 100 = \text{分享的百分比}$$

110

依此，若該童有二十個機會與人分享，而你的紀錄顯示有五個勾在分享欄，十五個在不分享的那一欄，你的計算將如下所示：

$$\frac{5}{5+15} = \frac{5}{20} = 0.25 \times 100 = 25\%$$

在百分比紀錄圖上，記錄這些百分比。每天的成績告訴你，該童有多少百分比實際與人分享。百分比愈高，該童的進步愈大。

策　略

當蒐集完三天不與人分享的資料後，你已準備好開始進行這些策略。必須強調的是，這些策略並不適用於非常小的學前幼兒，但適用於四至五歲孩童。

一、改善環境，以促進分享

透過班級的組織、常規、活動，盡可能幫助該童積極與同儕分享：

1. 班級經營可促進分享。如同前面提到的，班上應有足夠的物品，以免小孩因同類物品量少而爭吵。熱門的物品應有複製品，特別是在幼小班。要檢查每一個興趣區的空間大小，看是否有足夠的空間，供幾個小孩同時舒適地一起使用或單獨使用，而不至互相干擾。也要確定各興趣區是否明確地分隔，用家具、儲物櫃或其他分隔物做分界。當小孩們不會因經常互相干擾，而需爭奪空間和物品時，與人分享對小孩來說就容易多了。

2. 由老師的監督以促進分享，是一個可控制的因素。若每一個小孩有其個別的物品，如玩拼圖，就較不會發生分享的問題。當幾個小孩同時使用集中提供的物品，例如堆積木或拼貼畫，有關分享的問題就很可能發生了。這些活動需要老師細心地參與。
3. 活動時間的特定規劃可鼓勵分享。藝術活動時，應提供所有小孩足夠的物品，例如：顏料、膠水、亮片等，應分裝在數個小容器中，111
而不是都裝在一個大容器裡。如此，小孩可公平又快速地拿取所需的材料。烹飪活動的選擇需能讓每個小孩在過程中有一些主動參與。另一個避免分享問題的方法，就是考慮限制某一活動的參與人數，例如：烹飪活動需添加或攪拌六種配料時，就限制六個人以下參與。這個活動可不斷地以六人為單位重複，直到所有要烹飪的小孩都輪流過。
4. 學校中經常有些物品供不應求。以盪鞦韆為例，通常要玩鞦韆的人數多於鞦韆數；在這種情形下就必須分享，否則會有幾個小孩不高興。

如果孩子不願與他人輪流，有一些技巧可鼓勵分享。可由孩子們共同決定固定的時間限制；可以使用馬錶、時鐘、手錶等，當限定的時間到了，就輪到下一個孩子。另一個處理鞦韆使用的方法（或任一項可計數使用的設備），就是計數盪前盪後的次數；當該童盪到限定次數時，就輪到下一個小孩。盪鞦韆的小孩、等待的小孩、老師可一起計數次數，這是盪鞦韆的另一種學習。

二、有系統地幫助該童學習分享

若該童很少或根本不與人分享，可採本步驟程序。若稍願與人分享（根據基準線資料，至少 20%的時間），則可採其他的程序。

照著下列步驟，依序施行。基於本程序的性質，如果只由一位教師處

理該童的問題，則會較有幫助。

1. 首先，安排情境，讓該童體驗與人分享。每天至少一次，當適合與人分享的活動剛開始後不久，在時常不能與人分享的該童尚未完全參與這活動時，教師先在其中找另一位肯合作且個性溫和的小孩，並牽著該童的手走到這位小孩的身邊，問：「我們能和你一起玩嗎？我們想和你分享你正在玩的玩具。」待在這兩個孩子身邊幾分鐘，並不時的重述與人分享及其好處，強調分享的正面價值。在一到兩個禮拜裡，每天持續這一步驟；直到你覺得有分享困難的該童，開始了解你所傳授的「分享」訊息為止。

2. 第二步驟，要求該童能與人分享。每天至少一次，找一個需分享的活動情境，讓該童參與；走近該童並說：「我可以和你一起玩嗎？我想分享你正在玩的玩具。」慎用方法鼓勵，若該童回答：「好！」參與這個活動，並讓她知道，你多欣賞她能與你分享。若該童回答：「不！」就簡單的說：「好吧！或許稍後我們可以一起玩。」離開這個小孩，不要訓誡或責罵她。讓該童了解「分享」是一種積極經驗，而不是強迫的。

   這個步驟可能要花幾天或幾星期。安排情境，讓該童有足夠時間了解你所傳授的觀念；直到這個小孩能經常地與你分享，並享受這一經驗時才再進行下一步驟。

3. 當你感到該童願意不限於只與成人分享時，將該童的分享對象移轉到小孩。至少每天一次，當你看到該童正參與需分享的活動時，找一個沒有參與活動的小孩，邀這小孩一起走到該童身邊並說：「卡森和我想與你分享，你願意與我們分享嗎？」若她說：「好！」就參與遊戲。你只參與到需要的限度，讓這兩個小孩做這分享遊戲的主角。口頭讚美該童能與朋友分享活動。

   若她說：「不！」不要與她爭論；告訴她，或許其他的時候她會願意分享。直到該童能經常地與其他小孩分享；至少經兩個星期後，再進行下一個步驟。

4. 除了減少老師的任務以外，這個步驟與步驟 3 類似。帶著另一個孩子接近該童，並說：「卡森想和你分享這些積木。」讓他倆討論遊戲的細節，當他們達成協議後即離開；定時地用你的注意和讚美增強他們。
5. 當你持續地協助該童與其他小孩分享遊戲；能有至少三分之二次達成時，你便要開始停止進一步的介入。每兩天施行第 4 步驟一次，接著每三天一次，漸次減少直到不分享的情形消失為止。同時，該童應能自動與人分享且其發生的頻率漸增。將這種情形反映在行為紀錄圖表上。

三、當自動與人分享的行為發生，即增強之

這一程序在幫助該童，能逐漸自由自在地隨意與人分享。全天注意觀察該童與人分享的各種情境，在這些時刻盡量獎勵她。必須讓該童知道，你重視她這種行為。當第一次進行本方案時，每次該童與人分享，即給予獎勵；之後，當分享行為增多時，逐漸減少增強的比率；最後，只需間歇地增強即可，就像鼓勵班上其他小孩這行為一樣。

四、幫助該童，處理她不願與人分享的情況*

剛開始，將會有很多次她不願與其他小孩分享；面對這種情形，你的處理方式對她後來對分享的態度，有相當的影響。分享必須出自於該童內心想與人分享，而非用強迫的；因此，必須讓該童有與人分享的積極經驗。當該童拒絕與人分享時，可採下列步驟：

1. 當你注意到這兩個小孩已有或會有分享的問題時，走到他們的身旁，

---

* 經由幫助一個有情緒／行為障礙問題的孩子，學會怎麼處理她的消極感受；不論與分享或其他行為是否有關，你將在這期間提供一個可貴的學習機會，幫助減少她的挑戰行為。

記住：這時你要平心靜氣。

2. 詢問他們發生了什麼事情，重述他們所講的問題。例如：「卡森，你想用餅乾切割器來切黏土；樂陶雅，是妳先使用餅乾切割器的，而且妳想要繼續用，是這樣吧？現在，我們要怎麼解決呢？」
3. 如果他們對此情形還不至太生氣，鼓勵他們提供一些選擇，尤其力促不願分享的該童同意此建議。若有一個好的主意為兩個小孩所樂意接受，那麼就實行它，並且讚美他們能分享得如此融洽。指出一起活動和互相幫助的優點。
4. 若其中一或兩位小孩對此情形都很生氣，也不願妥協，不要對此情形大驚小怪，只要說：「卡森，樂陶雅現在還沒預備好與你分享。你何不跟我去找找看有沒有其他玩具可玩。」另找一個能被這小孩接受的選擇，並確定很快就能輪到他玩想玩的東西。

5. 一旦在任何情況下該童都拒絕分享，只好離開她。不必對她的態度做過度反應，也不要給予過多的注意。重要的是：不要訓誡或責罵她，這樣不但不會改變她不與人分享的心態，更會強化她這行為。
6. 這樣不分享的情況，可提供培養分享經驗的時機。如果可能的話，設計一個五到十分鐘有結構的分享情境，所提供的經驗類型依照目前的步驟進行。經這樣做，你提供了一個與不分享相對照的積極分享經驗。

五、繼續記錄這行為

當實行這方案時，持續地記錄每日分享與不分享次數在圖上。這樣可提供進步的資料，並顯示目標是否達成。

維　持

當該童至少有三分之二的時間能持續與人分享，就可終止這個程序和記錄。當然，仍應對該童與人分享的行為定時給予讚賞；一旦她能了解與人分享，就是積極的經驗。與人分享本身即具增強作用，該童就會持續與人分享。切記：學前小孩仍有許多社會行為需要學習，需要你持續幫助和指導與人分享。

在本書附錄裡，有幾個假設情節，供你應用本書各章建議的輔導原則。請在附錄裡找「輪到你」中的情節，特別是前兩個情節與本書〈攻擊及反社會行為〉篇有關。

Chapter 14

賄　賂

115 四歲的法蘭西斯科低聲的對泰瑞說：「泰瑞！如果你把童卡（Tonka®）火柴盒小汽車給我，我就送你一些萬聖節糖果。」泰瑞帶他的童卡火柴盒小汽車系列來校，準備在表演與說故事時間用。他回答說：「門都沒有。」法蘭西斯科數著說：「呀，你已有三部紅色車！你不需要這麼多！」當泰瑞再告訴他不，法蘭西斯科改為要替泰瑞數他得到多少顆萬聖節糖果，並列出他已得到多少誘人的東西，一再要求泰瑞至少換一部玩具汽車。最後，老師停止他們的以物換物，並提醒表演與說故事時間的東西不能交換或送給別人。老師將泰瑞的童卡火柴盒小汽車收到辦公室代管。

當天午餐時，法蘭西斯科又注意到雪莉有花生奶油三明治，他說：「我的鮪魚三明治跟妳的花生奶油三明治交換，好嗎？」雪莉搖頭不理，自顧自的吃著，同時轉到另一邊的孩子群中。

稍後，法蘭西斯科不死心又轉而告訴勃恩特和肯地，說：「我外套裡有很多錢，如果你們讓我玩，我就把錢給你們。」那兩個孩子說：「我們才不要跟你玩。」就轉到別處繼續玩。

老師注意到：每當法蘭西斯科要從其他小孩處得到某些想要的東西時，總是用一些東西當做賄賂交換，卻又經常失敗。同伴們對他的企圖大多是採避而遠之的態度；有時，部分與其打交道者，都是貪圖其物而被收買。他的友誼、零食、各種東西，都是以這種方法獲得。

敘述這行為

116

該童常以賄賂來獲得他人好感，或換取自己想要的東西。

觀察這行為

利用幾天的時間做更深入的行為觀察，以了解這行為是如何發生：

什麼時候該童最喜歡用賄賂的技倆？

- 自選活動時間
- 從家中帶玩具到學校的分享時間
- 戶外遊戲的時候
- 用餐的時候
- 每天的早上
- 一天中的任何時刻

該童以賄賂去獲取何種所想要的東西？

- 友誼
- 參與其他孩子或一群孩子遊戲的權利
- 輪到玩另一個孩子自家中帶到學校的玩具
- 帶玩具回家的機會

- 其他小孩的私人玩具
- 輪到玩學校的玩具
- 另一個孩子部分或全部的餐點
- 另一個孩子的一片口香糖或糖果

該童提供什麼以交換他最喜愛的東西？

- 與另一個孩子一起遊戲
- 食物
- 金錢
- 玩具
- 可插隊以便提早輪到的機會
- 友誼
- 荒誕的給予（「我將給你一百萬元」）

該童向誰賄賂？

- 任一孩子
- 只有特定的孩子
- 女孩子
- 男孩子
- 年紀較輕和體型較小的朋友
- 年紀較長和較高大的朋友
- 外向的孩子
- 安靜的孩子

該童向另一位孩子賄賂時，會發生何事？

- 這孩子接受給予
- 這孩子不接受給予

- 這孩子會與他討價還價
- 這孩子會不予理會其賄賂，並走開
- 這孩子會生氣
- 這孩子會報告老師處理

該童會挖空心思去交換所喜愛的嗎？

運用這些觀察得來的資料，將幫助你更有效的處理這問題。

與家庭諮詢及合作

當蒐集完關於該童為什麼、對誰進行賄賂的觀察資訊後，就與其家庭見面討論這行為。關於家庭慣常的教導方式之一般討論，也許會給予家庭領悟，是否家庭成員經常以請客、給玩具或特別活動，交換該童答應去做一件期待的事，譬如：把玩具收起來放好或晚上在床上好好睡。在這種情況下，你可以溫和地建議其他方法，協助家庭在日常事件尋求該童的合作。另一方面，如果這行為是家庭所關心的，看它是否也發生在校外情境。與家庭腦力激盪，有哪些方式可以處理這行為。一旦你開始了減少這行為的策略，持續通知家庭進步的情形。

考慮其中涵義

孩子如同成人一樣，會發展多種方法以從他人處得到所想要的東西，這大多是基於社會認可的取與捨。對孩子而言，以物易物是極普通的事。我們所關心的是，這可能是孩子唯一會用的方法；因為這孩子的社會化技巧有限，因此一再使用賄賂。針對賄賂行為有下列問題：首先，該童的社會潛能尚未充分發展，適當的社會發展意指該童必須學會許多技巧，以獲取他所想要的東西。其次，其他的孩子和成人，對經常用賄賂的孩子會有 118

負面反應。最後，他人經常的負面反應，使該童的自我概念受到傷害。像這樣的孩子需要給予幫助以學會多種方法，去從他人處獲得自己所需要的。否則，這孩子繼續用賄賂的方法去取得東西，時間一久，該童不會有滿意的社會關係，進而影響其自我形象。

探討變通策略

考慮下列的建議是否可提供這情況的答案：

- 確定你認為的問題是否真的是問題。所有孩子在某一時間會使用交換方式取得他所要的。在學前班你常會聽到：「如果你＿＿＿＿＿＿，我就＿＿＿＿＿＿」，如果孩子偶爾用此方式，是可接受的。只有當該童完全僅使用此唯一方式時，你就應該關心地看和聽。對於該童應用其他的工具及方式得到東西時，無需太擔心。為了減少賄賂（尤指物質和非實際的事物），針對該童使用其他方法獲得其所要的事物，加以增強。
- 孩子可能因為對教室內可用項目不當的競爭，而覺得有賄賂的需要。檢視室內的設施，是否有足夠的材料、種類，供所有兒童在全部時間正常使用。若少數較熱門項目的數量有限，需有一分享的方法，供每位小孩輪流使用。
- 當有些項目不是教室裡所應有的，但卻出現了，就會產生賄賂的問題。當孩子自家中帶來很熱門或很獨特的玩具，或不是學校平時所應有的糖果、泡泡糖或其他玩具等，這樣就會引起孩子嘗試用賄賂的方法得到所喜愛的東西。如果這是問題的根源，則要訂定一些規定限制；你可以禁止帶不許帶來學校的食品，除非數量足夠每一個人都能擁有一份；或者因為他們不符合學校食品標準。也可規定哪些玩具自家中帶來會被代管（請參考第十三章裡的建議）。
- 如果該童賄賂時常不切實際，你要教該童了解其離譜狀況。點出小孩是不可能擁有百萬元，或者是做什麼承諾；或另提變通的建議。
要確定：你介入的情境，不是孩子在說笑話或講故事比賽，而確實是屬於賄賂的行為。 119

如果上述這些建議仍未能解決這問題，則請參考下列詳細方法。

敘述這目標

這目標為使該童能使用各種方式，從他人得到所需或所要的事物，避免賄賂。

方　法

基本方法有數個步驟，以消除過度使用賄賂：

- 發展系統的策略，協助該童學會用其他方法以獲得他所要的東西。
- 增強使用其他變通方法。
- 發生賄賂時，故意不理會之。

定　義

賄賂（bribery）是一種情境，兒童藉由答應某些事物為回報，以贏取他人的友誼、寵愛或物質。賄賂要被界定為問題，至少要發生在該童想從其他人那裡得到東西的 50%的時間。

起點行為

花三天時間蒐集該童賄賂頻率的資料，以便與後來的進步情況做比較。

在預期賄賂將發生時，可依照早先非正式的觀察，每日選定一次的一小時時間或兩次的半小時時間進行觀察。備妥紙筆準備記錄，在紙中央畫一縱線，並標示賄賂與其他變通兩欄。在這期間每次該童一有賄賂發生，就在該賄賂欄中做記號；若用其他變通方法得到東西，則在其他變通欄內做紀錄。下面列出除用賄賂外，孩子可能用來向其他孩子取得東西的其他方法：

- **要求**（asking）：要求想要的項目。該童去向擁有他想要東西的孩子要事物。該童可能說：「讓我試試看！」「能不能也給我一片口香糖？」「我能玩這個嗎？」

- **分享**（sharing）：與其他孩子分享渴望得到的事物。這種情況下，該童會表現出想要使用或擁有的慾望，但是他會提議他和其他孩子分享。該童會說：「現在輪到我了嗎？」「一同來做，好嗎？」「我可以幫助你嗎？」
- **提供**（offering）：自己先提供某些事物，期待其他孩子也能提供心愛的事物與人分享。在這例子裡，該童不會顯露出他的真正慾望，但是為了得到它，會用心地提供某些東西，誘導其他孩子與他共享或放棄所喜愛的事物。該童會說：「你喜歡玩這個嗎？」「我給你一塊糖。」「我要拿這玩具拉車，你的寶貝要用到它嗎？」
- **等待**（waiting）：等待他人來邀請分享所渴望的東西。該童只是被動地等待候補，既不要求亦不提供任何事物做交換，期待輪到或受邀分享渴望的項目。可能是其他孩子或是站在附近的老師採取主動邀約。
- **替代**（substituting）：以其他東西替代渴望的項目。在此例中，該童去找尋替代品，以取代所渴望的東西。他可能想去玩類似的玩具、加入另一組孩子的遊戲，或以某些東西、某些方法來滿足渴望。
- **斷念**（forgoing）：打消原來渴望念頭。超越原先對渴望東西的執著，不論主動或被動，該童決定不去擁有。

並非所有方法都能夠被觀察到，例如：該童內心做「斷念」或「替代」等決定，是你所無法了解的。因此，單只計數可以辨認的方法。在賄賂時，該童可能結合使用多種方法，例如該童會說：「如果你讓我玩你的玩具，我就給你我午餐的糖果。」「我能跟你玩嗎？你可以在積木上開我的小卡車。」「如果你給我棒棒糖，我明天就給你一百萬元！」

每天結束時，合計這兩欄的劃記，再計算出賄賂在所有方法中所占百分比，方法如下：

$$\frac{\text{賄賂}}{\text{賄賂}+\text{其他變通方法}} \times 100 = \text{賄賂的百分比}$$

在百分比紀錄圖中記下這百分比。

策　略

當蒐集完三天用賄賂及其他方法獲取想要東西的百分比資料後，你已準備好開始進行本方案。班上所有教師都應了解這方案，並適當執行計畫。

這方案是專為只用賄賂獲取所想要的東西，而不用其他變通方法的孩子設計的。如果該童偶爾用賄賂的，但能併用其他變通方法，那就不必擔心了。

一、實施有系統的策略，以協助該童學會用其他方法得到他所渴望的東西

運用平時觀察蒐集的資料，判斷賄賂是最為該童喜愛運用的方法時，即應針對這種情況實施你的方法：

1. 每天至少五次，在該童開始要用賄賂前就先加以制止。找出他想要的事物、遊戲、愛好等徵兆，這些徵兆可由該童中途中斷他的工作、環視室內、尋找特別事物或人等看出。
2. 走向該童並對其說：「你喜歡什麼？」鼓勵他說出答案。如果你十

分確定該童所要的，而他並不告訴你，具體地問他：「你喜歡積木嗎？」

3. 現在，建議你和孩子試著去得到他所需要的。由前述的各種其他方法，推薦一種非常明確的方法。以下為一些可能的例子：
   - **要求**：「你喜歡玩新積木嗎？讓我們去問南西你現在是否能玩？」「你喜歡玩翠茜的玩具卡車，我們去要求她讓你玩，好嗎？」
   - **分享**：「因為你想輪流盪鞦韆，所以你先幫克莉絲汀推一會兒，再換她為你推幾下，我們會在旁邊看著。」「你真的很想同克勞德和蒂芙尼玩嗎？我們去問他們，看是否讓你參加他們的茶會。」
   - **提供**：「跟他們一起玩消防隊滅火遊戲，一定很有趣。我們去找根水管來，看他們是否讓你加入。」「你可以為砂箱做個篩子；或許當芮秋見到它，會讓你使用那個漏斗。」
   - **等待**：「我們站在這桌旁等著，並看他們玩賓果。等他們玩完這局，也許會邀你一起玩。」

   如果因某些理由使這些方法不適用，或沒有得到想要的反應，建議該童再去找類似的替代物，或打消渴望這事物的念頭；但這要在別無他法時才使用。

4. 若該童採上述方法成功時，可口述這效果。譬如：「看！你一請求，人家就給你積木！」或是「建議你與人分享鞦韆，並互相幫別人推鞦韆，你自己就能盪到鞦韆。」

5. 盡可能持續用這策略，每天至少五次。當你從圖表看到賄賂比率減少，而其他技巧比例增高，你就能知道這方案是有效的，可逐漸的減少教導該童練習的次數。如果你注意有改善趨緩或有比率反增現象，可能是你太快撤除你的支持所致。若是達到既定目標，你應定期地協助該童用其他的方法。

二、增強使用其他變通方法，直到能夠自動自發為止

全天注意該童自動自發運用其他方法的次數；只要看到他用其他變通方法，即隨時隨地給予增強。你可稱讚該童，或只要站在他那兒，或評述他的成功，讓該童知道你肯定他的進步，這是很重要的。一旦他經常成功使用這些技巧，即可逐漸減低增強的比率；直到你只需與對其他孩子一樣地增強該童為止。

三、賄賂發生時，即故意不理會之

提供某物作為交換想要的項目，是一種得到其所需的合理方式。因為該童已學會良好的交換方法，就沒有必要去增強其偶爾的賄賂行為；當該童使用賄賂得到他所需要的事物時，只要不給予注意。當你期望的其他變通方法增多了，相對地，賄賂就會自動減少。藉由忽略的策略，對此過程會有所幫助。

四、繼續記錄這行為

繼續追蹤該童每天的賄賂及其他變通方法。計算百分比並記錄在圖上。當你實施本方案時，只計算自動使用其他方法，不需記錄你教該童其他變通方法得到所要事物之情況。當你在計數行為時，可決定不要使用上述系統程序。由圖可反映進度並表示出：何時可減少變通方法的系統教學，何時可撤除對自動使用其他方法的增強。

維　持

123

一旦該童學會用多種方法獲取他想要的東西，持續、定期增強他使用變通方法。在其他孩子的正面回應下，該童學會使用不同方法而得到內心的滿足。結果是該童經常不必用賄賂，就能得到他想要的東西。

在本書附錄裡，有幾個假設情節，供你應用本書各章建議的輔導原則。請在附錄裡找「輪到你」中的情節，特別是前兩個情節與本書〈攻擊及反社會行為〉篇有關。

Chapter

15

偷　竊

芬妮叫著說：「米莎拿了我的球！」當萊爾老師質問米莎時，她把手更往口袋裡面伸了進去，並說：「沒有。」萊爾老師哄勸說：「米莎，讓我看看妳的口袋裡有什麼東西。」當萊爾老師強迫米莎把手伸出口袋時，她抗拒並哭了起來；萊爾老師取出了一顆小紅球，芬妮說：「那是我的球。」米莎哭叫著說：「不！不是！它是我的。」當米莎仍傷心地堅持那顆球是她的時，萊爾老師把球還給了芬妮。 124

她邊嘆息邊勸米莎別拿他人的東西。幾乎每天都會發生類似的事件，米莎拿了其他小朋友的玩具，並想將它據為己有。除此之外，近來教室裡的小東西神秘地失蹤了，沒有人看到是米莎拿走的；但是老師們很懷疑是她拿的。他們不知道該怎麼處理這件事，因為米莎即使是面對證據，也總是否認偷竊了東西。

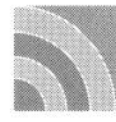

敘述這行為

該童拿了屬於他人或學校的東西。

觀察這行為

觀察這行為幾天，以便獲得更進一步的了解。因為偷竊常是暗中進行的，要非常謹慎的觀察。

該童在什麼時候偷東西？

- 不可預測地，在任何時候
- 在例行的活動時
- 在自選活動時間
- 在團體活動時間
- 當孩子正從他們的小櫃子裡，取出或放入外套或東西時
- 在收拾時間
- 在課間轉銜時間
- 在午餐或點心時間
- 在午睡時間

有什麼偷竊的前兆？

- 該童說特別喜歡某一玩具時
- 該童玩著某一個特別的玩具時
- 該童持續觀望想要的東西
- 該童詢問是否可以擁有某物時
- 該童不被允許玩其他孩子的玩具時
- 該童在屬於其他孩子的東西附近逗留時

該童偷竊時發生了什麼事？

- 該童會四處張望，看是否有人在看
- 該童把東西放進口袋裡
- 該童把東西拿在手上
- 該童把東西藏在教室裡
- 該童把東西放到自己的小櫃子裡
- 當問該童時，她會否認拿了東西
- 該童堅持東西是她的
- 當該童被發現有這東西時，會感到懊惱
- 該童聲稱，她意外獲得這東西
- 該童把東西歸還物主
- 該童拒絕歸還東西

該童偷了什麼？

- 適合放進口袋的小東西
- 較大的東西
- 別的孩子從家裡帶來的玩具
- 學校的玩具或材料
- 較大東西的零件（如拼圖片）
- 任何東西
- 特定的或某類的東西
- 食物

應用這些非正式的觀察，以便進一步了解偷竊行為是什麼時候和如何發生的。應用這些資料，執行本方案以減少這行為。

與家庭諮詢及合作

與家庭討論你對該童偷竊行為的關心和分享你的觀察。了解該童在其他情境是否也會偷竊，例如：孩子在市場或校外情境。如果該童在其他的時候也有這行為，可從家庭處了解他們使用了什麼策略處理。與其家庭合作，就這行為可能的原因一起設法應對，提出防止和停止這行為的一些可能方式。持續通知家庭，關於消除偷竊行為的進展。

考慮其中涵義

當孩子拿了不屬於她的東西時，通常只是單純地因為她想要的東西有問題。學前兒童的所有權觀念仍在發展中，最後會成為廣義道德品行的一部分。她對所有權的了解仍然是不清楚的。有時候，對物品擁有的慾望和該童的衝動本性相結合是更重要的原因。因此，該童拿了這東西。

該童必須學習的是，拿了不屬於她自己的東西是不應該的。透過長期的社會化過程，她知道什麼行為是被社會所接受的或不被接受的。若透過溫和的方式引導，該童學會了所有權的意義及其被尊重的理由時，她調整了價值觀，會顧及他人的所有權。然而，當她拿了不屬於她的東西時，若感覺到的只是羞辱與罪惡，她會變成憤恨。

每一個人都有一些願望無法達成。必須幫助幼童了解這樣的願望，並以其他變通方法處理。在幼稚園，偷竊是不被允許的；但可以一種不讓該童覺得自己是壞孩子的方式來處理。

探討變通策略

一些較簡單的步驟可減低偷竊發生的可能，考慮下列建議是否可行：

- 小孩從家裡帶玩具或其他東西到學校分享時，可能就會產生問題。好玩玩具的主人擁有某些權力，他可以說誰可以或誰不可以玩這玩具。假如，有一個孩子被玩具的主人阻止去玩這玩具，那麼這個被拒絕的孩子可能變得很氣憤。這時，那玩具變得令人更想要了，因為她無法得到它。在這種情形下，可能導致偷竊行為的發生。允許小孩從家裡帶東西來學校，應考慮下列變通措施：
  1. 完全禁止小孩從家裡帶玩具到校。假如你決定這麼做，寫封信對家長解釋，說從家裡帶來的玩具將會產生許多問題。尋求家長的幫助，以便實行這項新規則。假如小孩仍然從家裡帶東西到學校來，在小孩一早到校時，就禁止該童把東西帶進教室。讚美這玩具之後，提醒該童這項新的規則，並要求家長把東西帶回去。假如這個方式行不通，告訴該童要把帶來的東西拿到辦公室寄放，回家時再帶回去。
  2. 限制從家裡帶東西到學校的分享時間。你可以一星期裡設定某一天為「分享日」，或者你可以在每天的某個時間，讓孩子們分享他們從家裡帶來的東西。提供一個地方，讓孩子在非分享時間，可以安全地存放他從家裡帶來的小東西。
  3. 制訂一些如何分享個人物品的規則。孩子可以幫忙一起來決定這些適當的規定，譬如：他們可以規定，至少要每個人輪流玩到玩具一次。
- 另一個阻止小朋友隨意拿走東西的方法，是保持教室的整齊和清潔。當教室器材隨便放置時，沒有人明確知道教室裡有什麼東西，或各該放在什麼地方。當每一件東西在教室裡有它自己存放的固定位置並清楚可見時，這表示在教室裡的所有東西都重要，並且有助於教學。拿走一個放在固定地方的玩具，並不像拿走一個放在不固定地方的那麼容易。
- 假如該童只拿走教室裡特定某一個或某一類的東西，你可以參考兩個方法：假如對教學不會有太大影響的話，你可以把這東西移走兩、三個禮拜。或者你可以嚴密看守這個物品，以防止被該童拿走。

假如上述這些建議都無法解決問題的話，那麼繼續下面的策略。

敘述這目標

目標是要該童停止去拿不屬於她的東西。

方　法

要除去偷竊的行為，基本的策略有下列步驟：

- 當該童正確地使用教室的器材或同學的東西時，給予增強
- 改變環境。
- 預防偷竊。

定　義

偷竊（stealing）指兒童故意拿走或擁有某樣不屬於她的東西之任何事件。不論是學校的或其他兒童的，這樣的行為經常發生。班上所有老師應該商討，什麼樣的行為是偷竊（如，把東西放進她的口袋或小櫃子裡）。

起點行為

為了與以後的進展情況比較，在執行方案之前，知道該童偷竊的次數是重要的。計算三天內偷竊發生的次數。這需要相當多的注意，才能蒐集到資料，因為該童可能不會公然地偷東西。這資料可能不很精確，但是盡

可能試著做到精確。由於你增加的警惕性，偷竊事件可能降低。每次該童偷東西時就在紙上劃記，在每天結束後，把總數登記在次數紀錄圖上。

策　略

持續記錄偷竊事件三天後，就可以開始進行這項行為改變方案。要一致地執行這些策略：

一、該童適當地使用教室器材或同學的東西時，增強之

假如該童仍在學習尊重別人所有物的概念，必須告知她怎麼做才是對的。因此不論何時，只要該童適當地使用教室器材或同學的東西，必須給她口頭增強：

「我喜歡妳那麼小心地抱著保羅的玩偶。謝謝妳幫他照顧得這麼好。」

「我很高興妳把所有的東西都放回盒子裡。如果每個人都像妳這麼做，我們就不會遺失任何東西了。」

「你記得把三輪車推進小屋裡了！這樣它就不會生鏽，有人想玩時就可以去騎它。」

二、適當地改變環境或常規，以防止偷竊

檢查教室裡易被偷竊東西的放置位子，要拿走排列整齊的東西是不容易的；而要拿走隨處散置的東西，則非常容易。經由仔細的布置和存放，來表示你對教室器材的重視，和對教室裡有什麼東西的覺察。

考慮是否允許孩子從家裡帶東西到學校來。制訂具體的規則及限定何時、如何、在何種情況下，個人的東西才可以拿來分享。這樣的規定應該也可以防止偷竊。

三、預防偷竊但不羞辱該童*

下列措施可幫助阻止小孩拿走不屬於她的東西。它是透過一個叫「掏光口袋」（pocket hunt）的方式來進行的。其步驟如下：

1. 在團體活動時間，向兒童說明教室裡的東西和同學的東西不見了。告知偶爾容易把別人的玩具放到自己的口袋，在未來要防止這種遺失事件的發生需要每個人的幫忙。
2. 在放學之前，進行「掏光口袋」的活動。找出屬於學校或他人的東西，沒有一個孩子是被單獨挑出來找的。每一個人都必須參加，包括老師在內。準備一個箱子存放這些東西，要每個人掏空他們的口袋，並把任何不屬於他們的東西放進箱子；而大人可以定時放一些蠟筆或其他小東西到箱子裡，以免真的有東西在他們口袋裡的孩子被標記。在箱子裡的任何東西，都應該帶回到原本放置的地方或歸還給它的主人。以遊戲方式進行這項搜尋活動，不要以調查的方式進行；把不良反應減到最低，以平常心的態度進行這項活動。絕不要羞辱孩子或告發他偷竊，只要指出：東西必須被放回它們原來所放的位置，或歸還它們的主人。
3. 安排「掏光口袋」的時機是重要的。假如所有的孩子同時放學，像在幼稚園裡所有的孩子一起搭娃娃車回家，那麼在離校之前，可以做一次口袋搜尋活動。然而，假如是上全天班，孩子在不同的時間離校，搜尋時間就必須有不同的安排。在被懷疑偷竊的孩童離校之前幾分鐘，做口袋搜尋；這樣可以降低在掏光口袋及該童離校之間偷竊的再發生，且在這整個過程中仍然會有其他小孩參加。
4. 如被偷的東西是其他孩子的個人物品時，密切注意這些玩具的所有人。每天一早，見到小孩時，問他們是否帶了特別的東西來學校；

* 認知重度受限的孩子可能不了解所有權的概念，產前藥物感染的孩子可能不了解她這行為的後果。在這兩個個案，預防也許意味看著該童，避免她拿走他人的東西。

假如有，將東西和物主列表記錄下來。這樣，你可以在放學時口袋搜尋之後，複核小孩們帶來的東西是否仍在。

四、繼續記錄這行為

在執行方案期間你所做的測量紀錄，和在前三天的起點行為偷竊紀錄有某種程度的不同。繼續清點不屬於該童自己東西的件數；在口袋搜尋時，這是很容易做到的。只要記錄該童在掏空口袋時不屬於她的東西之件數，把結果登記在行為紀錄圖。口袋搜尋活動應該會使偷竊行為減少；一旦開始執行這種方法，偷竊行為會急速下降。

維　持

即使該童不再發生偷竊行為，仍應繼續做口袋搜尋活動。持續兩週之後，逐漸減少搜尋次數，由兩天一次、三天一次，然後一星期一次。當你認為偷竊行為確已不再發生時，就可中止搜尋活動。然而，要持續定期稱讚該童謹慎處理物品的良好行為。同樣地，繼續評估這環境，以消弭發生偷竊行為的環境因素。

在本書附錄裡，有幾個假設情節，供你應用本書各章建議的輔導原則。請在附錄裡找「輪到你」中的情節，特別是前兩個情節與本書〈攻擊及反社會行為〉篇有關。

Chapter 16

不聽話

132

潔西卡老師搖鈴，提示戶外遊戲時間結束了。孩子們開始把三輪車及玩沙工具放回、堆好大積木後走進教室。幾分鐘內，戶外遊戲區已整理乾淨，大多數孩子都已回教室。

「史普基，請別玩鞦韆了，現在是回到室內的時間。」潔西卡老師說著；而五歲的史普基不理老師，盪得更用力更高。「其他人都已經在教室裡了。史普基，你是在操場最後的一個。」仍沒有反應；「史普基！馬上進教室！」史普基仍繼續地盪鞦韆。最後，潔西卡老師走近鞦韆，用力抓住史普基的手臂，不讓他再盪。史普基甩開老師的手並大叫：「我不要進教室！」然後跑到操場另一端。潔西卡老師花了好幾分鐘，最後，才把史普基抓進教室。

那天早上稍晚，史普基在活動時間後，拒絕將積木放回，拒絕加入他人聽故事，吃點心前拒絕洗手，點心時間拒絕坐好，拖延點心時間並拒絕離座。班上老師對史普基的不聽話，都深感挫折；不論他們說什麼，史普基口語的或非口語的回答一律是「不！」

敘述這行為

該童經常一再拒絕聽從合理的要求。

觀察這行為

花幾天時間非正式地觀察該童，以便對他何時最容易不聽話有所了解。

什麼時候，該童最容易不聽話？

- 一天中的任何時刻
- 一早剛到校時
- 要放學回家前
- 轉銜時間，當小孩結束一活動，要進入下一活動時
- 整潔時間
- 自選活動時間
- 教師指導時間
- 團體活動時間
- 室內活動時間
- 戶外活動時間
- 如廁時間
- 用餐時間
- 午憩時間

該童不聽話時，他會做什麼？

- 該童獨自活動
- 該童加入其他小孩的活動

- 該童未加入活動
- 該童被成人要求做不同於他正在做的工作
- 該童懊惱生氣
- 該童玩積木（或扮演遊戲、感官活動、書籍閱讀、大肌肉活動等等）

該童不聽話時發生了什麼？

- 老師勸說哄誘他
- 老師常讓他繼續做他的事
- 老師嘗試哄誘他，若是無效，則讓他繼續做他的事，而非做要求他做的事
- 老師勉強他，做要求他做的事
- 該童一直耗在這活動
- 該童常轉換至另一活動，而非老師所要求的活動
- 其他小孩注意該童的不聽話

運用上述觀察所得的了解，協助你消除該童的不聽話。

與家庭諮詢及合作

不順從對幼兒而言是尋常的行為，可能會經常拒絕聽從老師的合理要求，對家庭的要求也是如此。如果實際情形是如此，你較深入觀察這行為後，盡快與其家庭面談，發現他們已使用了什麼策略，哪些是成功的。與其家庭腦力激盪，找出能幫助改變這行為的方法，哪些是在家和在學校執行過和增強了的技術。繼續與家庭溝通；一旦有減少這行為的成功事例，家庭和老師便能互相鼓勵。

考慮其中涵義

不聽話，常是由於父母及大人對小孩的要求不一致所致。小孩被要求聽從的事不一定是愉快的（「現在該上床睡覺了！」「放回玩具，吃晚餐。」「馬上穿好衣服，上學去！」）抗拒這些指令是平常的事。若是大人不認真要求聽從，會給小孩這樣的訊息（反正我抗拒久一點，就可以不必照著做）。

常不聽話的小孩，與大人進行一場拉鋸戰。當大人要求該童做些事，該童拒絕；不是因為這要求不合理，而是因為他不願服從。這樣的拉鋸戰，造成大人和該童的憤怒生氣，並常各自更堅持己見。大人的立場是：「我是大人，我有主控權，他該照我的要求做。」相反的，該童的姿態是：「我要做我想要做的事，不要做別人要我做的事。」

一再重複地不聽話會變成習慣，並嚴重影響該童後來的生活。如果該童固執地抗拒權威，他會與大人間持續有難題並蔓延擴大。因此，必須協助該童對他生活中重要大人（父母、老師）的合理要求，較有回應。

探討變通策略

考慮下列建議，是否能協助你處理不聽話的問題：

- 幼童為確定自己的自立感，需要有許多機會做決定。若小孩未能在每日生活中有許多選擇，他會以抗拒別人替他做的選擇來回應。檢討環境及期待，看該童是否擁有適當的做決定的機會。
- 學前教育方案裡，幼兒通常遵守的班級規則，你可說出你的期待。班規的數量要少、敘述簡要、要求合理。檢討你的期待，確定班上所有小孩了解這些班規及其理由。事實上，小孩可加入訂定班規；當小孩加入訂班規的過程中，他會更投入班規並較遵守。

- 成人若期待小孩聽話，則要求要合理。仔細檢討：你對班上小孩的要求是什麼？你的要求合理嗎？你了解班上小孩的看法嗎？班上小孩了解何以要聽從你的要求嗎？如果你說明訂這些班規的理由，小孩會更樂於依循你的期待。不論理由是如何，你都不應獨斷或善變。
- 不可要求小孩聽從過多的要求。通常，小孩願意聽從合理的規則；但若要求太多，則小孩易變得抗拒或被動。檢討環境安排，以便盡可能增強你的期待，例如：在教室裡奔跑易發生危險，可安排空間降低奔跑。不需常對小孩說：「你不可以在室內奔跑。」
- 必須牢記：聽從不一定都是好的，不應要求小孩遵守大人的每一個指令。事實上，健康的自主包含獨立做決定的行動，有時會與他人的要求相違。因此，任何處理不聽話的方法之目的，在減少無理的不聽話；而非養成對所有要求盲目地聽從。

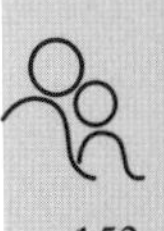

若上述建議無法協助減少不聽話的行為，則繼續下列方法。

敘述這目標

目標是該童能聽從合理的要求。

方　法

消除無理的不聽話的基本策略，含下列步驟：

- 確定這環境能支持聽從合理的規則。
- 任何時候，盡可能避免會造成抗拒的情境。
- 提供許多機會，讓該童做決定。
- 增強聽話的行為。
- 當該童仍不聽話時，用「自我控制時間」法。

定　義

不聽話（noncompliance）指該童不能遵守合理的要求。

起點行為

在開始執行本方案前，花三天時間觀察該童不能遵守合理要求的次數。每次該童無法做到，即在紙上劃記一次。在每天放學前，將該日總次數登記在次數紀錄圖上。這些基準線資料，可與後來進步的情況做比較。

策　略

經三天基準線階段後，開始下列方法。班上所有教師必須隨時遵守這些策略，提供改善這行為所需的一致性。

一、確定這環境能支持聽從合理的規則* 137

仔細檢討環境的各方面，以評估是否未說出的規則在默默地增強。參考下列建議：

1. 檢核教室安排。教室內應明確定義各區域的目的。教室安排應傳達出可讓多少小孩能舒適地參加各項活動。
2. 若室內器材明確地標記及存放，小孩用完後較易送回。對小孩使用

* 被診斷為注意力缺陷過動症（ADHD）的孩子，由於靜不下來和無法集中精神，可能常顯得不聽話。仔細考慮怎樣建立環境，並且確定增強期待，這對注意力缺陷過動症孩子可能是特別有用。例如：教室內區域的安排，要能減少分心，促進專心注意。日程表上時間的改變——例如轉銜時間，對注意力缺陷過動症孩子特別有困難。增加的支持、結構、鼓勵等將有助益。

器材、設備、活動等，依其發展年齡設計適當合理的指引。

3. 檢討每日的課表活動。該童可能覺得沒有足夠時間適當地參與喜歡的活動，要確保時段——尤其是室內及室外自選活動——足夠讓小孩有時間選擇、參與、完成一或多項所努力的事。
4. 考慮自選活動和教導活動間是否平衡。盡量讓小孩自選活動。當小孩有許多機會自己做決定，他就較不會拒絕聽從大人的要求。
5. 檢討動態和靜態時間之間是否平衡。不應該為了延長活動而讓孩子太過疲累，或者因為花太多時間被動地坐著而覺得厭煩。

二、任何時候，盡可能避免會造成抗拒的情境*

集合班上與該童互動的所有老師，一同討論並仔細考慮要要求該童做什麼。對聽從的要求愈少，則抗拒的機會也愈少。

1. 隨時盡可能減少要求該童遵守指令，只要求絕對必須做的。當該童抗拒的次數漸少，可漸增加其他合理的要求；直到對該童的要求與班上所有小孩一樣為止。
2. 用非口語要求，少用口語要求。例如：提醒戶外遊戲幾分鐘內會結束；走近該童正在玩的地方，牽著他的手，帶他進教室，不需多餘的討論。若是該童抗拒，可用「自我控制時間」法。
3. 隨時適當地提供選擇。與其說：「將樂高積木放回箱裡。」不如說：「你想先放回紅的或藍的樂高積木？」
4. 避免給該童直接命令。以「如果你願意________，我會很高興」的要求，比「你必須________」更能表達你對該童的尊重，較使人愉悅。
5. 若有一項工作，該童無選擇餘地，則要謹慎你的用語。你可安排一

* 有情緒／行為問題的孩子，常是不順從的。這樣的孩子，可能經常與成人爭鬥。事先仔細考慮對他們的期待和他們怎麼陳述，可幫助消除許多爭鬥，營造一個對大家更愉快、更正面的環境。

項競賽或遊戲；不要說：「現在是點心時間，回到座位坐好。」要說：「讓我們像蝴蝶一般，飛回座位吃點心。」

三、提供許多機會，讓該童做決定

在上課時，盡可能常提供機會給該童；讓他獨立決定參加哪些活動、如何參加活動。盡可能隨時提供選擇，讓該童對所提供的活動能真心地說「要」或「不要」。當該童不願加入被建議的選擇時，不應有絕對的負面後果。然而，要記住，如果你不願意或不能接受「不要」作為答覆，你不應該提供孩子選擇。

四、增強聽話的行為

任何時候，你要該童做某事，只要他聽從了，就給予獎勵。讓他知道，你是多麼高興並珍惜他這行為。你可以說：「謝謝你！請你打掃，你做了，我真高興。」或「多可愛的微笑！我喜歡我的小助手這樣做。」該童會因此而感到高興，也因此知道你在高興。經過一段時間，該童會知道：不聽話沒有好處，而聽話可有正面的增強。

五、當該童仍不聽話時，用「自我控制時間」法

室內環境改變了，做決定的機會增多了，及上述策略的增強作用等，會減少不聽話事件的發生。同時，你要求該童聽從的決定也少了，也確信你對該童的要求是合理必須的。因此，當發生不聽話時不要爭辯，否則會造成衝突。可採用下列「自我控制時間」策略：

1. 當小孩拒絕聽從要求，用手抓著該童，帶他到「自我控制」區。肯定且平靜地說：「我不能讓你＿＿＿＿（例如，單獨在外逗留）。請坐在這裡，直到你可以再加入友伴為止。」
2. 在「自我控制」時間內，離開該童，不要注視他或和他說話。
3. 若有其他兒童靠近「自我控制」區，靜靜地叫這兒童離開，並解釋：

「史普基需要獨處幾分鐘，等他回來上課才跟他說話。」

4. 當該童認為他準備好如此做，讓他再加入班級活動。不要訓話。他知道被隔開的原因。引導該童有建設性的行為，你可建議他加入持續中的活動。增強該童盡快參與適當的活動是非常重要的。

5. 如果該童未準備好之前重新加入班級活動，再次出現不被接受的行為，就對他說：「我想你還沒準備好加入我們。」帶他回到自我控制區。再次讓他自己確定他何時準備好再加入班級活動。

六、繼續記錄這行為

繼續記錄該童每天不聽話的次數於紀錄圖。當你以較積極的行為取代不聽話行為，本圖即可說明進步的情形。

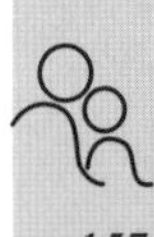

維　持

當合理要求的不聽從行為消除了，可減少你提供的增強量；直到你獎勵該童這行為的增強量，與班上其他小孩一樣為止。持續評估室內環境、要求的合理與否，提供許多選擇及機會，供所有小孩做決定。

在本書附錄裡，有幾個假設情節，供你應用本書各章建議的輔導原則。請在附錄裡找「輪到你」中的情節，特別是前兩個情節與本書〈攻擊及反社會行為〉篇有關。

違規行為

Chapter 17

破壞團體活動

143 在課堂上，十六張充滿期待的臉面向史列特老師圍成一個圓圈圈，老師翻開一本選讀故事書說：「今天老師要與大家分享一篇有關特殊小火車的故事。」當老師唸不到第二句時，就有砰砰的聲響在作怪。史列特老師重新開始唸，但有幾個小朋友已經分神了。在史列特老師唸到第二頁時，剛才吵鬧的地方就有人嗤嗤地笑，並且還偷偷說話；史列特老師停了下來：「布萊恩靜靜坐好，聽老師說故事。」

布萊恩，三歲半大，搖搖晃晃地坐回原位，笑望著老師，把手放在膝上。老師又繼續說故事，大概經過三十秒後，坐在布萊恩旁邊的小朋友叫說：「噢！布萊恩踢我！」「布萊恩，把腳放好。」布萊恩又笑了笑。

老師又繼續說故事。幾乎同時，布萊恩又嗤嗤地笑起來；隨後就開始搖擺，站起來走向圈子的另一區，停在當中一個積木架前。他把自己擠入兩個小孩之間，硬挪出足夠空間讓他坐。史列特老師不耐煩地看了布萊恩一眼，就繼續唸她的故事。

布萊恩慢慢走到積木架旁，取下一塊積木。他仔細地看了一會兒，然後轉向身邊的仙蒂，大聲叫說：「妳看，我拿了什麼？」坐在附近的老師向布萊恩「噓！」了一聲。這時布萊恩又拿了另一塊積木，開始敲打。幾位小朋友哈哈笑，大家都看著他。史列特老師叫布萊恩馬上把積木拿開，但他仍然碰碰敲打。 144

另一位老師站了起來走過去，試著把積木拿走；布萊恩反抗並哭著：「那是我的！那是我的！」接著就要去搶。本來小朋友都在看，不一會兒孩子們就開始說話，有的到處亂跑。史列特老師闔起了書本宣布下課。老師們都感到沮喪，因為布萊恩破壞團體活動的次數愈來愈多。

敘述這行為

團體活動時該童常有違規行為，例如：說故事時間、音樂、舞蹈、運動等課。

觀察這行為

花幾天時間觀察該童的破壞行為，以便對該行為有更多的了解：

該童如何破壞團體活動？

- 該童和別的小朋友交談或耳語
- 該童咯咯地笑
- 該童喃喃自語
- 該童和別的小朋友推來推去或擠來擠去
- 該童帶玩具來玩，製造噪音
- 該童來回地跑來跑去
- 該童站起來跑離團隊
- 該童拿教室裡的東西，吵鬧地玩

該童和誰一起破壞團體活動？

- 只有該童自己
- 坐在該童旁邊的剛好是他的玩伴，或是一群同黨
- 該童捉弄其他的小孩，要別人和他一起玩

在上什麼活動課時，該童較容易搗蛋？

- 音樂課
- 勞作課
- 討論時間
- 說故事時間

145 ## 該童破壞團體活動前，會發生哪些狀況？

- 該童注意這活動
- 該童無法專心上課
- 該童坐立不安亂動
- 有其他小朋友影響該童分心
- 該童會挨近大人身邊坐
- 該童遠離大人而坐
- 該童坐在好友或一群同黨旁邊
- 該童要搗蛋前會先看是否有人在注意

該童破壞團體活動後，會出現哪些情形？

- 其餘小朋友會朝他看
- 其他小朋友也一直嘻笑
- 其他小朋友跟著鬧
- 當要求該童靜下來，他還是繼續鬧

- 當要求該童靜下來，他會靜下來
- 當要求該童靜下來，他會生氣
- 當活動繼續進行時，該童變本加厲地鬧
- 該童不認為他的行為破壞秩序

運用上述這些非正式觀察所得資料，協助處理這行為。

與家庭諮詢及合作

由於破壞團體活動主要是發生在學校情境的行為，你可以消除這行為而不必過度讓家庭擔心。如果你與家庭會面，你可提及你對這行為的關心，而且表明你和其他老師會努力改變這行為。當個案此行為減少並且逐漸消失，你可告訴家庭有關這策略的成功。

考慮其中涵義

將團體活動規劃入課程有其理由所在，通常在傳遞一概念或技能。團體時間在增強或強化孩子課程裡的一個概念，也可涵泳在音樂、文學、舞蹈等。最後，團體活動提供機會練習團體社會行為，例如：團體中靜坐、傾聽、等待、輪流、考慮他人等。這些行為技能是逐漸學習的，等到孩子離開托兒所時，他們已獲得一些在幼稚園和小學需具備的技能。 146

當孩子還小時，團體活動能維持的時間大概只有幾分鐘；等孩子漸漸長大後，所能持續的時間就會逐漸增長。然而，無論時間長短，團體活動仍必須要有足夠的刺激性及激勵性，以維持孩子的學習興趣。

老師細心地依據目標設計團體活動，若有一小孩破壞活動即沒轍；受影響的不只是這一小孩，其他小孩也無法正常活動，使老師相當挫折及生氣。該童知道破壞可獲得相當注意，每次他說話、推人、製造噪音，就出現大人坐在他旁邊、對他勸阻等注意行為。該童發現他可以獲得大人的反應，即使是負面的反應，卻比上課獲得更多的快感。因此，該童違規行為愈多，教師對他的回應就愈多；該童就愈肯定違規行為是可獲得注意的。

探討變通策略

檢查上述非正式觀察資料，從下列建議尋找是否有解決問題的簡單方式之線索。

- 要在同一時間直接針對一大群小孩設計活動，並不是件容易的事。在團體中，幼童的興趣、能力、注意力等有其固定的範圍；須考慮所設計的團體活動對所有小孩是否具有吸引力，或是活動令一或多位幼童感到厭煩而搗蛋。這時，不妨試著改變進度，看看是否介紹新活動，或縮短活動時間。如果你的說故事時間，總是一開始就做十指運動，然後才說故事，那麼考慮改變方式型態。譬如：不要只是「讀」故事，而是要「說」故事，或者以絨布板道具替代只用書本；或讓小孩扮演所熟悉故事的角色，可以聽點音樂或以舞蹈來敘說故事；或讓小孩邊說故事，老師邊寫在黑板。有許多關於團體活動的參考書可以提供許多點子。適齡的團體遊戲活動，若能保持重複性與新鮮感的平衡、活動時間長度適當，才能維持團體的興趣。
147 - 倘若小孩的興趣及注意力廣泛又多樣化，設計活動可能會較困難。在這種情形下，可把全班分成兩三組或更多的同質小組，每一組有一位老師帶。如此，較能針對每組幼童不同的需求而活動。
- 當該童只有在特定的玩伴，或是一些同黨在一起時才會搗蛋，那就要讓他們分開坐。你也可以為小朋友安排座位，例如：把小朋友的名字寫在大卡片上擺好，圍成一大圈，讓小朋友找自己的卡片坐。若有兩位小朋友需要被隔開時，你可以告訴他們：「老師今天要坐在你們中間，你們之間留空位給我坐，好嗎？」

- 檢查團體活動的空間。是不是有會讓小朋友分心的東西太靠近了，使他們隨手可得；如果有，就要考慮把東西搬走或換活動場地。
- 檢查團體活動的時間。若前一節活動小朋友必須坐著或屬靜態固定的，那麼在下一節還是要他們靜靜坐著，幾乎是不可能的。必須重新安排日課表，將動態和靜態的活動交替安排得宜。
- 有些小孩保持靜坐及注意一段時間有困難，因為他們專注力的持續時間量，低於靜態活動所要求的注意力廣度。因此，該童的不當行為必須是由於大人及其他小孩不當地給予增強所致，而非因為不能保持靜坐及注意時，始適用本章。若你懷疑該童破壞團體活動，是由於他的注意力廣度特別短暫，請參考第四十四章〈注意力短暫〉而非本章*。

若上述所提的建議無法解決問題，請繼續下列策略。

敘述這目標

目的在制止該童在團體中的破壞行為。

方　法

148

制止該童破壞團體秩序的基本策略有三個步驟：

- 評估及重新設計團體活動，以增進小孩的參與興趣。

---

* 有些特殊需求的孩子參加團體活動時會有困難。例如：認知缺陷或注意力缺陷過動症（ADHD）的孩子，可能缺乏像一般孩子參與團體活動的能力。提供這些孩子變通的選擇、修改活動以適應他們的需要，或將團體細分成二或三個較小的小組等可能有幫助。視覺或聽覺有障礙的孩子對參與活動可能不感興趣，因為他們不能像一般孩子一樣，察覺重要的視覺或口語提示。老師必須察覺到這些兒童的能力和限制，做必要的調整。

- 增強該童適當的團體行為。
- 經警告後若該童仍再鬧，要他離開團體活動。

定　義

破壞團體活動（disrupting group time），含任一故意破壞團體秩序的動作，例如：製造噪音或中斷活動的行為。班上所有老師要能夠辨識這些動作，並有一致的定義。

起點行為

在進行減少這行為的方案前，必須先建立這行為發生的頻率及密集度等資料。目標是減少破壞團體活動的行為。若要達成這目標，須延長前後兩次破壞行為間的時距。起點行為階段與實驗階段的記錄方法要前後一致，每天的破壞行為次數之上限為兩次。因此，每日的計數有 0、1、2（如此限制的原因詳見後述）。

另外，要從團體活動開始到該童第一次破壞行為間計時；所謂團體活動開始是指教師開始帶第一個活動時。如果可以，也要記錄第一次破壞行為後，教師重新開始團體活動到第二次破壞行為間的計時。

把每一次團體活動時間當做個別事件，並將每一次的資料分別登記在有限次數紀錄圖上，僅記錄 0、1、2 等次數。另外，要分別記錄第一次破壞行為前和第二次破壞行為前的持續時間量於持續時間紀錄圖上，每一事件記錄在不同的紀錄圖上。這些資料至少要蒐集兩天以上。只記錄該童在團體活動時間的一般破壞行為。

策　略

蒐集完上述起點行為至少兩天的資料後，就可以準備開始執行你的方案。班上所有老師必須一致遵守這些策略的步驟：

一、評估及重新設計團體活動，以增進小孩的參與興趣

仔細觀察小孩對團體活動的反應，以確定他們是愉悅、感興趣、無聊分心等各種情況。要是有很多小孩未投入你所帶的活動，這時你該考慮改變，將活動做任何必要的改變，例如：活動類型、活動時間等。

二、增強該童適當的團體行為

在實施這個方案時，亟需注意的是：在活動過程中，你必須坐在該童身旁，這對你的方案的成功很重要；同時要由另一位老師帶活動，讓你較有空注意該童。當他專心靜坐著時，盡可能順其自然地讚許，對他微笑並輕聲地在他的耳邊說：「你這樣安靜地坐著，我真是感到高興。」並抱緊他。無論如何，你要讓他知道，對於他的好表現你多高興。

本方案剛開始執行時，要經常給予增強。從非正式觀察及基準線的資料，對每隔多久該童就會吵鬧，你應有所了解。假如平均每兩分鐘鬧一次，那你便要每一分鐘增強一次好行為；若每十分鐘才發生一次，那你每隔五分鐘增強一次好行為。隨時增強該童的好行為，讓他沒有機會搗蛋。

當破壞行為漸減時，增強就應該相對地漸減。若破壞行為已消除，則要把對他的個別增強完全停止；把繼續增強的對象由一個人轉成全班，可以這樣說：「各位小朋友，今天大家都好專心聽故事。」

三、若是該童搗蛋就警告他；若再次吵鬧，就把他帶離團體*

破壞行為時常在團體活動時發生。在方案執行的第一天，第一次團體時間課前跟該童懇談，告訴他：你在乎他破壞團體活動的行為，及何以會造成你的困擾；然後告訴該童，往後再調皮搗蛋的話，會有何後果。讓他知道，第一次他會得到一個警告，第二次再犯就必須離開團體。你可以提供你與該童同意的具體線索，例如：舉起你的手並注視著他。無論如何，要強調你的積極期待，如此你將能幫助他停止在團體活動時的違規行為。在團體活動時，你應坐在該童旁邊，以便隨時給他增強。當該童在調皮搗蛋時，照下列建議做：

1. 當團體活動開始，該童第一次不乖時，小聲地告訴他：「不可以（指明該具體行為），如果再吵鬧，就要罰你離開教室。」
2. 若該童聽話不鬧了，在三十秒內要稱讚他的專心參加活動。
3. 倘若該童第二次吵鬧，你站起來，也叫該童站起來；盡量安靜迅速地將他帶離教室。在教室外另一個安靜區，要他坐在事先備好的椅子上，並說：「你要坐在座位上，直到下課為止。」你要留在該童附近，但不要注意他的舉動，你在等待時可以拿書出來看。假如有其他老師可以順便看管該童，你可以回教室；但這位老師要事先知道這情況，及哪些事該做、哪些不該做。
4. 當團體時間結束，馬上要該童回到教室，不要教訓或責罵，只說：「你現在可以回來了！」

---

* 要確保：你期望該童出席和參與團體活動是適當的。認知缺陷或注意力缺陷過動症（ADHD）的孩子，可能無法參與團體活動，應設計或安排變通的活動。對每一個孩子的期望要適合其發展程度。

四、繼續記錄這行為

在進行本方案時，要像基準線時一樣繼續記錄這些違規事件。由於該童第二次犯錯時就會被罰離開教室，故次數上限只會到2。當紀錄圖上一致地呈現只有一次紀錄時，你即可知警告策略有效；當紀錄圖上每次均停留在「0」時，應知這一方案完全有效。許多進步顯示該行為次數在2與1，或1與0之間，因此要記錄在第一次違規出現前之潛伏時間量，潛伏時間愈長愈顯示對症下藥了！

除了起點行為的基準線資料外，在同一團體活動時間，這行為的測量資料包括：有限次數紀錄圖及持續時間紀錄圖。記錄的資料量要足夠評估本方案是否成功。第一次的進步反映在持續時間紀錄圖，後來的變化與最後的成功顯示在這兩種紀錄圖的資料。 151

維　持

經常告訴該童，你多欣賞他在團體活動中表現良好。繼續評估團體活動，以確定全班小朋友的適應及興趣。該童可能偶爾再搗蛋，這情況下只要溫和地提醒他，他已經干擾到班級活動；若再鬧，就叫他離開。

在本書附錄裡，有幾個假設情節，供你應用本書各章建議的輔導原則。請在附錄裡找「輪到你」中的情節，特別是情節三及情節四與本書〈違規行為〉篇有關。

Chapter

18

擅自離開教室

152

「柯斯葛洛夫在哪裡？」老師們默默的清點人數，杜納老師走出門到走廊去，看到了四歲的柯斯葛洛夫坐在放外套的小隔間，看來悶悶不樂似的。杜納老師蹲在柯斯葛洛夫的眼前說：「嗨，柯斯葛洛夫，我們好想你，你到哪裡去了？」柯斯葛洛夫默不作聲。

老師又說：「柯斯葛洛夫，你知道嗎？我們正要打開昨天郵寄來的拼圖。你要不要試一試其中一個呢？」沒有回答。「其中有一部消防車、一隻北極熊、另一些芝麻街裡的主角和其他幾個拼圖。你喜歡玩哪一個？」仍然沒有答覆。

「走吧！牽著我的手，我們回教室吧！」柯斯葛洛夫仍坐著不動。經過幾分鐘勸導後，柯斯葛洛夫才跟著杜納老師回教室。半小時後，柯斯葛洛夫又跑掉了。

像這樣經常擅自離開教室的情況，已經連續好幾個月了。老師們在這期間不斷的耐心勸誘，也感到挫折，但是都沒有用。當柯斯葛洛夫第一次離開教室時，他把這類事件當作一種無聊的遊戲；當老師要他回教室時，他作弄揶揄老師，和老師捉迷藏。這樣的事情一再重演，老師們生氣了，柯斯葛洛夫的回應卻是噘嘴對著杜納老師。老師們對柯斯葛洛夫感到束手無策。

敘述這行為

該童經常無正當理由離開教室。

觀察這行為

為了進一步了解該童不當地離開教室的時間及理由，常要費一些時間隨時觀察這些行為。

該童什麼時候離開教室？

- 不能預測，任何時間都可能離開
- 該童剛到學校時
- 快要放學時
- 特定活動或例行活動之前
- 活動進行中
- 自選活動時間
- 在轉銜時間

在該童離開教室前發生了什麼事？

- 該童未參加上課活動
- 該童在獨自遊戲
- 該童和另一小孩或一群孩子玩
- 該童口頭表示討厭這活動

- 老師或其他小朋友對該童說不
- 該童在教室毫無目標地遊蕩
- 該童和另一小孩爭吵
- 該童不能做好工作
- 該童哭著要找他的父母

該童離開教室時會做什麼？

- 該童離開前，會四處看看是否有人在注意他
- 該童會說他要離開
- 該童靜靜地離開
- 該童慫恿別人跟他一起離開
- 當旁人叫他回來時，他會生氣
- 當叫他回來時，他會笑
- 當大人要帶他回來時，他會跟你玩「捉迷藏」
- 該童會自己回教室

該童離開教室後，他會到哪裡？

- 該童只是逗留在門外
- 該童待在教室附近
- 該童到學校廚房
- 該童到操場
- 該童離開教室大樓
- 該童到街上
- 該童走回家
- 該童朝著特定的方向去（例如：附近的公園或商店）

運用這些觀察，可幫助你消除這行為。

與家庭諮詢及合作

對擅自離開教室的孩子，應告訴其家庭；因為令人擔心的是，該童可能會逛到校外去。因此，要及時與其家庭討論你對這行為的關心，特別是在你有機會觀察蒐集較多資訊後。要確定：該童在校外是否也有到處遊蕩的習慣？如果有，家庭怎麼處理這行為。如果這行為似乎只在學校發生，要與其家庭腦力激盪：為什麼該童會擅自離開教室？哪些策略可能幫助制止這行為？一旦你開始有效減低這行為，要持續通知其家庭關於目標的漸次達成——該童留在教室沒有擅自離開。

考慮其中涵義

該童離開教室的可能理由有二：一是他真的想到他處；另一是要引人注意。如果該童真的是要去他處，那就要針對令他不開心的情境予以改善。若是後一種情況——為引起注意，則是本章探討的重點。發生為引起注意的行為，就是該童已學會當他離開教室時，大人會特別注意他。

幼稚園老師有責任照顧孩子。任何時刻孩子一離開視線，都有不可預知的危險會發生。因此，大人在孩子一離開教室就要馬上處理，盡快地把該童找回到教室；如此，也就增強了該童這離開教室的行為。當該童每次為引起注意而離開教室，老師就不得不去注意、跟蹤、尋找、說服、勸誘，將該童帶回教室，這樣不但不能消除反而增強之，那將會形成惡性循環。

探討變通策略

在決定改進該童的行為之前，考慮一些簡單方式看是否能解決這問題，請仔細考慮下列的建議：

- 該童之所以會走出門外，只是因為門是開著的；那麼將門關好，就可解決這問題。
- 該童可能會想離開教室，是因為他不想待在教室裡。如果是這種情形，該童在其他時間也會有痛苦難過的跡象。例如：若學校生活方式對他而言是陌生的，他會不想待在學校。當他知道父母親已走出門外，他可能會同樣地離開。
- 如果學校的活動和教材內容對他的挑戰性不夠，他會去找更有趣的方式保持忙碌。如此一來，離開教室是一場冒險刺激的遊戲。應詳細檢查教室布置、教材內容，是否符合該童的能力和興趣，並增添一些新的、更有激勵的活動。如果該童發現教室是那麼有趣，他就不會再到別的地方另找刺激了。
- 如果有外套及個人的東西放在教室外面，例如：放在走廊上或是入口處，為了這些東西，該童可能會離開教室。特別是放在他的小衣櫃裡的外衣、毛衣、毯子或其他物品；如果他沒有這些東西就會缺乏安全感，更會經常要離開教室。在這種情形之下，讓他在教室裡持有這物品；一旦他覺得安全了，沒人會動他的東西，可以叫他將這東西放回小衣櫃。
- 該童離開教室是因為好奇心的驅使，他會問一些問題來表示他的好奇。可舉辦認識校園及周圍環境的參觀活動；這樣可滿足該童的好奇心，同時也有益身心健康。

如果這些建議仍不能解決問題，試試下列方法。

敘述這目標

目的在阻止該童在不當的時間離開教室。

方　法

要改變這行為，基本上要同時執行這些步驟：

- 安排教室、設計活動，鼓勵該童留在教室。
- 盡可能阻止該童擅自離開教室。 156
- 讚美該童參與教室活動。
- 提供該童正當的機會離開教室。
- 盡所有可能，故意不理會不當的離開。

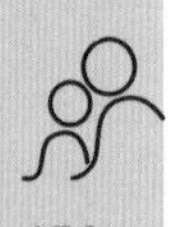

定　義

擅自離開教室（leaving the classroom），指該童沒有正當的理由而離開教室，這樣的行為經常一再地重複發生。

起點行為

必須了解該童離開教室的頻率，以便由該童減少離開教室的次數，得知他進步的狀況。在連續三天裡，記下他不當離開教室的次數，每次離開都要記錄在紙上。將每天的總數登記在次數紀錄圖上。

策　略

要完成這個方法，必須班上所有教師一致地執行：

一、安排教室及方案，以鼓勵該童留在教室

提供好的理由，讓該童留在教室。如果教室有趣、有挑戰性、有激勵

性，則該童會比較容易留在教室裡。考慮下列觀點：

1. 重新布置教室以引起新的興趣。如果可能的話，提供新場所，或讓原來的地方煥然一新。例如：可以新增一張科學桌、烹調區、音樂區、感官區等。同樣的，可將家政區改為模擬機場、商店或餐廳。

   在改變教室布置時，要考慮到預防的措施，教師的位置要靠近門邊。最接近門邊的活動要最具趣味性。靠近門的地方應有桌子，並提供活動。

2. 需確定：教室裡的東西都能讓該童有高度的興趣。如果學校材料是
157 輪替更換，可提供一些新的東西。教室裡的東西，須符合該童的能力，可用的數量必須充足，並檢視教具室的儲存空間。教室陳列品的展示應生動、不紊亂，便於小孩取用。

3. 可能是該計畫一些不同活動的時候了。只按照課程安排，容易變成沒有想像力；要有新構想，可參考有關的學前活動書籍。有新的、有趣的構想，師生會同感興趣。

4. 日課表有時也可改變：重排各項活動順序、加長或縮短時段、增加或減少活動。考慮到孩子從一進入學校，就是不斷的在改變。他們年紀愈大，學到和期待愈多東西。

以上這些建議，必須經全體同仁共同討論。關於教室的布置、教具、課程、日課表等的安排，不單只考慮到幾個星期的內容，而是應考慮到二或三個月，甚至更長的時間。不時的改變，可讓人頗覺刺激；但若改變得太頻繁、太快，會使人混亂。

二、盡量不讓該童離開教室

許多事情可使預防的措施有效，如果注意到這些事，可以使該童無法隨意的離開教室：

1. 將門關好，這樣等於在教室內外之間放一個障礙物；如此一來，就

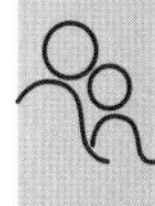

易於防止該童離開。

2. 藉助一些線索，讓你知道該童要離開教室。在門上掛一個鈴或有關的設計，任何時候只要有人開門，鈴就會響。在門應是關著的時候，假如你聽到鈴聲，你很容易察覺是不是有小孩子出去了*。
3. 不論在進行有結構或無結構的活動時，成人必須靠近門。老師扮演兩種角色：一是參與班上正在進行的活動，一是小心看管經常離開的該童。
4. 從非正式的觀察中，應知該童何時會離開教室、離開之前有何事發生。繼續注意這些線索。如果離開教室之前，他通常在室內漫無目標的遊蕩，需幫助他參與活動。若他因為生氣或挫折而離開教室，需幫助他有效處理這些感受。 158
5. 假如該童已在門邊準備離開教室時，要阻止他。將你的手臂環繞著他，關上門，將他帶回教室。告訴該童要他選擇活動，幫助他成為活動中的一員。如果他掙扎、反抗，你溫和且肯定地抓住他，直到他安靜。不要長時間討價還價，只說：「你不可以出去。」
6. 假如該童經常在團體活動時離開，你必須用不同的方法處置。在團體活動中，有一位老師和該童坐在一起，該童可以坐在教師的腿上或旁邊。如果他還是要離開，大人必須溫和且肯定地抓住他，一直到不再掙扎為止（如果該童經常中斷團體活動時間，請參閱第十七章）。

三、該童熱烈參與教室活動時，讚美他

這章的目標是讓該童留在教室裡，同時積極參與活動。讓該童知道他如果這樣做，老師會很高興。老師可以口頭稱讚、微笑、輕拍、擁抱等來增強他。一旦他不再那麼常離開教室，可逐漸減少使用增強；直到你稱讚

* 認知缺陷的孩子無法了解教室的安全規則。在這樣情況下，一個聽覺提示，譬如：響鈴，可能是特別有用的。

他的次數，和稱讚其他孩子的差不多為止。

四、提供正當的機會，讓該童離開教室

讓該童知道：有正當的理由可以離開教室，但是需要老師允許。可派該童去辦公室或別班幫老師跑腿，像這樣跑腿、傳遞的事，能讓該童覺得他是重要的、可信任的。但在該童離開教室事件發生一小時內，不宜叫該童跑腿。唯當一天內，他安分地留在教室內積極參與活動，才可以派他跑腿。

可否派孩子跑腿，應看其合適與否。檢查教室及四周，是否合適、安
159 全。要考慮孩子的年齡，二、三歲的孩子不應該派他單獨離開教室並跑腿，要大一點的學前兒童才可勝任。

另一離開教室的合理途徑，是有計畫的班級活動，如：參訪其他班級、在校內建築物四周走動，或參觀廚房等。

五、盡可能故意不理會不當的離開教室

你的阻止手段是要消除或減少離開教室的行為，然而該童仍然離開教室。你可以有下列兩個選擇，如何選擇取決於學校設施：

1. 在盡可能的情況下，有意忽略該童的行為。該童的目的是為了引人注意，因此愈少注意他愈好。要有意忽略這一行為，事先要有安全的準備。基本上，孩子不能擅自離開教室。一旦他離開教室，學校的其他人應該密切注意他的行蹤。其他班級的老師、辦公室的職員、廚房的廚工也要留心他的行蹤；可是不要對他表現注意，最後他會回到教室。這時不要討論有關他離開教室的事，告訴他可以參加什麼活動；等他參加活動後，就讚美他。
2. 若為了安全的理由，你不能讓該童離開教室，要努力地阻止他。當該童離開教室，跟隨他，不要焦急或刻意注意，把他帶回教室。當帶他回教室的途中，眼光不要看著他。一旦回到教室，告訴他：「你

不能離開教室，因為單獨在外是不安全的。」如果他掙扎，溫和肯定地抱住他，直到他不再如此為止。協助該童參與一個活動；一旦他投入活動中，要讚美他。

六、繼續記錄這活動

每天記錄該童已離開教室的次數，及意圖離開教室的次數。明確定義何謂「意圖要離開」，需班上所有老師一致同意此定義，例如：該童意圖打開門。因為阻止的措施在消除或幾乎消除這行為；必須每天記下意圖離開教室的次數。除非該童自願留在教室內，否則不能算是達成目標。若只記錄已離開教室的次數，則對這行為無法正確了解。 160

在基準線之後畫一垂直線，並記錄每天的次數如下圖：

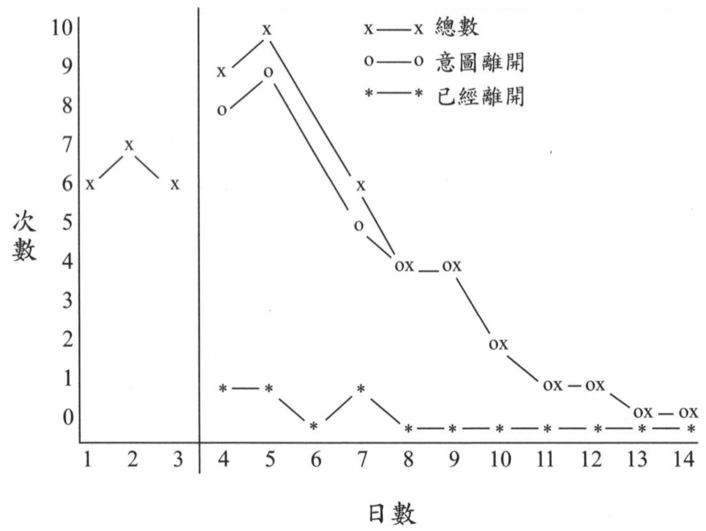

實際已離開教室的行為應較少；如果次數依然很多，需檢討方案策略。幾天後，當總次數是零時，這方案可算是成功了，即不必再繼續。

維　持

當該童參加活動，繼續予以讚美。同時繼續檢視四周環境，看是否能激發孩子參與活動的興趣。一旦你使該童對學校有興趣，他就不再需要擅自離開教室了。

在本書附錄裡，有幾個假設情節，供你應用本書各章建議的輔導原則。請在附錄裡找「輪到你」中的情節，特別是情節三及情節四與本書〈違規行為〉篇有關。

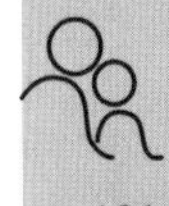

Chapter 19

在教室裡漫無目的地亂跑

現在是活動時間。教師準備及介紹數種活動給孩子們，每個孩子選 161
擇自己想去的區域。三歲的思維雅走到畫架前，拿起畫筆沾滿顏料，在畫紙中央刷上一條線，接著又畫了很多的線，顏料順著紙滴到地板上。思維雅把筆放回筆筒，脫下工作服大喊：「老師，我畫完了。」

她走到積木角，觀看一會兒後，走到工作檯，幾個小孩正在工作；她拿出一盒拼圖，將拼圖片倒光，然後就離開。匆忙環顧教室一周後，思維雅就跑進盥洗室裡。不久，又在藝術角衝進衝出。沒有幾秒鐘的時間，她在教室裡跑來跑去，分散其他兒童的注意力，干擾活動進行，踢倒吉米小心堆起的積木塔。

安德森老師嘆息。思維雅每天都會重複地在教室裡漫無目的的亂跑。安德森老師抓住思維雅說：「不要再跑來跑去，去找件事情做。」思維雅笑著走到積木角；但不到半分鐘，她又跑來跑去。安德森老師再次阻止她，可是只維持了幾秒鐘的平靜。

第三次，郭梅茲老師牽著她的手說：「思維雅，來，讓我們找些事
做。」將她帶到沙檯前，並聚集一些小玩具放在她面前；一邊讓她玩，一 162

邊同她聊天。郭梅茲老師離開沙檯一分鐘後，她就故態復萌地亂跑。這些老師覺得生氣，即使他們盡力了，思維雅依然故我。

敘述這行為

該童在教室裡漫無目的地跑來跑去，不參加安排的活動。

觀察這行為

觀察該童這行為幾天，以增加對此行為的了解：

什麼時候會發生這行為？

- 安排的活動時間
- 自選活動時間
- 團體活動時間，如：說故事、討論、聽音樂等
- 收拾時間
- 轉銜時間

可能是什麼原因造成這行為？

- 該童完成了一項活動
- 該童和某一或其他小朋友玩
- 其他小朋友拒絕她參加他們的遊戲
- 該童無法完成一項工作
- 老師要求該童做事
- 該童表示不喜歡老師安排的活動
- 當該童尋求幫助或注意，老師未注意

當該童做這行為時，有什麼情況發生？

- 該童會觀察是否有成人注意
- 當該童在教室亂跑時，還會在大人旁邊跑來跑去
- 該童想找其他小朋友也加入亂跑
- 該童隨意亂跑，或是循著特定的路線
- 該童跑的時候會製造噪音
- 該童安靜地在教室裡跑
- 當老師試著引起該童對活動的興趣時，她會有所反應

這些初步觀察可讓你知道，該童在什麼時間及什麼狀況，會漫無目的在教室跑來跑去。可利用這些資料來實施你的方案。

與家庭諮詢及合作

孩子在教室裡漫無目的地亂跑，打亂持續的活動，可能老師會比家庭更關心，因為這行為主要發生在學校。你可以設法處理這未被家庭關注的行為。如果你在例行的會議遇見其家庭，可提及你正在努力減少這行為，以便該童能更充分地參與學校活動。就這個個案，要持續通知家庭有關朝向目標的進步情形。

考慮其中涵義

通常，行為的出現是為了引起別人注意。該童在教室中亂跑的違規行為，似乎在說：「嗨，看看我！」可能有某一或某些原因，使她覺得無法獲得所需要的成人關注。這可能是她的適當行為未獲得足夠的增強；同時她發現，表現違規行為反而會獲得成人的注意。當她在教室奔跑時，老師

會勸說、阻止、斥責，或引導她對活動有興趣。因此，在教室裡奔跑，成為吸引大人注意的方式。若未給予足夠的注意，該童會增加這行為以引起大人注意的反應。教師提供該童期待的增強，反而形成她的自我挫折行為。教師愈是阻止，她愈被增強這行為。在你平時的觀察中，可能獲得另一結論：可能是該童的注意力廣度很短，無法長時間從事某個活動；如果是這種情況，可參考本書第四十四章。本章重點是在教室裡漫無目的亂跑，以尋求他人注意的行為。

探討變通策略

破壞行為常是對教室環境的一種回應；在開始改變該童這行為之前，應先檢查學校裡的潛在問題：

- 審慎檢視教室環境安排是否適宜，包括：教室的形狀與大小、可用的器具及設備。還有必須配合兒童年齡、人數、興趣、學生的特別需要等，檢查用具、儲藏室設備等的安置。開放的空間容易導致兒童奔跑；區隔不明的空間無法引導兒童從事特定角落的活動，而且常會造成干擾。全體工作同仁應參與討論教室環境的安排。
- 另一個導致不當行為的原因，是缺乏有效的活動或教材。活動太難，孩童容易產生挫折；過於簡單，又覺得無趣。如果沒有足夠的教材會造成挫折，該童的違規行為會因此節外生枝地發生。詳細檢視教室環境是否適合該童的發展階段、需要、興趣等。如果只有一個學生有不當的行為發生，考慮是否換另一個更適合她的教室環境*。

如果教室環境安排似乎不是導致這問題發生的原因，就可以開始實施下列方法。

* 當該童的發展階段與班上其他孩子不同時，重要的是：要確保該童參與的活動和材料符合其發展階段的興趣。

敘述這目標

目標是停止該童在教室漫無目的亂跑的行為，並參與安排的學習活動。

方　法

終止行為的基本策略，包括下列三個步驟同時進行：

- 安排教室環境，盡可能阻止這行為的發生。
- 在任何情況下，當該童適當地參與活動時，予以增強。
- 故意不理會她在教室裡奔跑的行為。

定　義

在教室裡漫無目的地亂跑（running aimlessly around the classroom）指該童沒有明顯的目的在教室裡亂跑，不參加遊戲或活動等情況。

起點行為

觀察這行為至少三天，以了解行為發生的平均次數。如果這行為只在特定時間發生，便只在此時段記錄；以後的觀察記錄，都在這同一特定時間進行。將每天記錄結果轉登記在次數紀錄圖。這三天的紀錄是你實施方案前的基準線資料。

策　略

有了基準線的資料後，就可開始下列策略。班上所有教師均須一致地依循下列策略改變這行為：

一、重新安排教室環境以減少奔跑

班上所有教師腦力激盪（如何安排教室較有效），減少教室筆直的通道及大範圍的空間；不要用小障礙物放在通道上，但可以利用一些家具有效的隔離分區。

以下兩個圖例有相同的空間和設備，但卻做了不同的安排布置。房間 A 圖：非常適合奔跑；雖然也有各角落活動區，但整個空間環境並不易區隔，孩童容易受到不同角落彼此的干擾。房間 B 圖：教室安排則解決了這些問題，大部分的奔跑空間被家具安排阻隔了，各個興趣角也清楚的區隔出來，孩童可以在自己的活動區內完成工作而不受外來干擾。

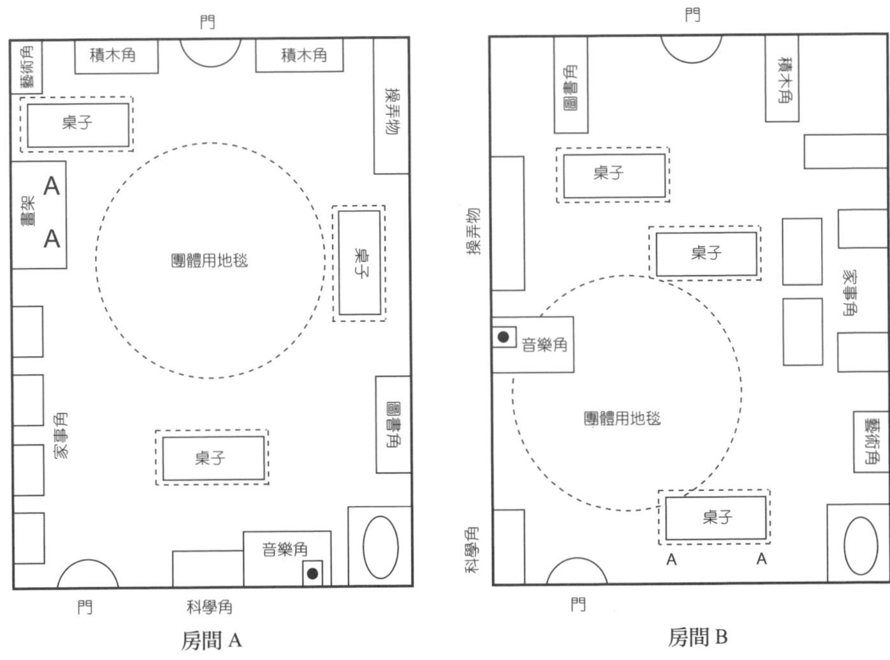

房間 A　　房間 B

如果孩童花在亂跑的時間多於學習活動的時間，首先要做的就是檢查環境的安排；重新安排最有助於你的班級管理的環境。改變了之後，仍要繼續評估教室環境，再做適當地改變。教室環境設計沒有絕對正確的方法，只是一定有一些安排比另外一些好而已。

二、當該童適當地參與活動，即予以增強 166

如果想讓該童把亂跑的行為轉化成積極參與安排的活動，或自選的活動，就必須在她一有好的行為表現時，立即予以增強。你可以告訴她，對她的進步你很高興。稱讚她的社會化能力、工作、技巧、成果或其他值得 167
稱讚的事。唯這些增強必須把握時機提出，以提高效果。

1. 剛開始，該童每次一有適當的行為發生，立即給予稱讚。如果她一直參與某個活動，每兩分鐘便增強一次。
2. 當她逐漸減少不當行為，並增加活動的參與時，即可逐漸降低稱讚的頻率。
3. 最後，一旦該童的行為達到目標，稱讚的頻率就可以與班上其他小朋友一樣了。

三、如果該童在教室裡跑來跑去，故意不理會這一行為

要故意不理會該童在教室裡奔跑的行為是不容易的，因為這行為對教室活動破壞性很大。若發生這行為，班上所有教師必須完全故意不理會之。剛開始故意不理會的頭幾天，這行為會加強以期待你的回應；但當該童了解此舉於事無補，無法得到增強後，這不當的行為會很快消失。

四、繼續記錄這行為

每天持續記錄亂跑的次數於紀錄圖表上。在與基準線階段同一時段蒐集資料。這一圖表資料可以供你決定，何時該逐漸減少對正確行為的增強頻率。

維　持

即使這問題解決後，仍須繼續再評估教室環境與全班兒童行為的關係。持續一再地讓全班兒童知道，你鼓勵適當的行為。這些措施可以讓該童了解，不需藉奔跑的不當行為即可獲得關注，而防止這行為的再發生。

在本書附錄裡，有幾個假設情節，供你應用本書各章建議的輔導原則。請在附錄裡找「輪到你」中的情節，特別是情節三及情節四與本書〈違規行為〉篇有關。

20

在教室內大叫

一個尖銳的叫聲打斷了教室裡一群四歲小孩平常的嘈雜聲，一位老 168
師說道：「查理，停止！」另兩位老師把臉轉向這個噪音的來源，露出愁眉苦臉的表情。查理對他們各投以迷人的笑容；然後，繼續玩下去。幾分鐘後，查理學泰山呼叫，以震耳欲聾的強聲尖叫。

大人們的嘆息聲、掩耳的動作、嚴厲的表情伴隨著類似：「查理，停止它！」與「查理，你打擾到每一個人了。」的話語。查理的個子比同年紀的孩子小，但十分慧黠又愛說話；自從學校開學兩個月以來，一直吵鬧、干擾。這些干擾主要發生在室內，而且多在活動時間、說故事時間、唱歌、分組討論時間等。查理的崩潰尖叫令老師感到煩惱，也妨礙了課堂上的寧靜。

敘述這行為

該童在學校不適當的時機製造不必要的噪音。

觀察這行為

花點時間非正式地觀察該童，以了解其行為：

169 這行為在什麼時候發生？

- 一天中的任何時間
- 希望保持較寧靜的時刻
- 在戶外遊玩時
- 室內
- 在自選活動時間
- 在活動時間
- 在分組活動時，例如：音樂、故事、舞蹈、討論等
- 在午睡或休息時間
- 在轉銜時間

是什麼促使這行為發生？

- 通常教室裡安靜時
- 教室裡全面高噪音時
- 該童單獨遊戲或活動時
- 該童參加社會遊戲時
- 該童參加扮家家酒時
- 分組活動，其他人在談話時
- 該童與特定一個小孩或一群小孩遊玩時
- 該童被要求做一指定的工作，像幫忙掃除時

該童大叫時，發生了什麼事？

- 該童環顧四周，看是否有人會回應
- 該童重複一次或多次的尖叫
- 該童看似不高興
- 該童開心微笑著
- 該童想要其他小孩也加入尖叫
- 當被大人責備時，該童顯得不高興
- 該童似不在乎大人的回應

你必須了解該童在教室製造噪音的狀況，應用這些訊息，找到解決問題的答案。

與家庭諮詢及合作

喧鬧喊叫和噪音，是家庭在家及老師在學校同樣會非常關心的事。一旦你有機會較仔細地觀察該童的這行為後，要與其家庭會面討論你的關心。強調：你的目標是使該童更充分地參與學校的活動。如果該童在家也製造不當的、不必要的噪音，應從其家庭發現在什麼情況他們注意到這行為，與家庭討論他們怎麼處理這行為，並與他們分享你的點子（如何減少這行為）。一旦你開始實施改變這行為的方案，要繼續與其家庭溝通，持續通知他們進步情形。 170

考慮其中涵義

也許在過去某個時候，該童發現大人對尖叫聲噪音的回應非常迅速。該童製造的噪音愈尖銳，大人的回應愈大。大人的這種反應，只會增強這行為。小孩大叫，大人就回應。下次，小孩要大人有回應就大叫，而大人也回應了；如此循環不已。教室中高於正常音量的噪音具破壞力，當它們發生時，老師覺得被迫要很快地回應。老師增強了該童的尖叫，而且只要大人注意它，這一行為就會繼續發生。

探討變通策略

以下也許是一個簡單的解決方法，以處理該童隨便亂叫。仔細考慮下列建議：

- 檢討你對兒童的期望，確定適合班上兒童的年齡與發展水準。不應期待幼童保持非常安靜。他們精力充沛，喜歡製造適合於他們遊玩的噪音。通常一個活潑有生命力的學前教室，不是一個安靜的地方。
- 音量比其他小孩大一點的小孩，可能經常被要求降低音量。然而，該童得到的結論是：製造噪音是引人注意的好方法。在上述個案，大人的期望會導致小孩不當的行為。在減少兒童亂叫時，要記住小孩大聲地說話是正常的。
- 兒童經常大聲講話，可能有聽力的問題。幼童易患耳朵感染，有時會導致耳朵聽覺損失。仔細考慮這樣的可能性：該童大聲說話或製
171 造噪音，可能只是確定他自己能聽到。如果你懷疑是聽覺問題，那麼試做粗略的測驗：在該童的後面製造不同的聲響，並觀察他的回應。若這測驗確定你的懷疑，要求家長帶該童去做聽力檢查*。
- 檢查你的日課表是否對小孩限制太多。幼童也許會藉由破壞的方法（例如：大叫），回應一種過度拘束的情況。你可能希望該童注意聽，參與他們別無選擇的活動，或是安靜地坐好長一段時間。若是這種情況，請重新安排每天的課表。把靜態與動態活動的時間交錯

---

* 許多小孩常由於一再的耳朵感染，有一些聽力喪失。要敏於這一可能性。

安排。將老師指導與兒童自選的活動錯開。把團體活動的時間量降低至適當。

- 也要檢討成人的行為。老師在做指導語或其他說明時，是否大喊大叫？老師對孩子說話時，是橫跨教室大空間而不是靠近孩童？老師的示範是影響兒童行為的重要因素。確定老師示範了適當的音量，例如：在活動時間，老師走到各組以正常的音量說：「現在是收拾時間。」這比用擴音器宣布更有效。
- 確定讓大叫的該童明白你的期望。告訴他：可以在室外隨心所欲的大叫，但在室內他的音量必須降低。如果該童不能遵守這個規則，那就進行下列方案。

敘述這目標

目的是要該童在教室內保持適當的音量。

方　法

減低破壞性大叫的策略，主要包括下列步驟：

- 注意適當的教室行為。
- 提供「吵鬧時間」。
- 故意不理會意外發生的大叫。

定　義

大叫（shouting）泛指該童提高他的音量到超過教室內所能接受的所有情況。除了大叫之外，可包括：吶喊、尖叫、亂叫、其他惱人的大聲噪音。

起點行為

開始進行改變此行為的方案前，花三天時間計算每天大叫的次數。這可提供一個基準線資料，供以後的改進做比較。若該童製造噪音的時間大部分在某特定時間，那麼只計算這個期間大叫的次數。每天相同的特定期間，一致地以一小時來蒐集資料；在每天結束時，再將總數轉登記在次數紀錄圖。

策　略

一旦蒐集了基準線資料後，就可開始本策略。班上所有老師必須一致地照這個方法執行，這是很重要的：

一、增強適當的教室行為

無論何時，當你想要減少某種行為時，必須讓該童知道你所希望的行為及其價值。因此，應經常稱讚該童的適當行為，包括：降低音量、參與活動及社會遊戲、討論時提出意見等。剛開始，盡可能地經常增強這些好行為；其後，當大叫的頻率略低後，可逐漸減少稱讚。直到對這種行為稱讚的頻率，與對班上其他小孩的稱讚一樣為止。

二、每天提供「吵鬧時間」

清楚區分製造噪音的地方適當或不適當。告訴班上所有小孩，當他們在室外時會有一個「吵鬧時間」，鼓勵他們為這個機會「儲存」噪音。設計這個「吵鬧時間」以你的方便為主，例如：可以讓所有的小孩有幾秒鐘的時間，盡可能的製造噪音（你可以事先通知在附近居住或工作的人們）。另一個方案是讓小孩輪流製造噪音。

提供「吵鬧時間」的理由，在為小孩製造噪音的衝動，提供一個適當的發洩管道；且讓兒童區分，製造噪音的時間與地點適當或不適當。因為新奇，小孩可能一下子覺得歡喜；當他們的興趣減低時，你可以中斷這項活動。尤其，直到在教室製造不當噪音的孩子，顯著降低或完全停止這行為為止。

三、當大叫發生時，故意不理會它

不論何時，該童大叫，不要有任何回應。在教室內，所有大人對這件事要有一致的行動，這是很重要的。不論何時該童大叫，可因大人們的回應得到相當的增強作用。因此，當所有的注意力撤除時，預期這行為會增加。你可能必須在故意不理會的頭一、兩天，忍受該童製造一些噪音。一旦該童覺得無人會注意他；他將很快減少，進而停止大叫的行為。其他小孩可能會叫你注意這種製造噪音的狀況，你只要簡單的說：「我知道了！」然後，繼續談其他事情。也要用任何機會稱讚該童的適當行為。盡可能清楚傳遞你的訊息：該童表現好的行為會受到注意，但若大叫則會被故意不理會。

四、繼續記錄這行為

當你執行這方案時，繼續在次數紀錄圖上計算與登記這行為，每天記錄總數。很可能在開始的一或兩天次數會增加，若能一致地執行此方案，次數應會很快地降至零。

維　持

在大叫的頻率維持數天為零之後，就可把這方案視為成功。繼續地一再稱讚所要的行為，就像你對其他小孩的稱讚一樣。若偶爾該童恢復大叫的行為，要完全故意不理會它。

在本書附錄裡，有幾個假設情節，供你應用本書各章建議的輔導原則。請在附錄裡找「輪到你」中的情節，特別是情節三及情節四與本書〈違規行為〉篇有關。

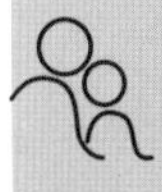

Chapter 21

丟擲物品製造噪音

嘩啦一聲！大人和小孩們朝噪音的來源看。在家事區，五歲的喬治 174
正站在一台倒下的木製冰箱旁；顯然地，他將冰箱弄倒以製造噪音。在早先的時候，喬治堆集許多積木，並把它們放在架子上；然後，他爬到架子上，將積木一塊一塊的丟在地板上。兩位老師跑向喬治。其中一位老師將他抱離架子，並將他放在地板上；另一位則把積木拿下來。兩個大人都向喬治表示對這事不高興；然而，在這段時間裡，喬治的臉上卻反應出對該事的得意。當他被要求別再如此做時，他點頭答應。經老師的要求，喬治將積木收拾好，並將木冰箱扶正。老師們覺得挫折沮喪，因為從過去的經驗，他們知道：喬治將會再弄倒東西，製造噪音。

敘述這行為

該童故意將東西丟在地板上製造噪音。

175 觀察這行為

觀察該童數天，以了解他故意丟東西事件發生的周遭狀況：

這行為在何時較常發生？

- 在一天中的任何時刻
- 在自選活動時間
- 在活動時間
- 在正式活動課時
- 當要求小孩傾聽的活動時，如聽故事或音樂……等
- 在安靜的時段，如休息或午休時間
- 在收拾時間
- 在轉銜時間

在該童丟東西之前，發生了什麼事？

- 該童會和其他小孩玩耍
- 該童獨自玩耍
- 該童四處環視，看大人們在哪裡
- 該童蒐集東西
- 其他小孩或老師拒絕他
- 該童無法完成一項工作
- 要求該童保持安靜時

該童丟東西時發生了什麼事？

- 該童企圖使它看起來像是非故意的
- 該童刻意作秀

- 該童自願撿起該物歸位
- 當老師要求該童撿起物品時，他會撿起
- 該童拒絕撿起物品
- 該童因老師的回應而心煩
- 該童表現漠不關心

該童丟的是什麼物品？

- 任何物品
- 通常是相同或同類之物品
- 大物品
- 小物品
- 木製、金屬、塑膠或厚紙板類之物品
- 會破碎之物品
- 不會碎之物品
- 在撞擊時，會產生噪音的物品

該童將東西丟在何處？

- 任何地點
- 在水泥地上
- 在木板上
- 在磁磚上
- 在地板布上
- 在地毯上
- 在桌上或架子上

這初步的觀察，將給你有關這行為的一些線索。請使用這些線索執行本方案減少亂丟物品的行為。

與家庭諮詢及合作

一旦你有機會較仔細地觀察該童的行為，要與其家庭約定會面，討論你的關心，強調這行為對該童和其他小孩，具有教室安全的潛在危險。從家庭處發現，是否該童在家也丟擲或亂踢東西。如果該童在家也丟擲東西製造噪音，要請問家庭嘗試了哪些策略，發現其中哪些有助於消減這行為，並分享你的點子。一旦你決定了處理方法而且這行為開始減少，要持續通知家庭該童的成功。

考慮其中涵義

表現破壞行為的兒童，會因此獲得注意而沾沾自喜；該童故意亂丟物品製造噪音，其理由也是如此。這行為會立即引起大人的注意，有幾個理由。

首先，摔物品的噪音是令人厭惡的；其次，雖然幼稚園的用品很堅固，但是不小心亂丟易造成傷害。因為這些理由，大人會立即回應，並相當地注意該童故意丟擲物品。老師不僅教訓、責備該童這行為，並且堅持要該童撿起所丟擲的東西。這時，該童可能轉變主題，而成功地延長了大人的注意。他可能拒絕清理乾淨，而與老師鬥嘴。老師會說：「你必須撿起這些物品。」但該童回答：「不，我不要！」這樣的爭執便會延續許多分鐘的注意。結果，該童因丟擲物品製造噪音，卻獲得滿足；在這之間，大人感到挫折沮喪。大人的回應反而增強該行為，而非消弱之。

探討變通策略

仔細思考下列的建議，找出可能解決的方式：

- 該童可能聽力有問題。聽力有困難的兒童會故意製造噪音，以確定自己的存在。可實施粗略的測試，在該童背後發出不同聲響，檢查他的反應。假如這試驗證實了你的假設，應告訴其家庭，並建議他們帶該童去做聽力檢查*。
- 該童可能因身體上的障礙而丟擲東西。視力問題可能導致該童不斷的去碰撞、踢倒物品。同樣地，該童眼手協調不佳，將使得丟擲物品的頻率更甚於一般人。假如有這個懷疑，可以建議家庭帶他做進一步的醫學檢查**。
- 室內環境可能導致這行為。例如：興趣角的遊戲是嘈雜的，應鋪地毯消音。積木角應用軟質地板，家事角亦有使用地毯的需要。因為當硬的物品放在硬的木板上，自然容易有噪音。製造噪音是破壞行為的方式，在硬地板上丟擲東西所產生的噪音可引起大人的注意。因此，這行為會一再重複出現。
- 假如該童的行為集中在翻倒大的物品，例如：廚房的器具，請重新安排放置位子。你可以將這些物品靠牆放，這樣該童便無法從後面去弄倒它。也可將這些物品背靠在其他家具櫃子或貯藏室。
- 假如該童只丟擲某種或某類物品，那麼考慮將這些物品暫時從教室移走。例如：若該童一再將家事區的碟子丟在地板上，就將碟子拿開一陣子。也可將這區改為貯藏區不放碟子，改放空的食物箱、收銀機、紙袋子等。經兩三週後，再試著重放回碟子。 178
- 務必使該童了解，教室裡放不同物品及設備的目的。系統地幫助他學習如何使用設備，將可使丟擲東西的破壞行為停止。若該童了解這些，他將更珍惜這些物品及設備。

* 許多小孩常由於一再的耳朵感染，有一些聽力喪失。要敏於此一可能性。

** 腦性麻痺小孩可能肌肉控制差，導致物品常從他的手裡掉落。同樣地，常碰撞物品的孩子，可能視覺敏銳度低或周邊視覺差。學習障礙孩子可能有協調困難，例如：眼手協調，而不注意、非故意地碰撞或掉落物品。請務必排除這行為可能的生理因素。

假如這些提議都無法提供解決問題的方法，請繼續以下方法。

敘述這目標

該目標是阻止該童丟擲物品而製造噪音。

方　法

為了達到上述目標，你的基本策略是同時進行這三個步驟：

- 任何時間，盡可能防止物品掉落。
- 增強適當使用物品及器材的行為。
- 當事件發生時，故意不理會這行為。

定　義

丟擲物品製造噪音（dropping objects to create noise），指該童故意丟擲物品在地板或其他地面，以發出聲音為目的的任何事件。物體可能從任何高度被丟、被推倒在地板或其他地面。

起點行為

在執行本方案之前，要先蒐集三天的基準線資料。每次該童故意丟擲時，就在紙上做紀錄。在每天放學時，將該日總數轉登記在次數紀錄圖。從這三天的資料中，可用來和以後的改變做比較。

策　略

現在開始進行下列方法，這必須班上所有老師一致遵守才可：

一、任何時間，盡可能防止物品掉落

平時觀察有關該行為發生前的一些線索。使用這些線索，防止該童的意圖。例如，該童在丟擲物品前，會先蒐集物品；那麼，當有類似行為時要注意他。當你看到他蒐集物品時，走向他並引導他，適當使用這些物品，並說：「我知道你已經蒐集好許多拼圖片了。現在，讓我們將它們放入該放入的拼圖框中。」或者，你已注意到該童環視四周數分鐘，在尋找物品要丟擲。假如你看到這樣，走向該童，並將他的興趣引導至其他地方。

當該童與較年幼的小孩玩，或玩特定玩具，或在特定區域內時，都有可能發生丟擲的行為。當你知道該童正處於丟擲行為之前的情境時，請待在他的旁邊，並引導其避免如此行為發生。

二、增強適當使用物品及器材的行為*

丟擲物品是以不當的方式使用教室物品或器材，要讓該童知道你喜歡他正確地使用物品。經由你的增強，傳遞給該童必須尊重物品。譬如，可以說：「你真的小心使用這顏料啊！」「我喜歡你翻書的方式，這樣書才不會破損。」「謝謝你，你把那些壺和鍋子堆放得真好。」「你把這些積木用得多好啊！你先建立了一條公路；現在，你還用小積木當車子！」

首先，盡可能的一再增強他對物品的正確使用。當該童丟擲的頻率遞減時，逐漸減少你的稱讚量。直到最後，對該童謹慎使用物品的增強，只要和對其他小朋友的稱讚一樣即可。

* 教室裡有些物品及器材不適於認知障礙兒童的發展階段。要確定大部分物品及器材，該童都能使用及有助於學習如何使用。

三、當事件發生時，故意不理會這行為

當該童摔物品時，會因引起老師注意而增強其行為。所以，撤除你的注意，以停止該行為的發生。剛開始，這是很困難的；因為該行為在沒減少之前，可能會先驟增。但是，一旦該童發現沒有人注意他這行為，他會停止。所以，當該童丟擲物品時，教室裡的大人須沒有人回應，裝做若無其事似的。若是別的小孩因為此噪音而叫你，你只要簡單的說：「我知道。」然後改變話題。不要強迫該童撿起他丟摔的物品而製造別的問題。如果沒有安全顧慮，就讓那些物品依然不動。要是可能有人因此摔倒，那先等幾分鐘，然後靜靜地將它們移開。倘若物品被摔破或有危險，就將碎片掃乾淨，但不要對該童提到這事件。當收拾時間到時，將這些被摔物品像其他物品一樣地歸位。

堅持要求該童拾起丟擲物並歸位，似乎是自然回應。但只叫他一次即可，並以平實的態度要求他。假如他去撿了，就稱讚他。要是他不撿，那你就走開。否則，如此很容易導致對抗，造成你提供注意。要教導他打掃整理可利用其他機會，不急於此時。

四、繼續記錄這行為

本方案要繼續記錄故意丟擲的次數，將資料記錄在次數紀錄圖。一旦該童了解他丟擲物品無法吸引注意時，這行為可能很快會減少，然後消失。

維　持

為確保丟擲行為不再發生，要一再地繼續增強正確使用物品及設備。假如該行為再發生，就以本方案中相同方式故意不理會它。

在本書附錄裡，有幾個假設情節，供你應用本書各章建議的輔導原則。請在附錄裡找「輪到你」中的情節，特別是情節三及情節四與本書〈違規行為〉篇有關。

破壞行為

Chapter 22

撕書

183 一個輕脆聲音吸引拉金老師的注意，她轉身發現傑米手中握著撕裂的書頁。三歲的他剛進托兒中心，仍在學習什麼該做、什麼不該做。「喔，不行！傑米！那是圖書館的書啊！」拉金老師快速跑到傑米旁邊把書拿開，並氣餒地看著已撕裂的書頁。她坐在傑米旁邊，告訴他不應該撕書並解釋為什麼，傑米注意聽並點頭答應不再犯。

拉金老師不抱太大希望，因為這已是傑米今天撕破的第三本書。在過去的兩星期中，傑米已經破壞了好幾本書。老師和傑米談過，並幫他用膠帶修好書。上星期，主任將這種情形告訴傑米的父母，並要求他們照價賠償。傑米的爸爸告訴拉金老師說，傑米已為他所做的事被打手心懲罰。但，傑米仍繼續撕書。

敘述這行為

該童經常故意地撕破書頁。

觀察這行為

要得到有關這行為更多的資訊，需花幾天的時間觀察該童：

何時會發生這行為？

- 在自選活動時間
- 在安排的活動時間
- 在團體時間，當老師在唸書時
- 在故事時間之後
- 在收拾時間
- 在轉銜時間
- 在午休時間

該童撕書前發生什麼事？

- 該童看完一本書
- 該童獨自在玩
- 該童和另一位小孩或一群小孩一起玩
- 該童被一群小孩排除在外，不和他遊戲
- 該童工作時受到挫折
- 老師或同儕對他說不
- 該童漫無目的地在教室裡逛

當該童撕書他會做什麼？

- 該童撕書前會先看看大人是否在注意
- 撕完後，該童會看老師是否已聽到或看到
- 該童繼續撕書

- 該童把這書放回架上
- 該童把書丟在地板上或桌上
- 該童離開撕壞的書
- 該童以撕書來引人注意
- 該童對這件事的發生發笑
- 該童因書撕壞而煩亂
- 該童對這個破壞感到抱歉

這樣的觀察可供你了解，該童在哪些情況下撕書。運用這一資訊，有助於減降這行為。

與家庭諮詢及合作

在你有機會觀察該童撕書的情況之後，安排一次會面，與其家庭討論
185 你的關心。首先，要知道該童在家是否與在學校一樣有這行為。如果實際情形是如此，就與其家庭合作減少這行為。如果不是如此，該童只在學校撕書，可徵求家庭的幫助和點子，來改變這行為；並告訴他們，你將持續通知他們這行為的進步。

考慮其中涵義

學會珍惜物品，是學前教育的要項。學校的設備、遊戲玩具、其他項目等都需妥善的照料，如此才可供大家分享使用。學前教育的材料大多十分堅固；但有的例如書本，較容易破損。通常在孩子接觸圖書時，即需明白要愛護使用。

偶爾，孩子會不愛惜書而加以損壞，原因很多。可能該童從未被教導要小心保護圖書；或可能該童因缺乏肢體協調，在翻書時不小心撕破。最

後，該童可能學到損壞書可以獲得老師的注意，便會繼續撕下去。

每次該童一撕書，大人便會很激動地告誡他這一行為，可能要他一起把書修好。這對他而言，撕書可得到大人的許多注意；因此，他可能撕更多書以引人注意。當孩子一再撕壞書本，他是在告訴你：他已找到可以引起老師注意的好方法。

探討變通策略

或許改變一些環境可幫助減少撕書的行為。在執行方法改變該童行為前，請謹慎考慮下列建議：

- 由物品在教室擺放的方式，可看出老師對這物品的關心程度。如果書本散亂地散布在教室各處，它傳達給小孩無語的訊息——書本不是很重要的。檢討書本的存放方式。它們應該很吸引人地放在教室的寧靜區。如果可能的話，圖書區應半封閉，減少不必要之通行。少數幾本用心展示的書，比架上許多弄亂的書更具吸引力。考慮安排五至十本正面展示的書，比四十本書放在架子上只展示書背要好。時常替換介紹新書，以吸引孩子們的期待。 186
- 如果班上很小的幼童撕書，那可能是你所提供的書不適當。很小的學前幼童才剛要學習如何小心地使用書；而且，他們的小肌肉控制還未發展得能適當翻書頁而不會撕壞。為班上兩歲的兒童提供適合學步兒的書，這類書以布或厚紙板製作得較堅固。為較小孩子設計的書多描寫一般物體，有簡單的設計、大膽的顏色、簡易的故事。從兩歲大漸至長大，他們會漸熟於愛惜使用*。
- 幼童會撕書，是因為覺得撕裂的經驗好玩；為此目的，可在藝術角

* 動作障礙孩子可能在翻閱書本時有困難。同樣地，認知障礙孩子可能未成熟到足以了解尊重書本。提供適合該童肢體動作技能程度的書本，或可幫助該童成功地使用較易撕裂的書。

提供紙張讓他們撕。提供不同顏色的紙和舊雜誌，讓該童參加撕紙活動，撕下的紙用來做抽象拼貼畫。

如果這些建議都無法解決這問題，則繼續下列策略。

敘述這目標

目標是該童停止撕書，學習適當用書。

方　法

消除撕書的基本策略包含同時採行下列步驟：

- 防止該童撕書。
- 做任何必要的環境改變。
- 增強該童適當的行為。
- 故意不理會這不當的行為。

定　義

撕書（tearing books）的定義為經常在任何時候故意撕壞書頁。

起點行為

在開始本方案改變行為之前，需蒐集一些基準線資料。計算在三天中該童撕書的次數，記錄每次的事件。一致地計算每撕毀一頁視為一個別事件；如果孩子拿一本書來撕，分別撕下四頁，則記錄為四次；然而，若同時一次撕下二、三頁，則只計算為一次。每天放學前，將該日總數轉登錄到次數紀錄圖上。

策 略

一旦有了三天的基準線資料後，即可實施下列方法。必須班上所有老師都一致地照著這策略做：

一、盡可能防止撕書

從非正式的觀察中，你應該對撕書事件發生的時間和發生的前兆有一些線索，利用這些線索協助阻止這行為的發生。例如：你發現只有當該童自己一個人在玩才會發生這行為，並且從不發生在他參與一群孩子活動時；則當他獨自一人時，要多警覺他可能撕書，而待在該童附近。注意他走向圖書區的任何移動。或許你可能會發現，這行為主要發生在收拾時間；以這事例，在那時將你注意的焦點放在該童身上。應用這些你最初觀察的線索，幫你明確地指出，何時及如何採取有效預防。

二、透過環境的改變協助預防撕書事件的發生

教室的安排可幫助老師預防撕書事件，下列建議可幫助實施這樣的改變：

1. 使圖書角具吸引力和舒適性，以鼓勵閱讀比破壞好。如果需要，重新調整教室內的布置，找個好地點當圖書角。只展示一些書本，使其具吸引力。配合這些書本，提供一或兩個簡單活動。如果書本是有關貝殼或海洋的，可擺設一些貝殼。如果書本是關於住家，則可提供動物及其住家的配對遊戲。溫暖的地毯、枕頭、布袋椅也可使這區具吸引力。 188
2. 確定房間內大部分地方都可看到圖書區。為防止撕書，老師要隨時可一眼瞥見圖書區。這區應該保持它的舒適及寧靜，同時讓老師從其他區可看得到。

3. 另一方法，是把圖書角納入班上的正式課程和活動。例如：將圖書角和戲劇扮演連結成圖書館，孩子可扮演圖書管理員及借書的角色，將書本予以登記、借閱、上架、歸還等，閱讀區可以安排在借書台旁。這樣圖書區成為教室中較活躍的一部分，老師可以督導活動並預防撕書的行為。

三、增強適當的行為

該童需要知道什麼行為是被期待的，及什麼行為是不適當的。當你開始本方案，讓該童知道：在使用班上器材方面，什麼行為是你喜歡的，什麼是你不喜歡的。活動時若該童不再撕書，應以友善輕鬆的態度對該童說話，例如說：「我真的很高興，你能小心堆積木，並將鞋子整齊地放在架子，我們應該愛護教室中每樣東西。但當你撕書時，我會很生氣；如果書本被損壞，這樣其他孩子就不能再使用了。」一旦該童謹慎地使用器材，應立即給予稱讚。增強期待的行為，以訓練該童集中注意什麼行為是適當的。最後，該童將會發現：愛惜使用教室器材，比不當使用能獲得更多獎賞。隨著撕書頻率減降大約一半，開始減少對適當行為的稱讚次數。當該童完全停止撕書，逐漸地減少稱讚。最後，稱讚該童的次數，和對班上其他孩子類似的好行為一樣。

四、撕書行為出現時，故意不理會它

如果儘管你已努力去預防，該童仍然一再撕書，可採下列步驟：

1. 快速走到該童身邊，從他手中拿走書並說：「不行！你不可以撕書。」
2. 離開該童並不理他，約二分鐘。
3. 如果你認為他可能撕另一本書（依據你最初觀察他的行為），把他帶離這區。如果他反抗，抓住他的手或拉起他，並將他帶離教室。

189

當你帶他離開時不要說任何話，且避免視線接觸，在兩分鐘內不要給予任何注意。

4. 兩分鐘後，走到該童那兒，並且試著讓他參加另一活動。不要對這事件說教或討論。

故意不理會撕書事件，對你而言可能是件困難的事；因為這行為是違規的，並且應該被處理。然而請記得，不論你的回應如何消極，仍是提供了對該童此行為的注意。故意不理會只是撤除對該童撕書行為的注意。這些步驟應可逐漸幫助消除撕書的行為。

五、繼續記錄這行為

當你實施本方案，繼續計算撕書事件的次數。使用行為紀錄圖，在圖上持續記錄每天的總數，和記錄基準線階段一樣。紀錄圖可幫你看出這行為表現的進步狀況，並顯示是否已達成你的目標。

維　持

當該童已停止故意撕書，仍應繼續經常獎賞他能愛惜使用班上器材，維持這好行為。繼續評估教室的安排，以確定能否傳達你珍惜書本的理念。如果該童再次撕書，則故意不理會這事件。讓該童知道，你對這行為一再發生感覺非常失望。

在本書附錄裡，有幾個假設情節，供你應用本書各章建議的輔導原則。請在附錄裡找「輪到你」中的情節，特別是情節五及情節六與本書〈破壞行為〉篇有關。

Chapter 23

破壞玩具

190 日間托兒中心四歲組教室裡，今天顯得很忙碌，孩子們正參與多項活動。突然，出現很大的嘎吱聲高於在教室的正常聲音。三位老師同時到處尋找聲音的來源，看到路易正用腳踩踏塑膠火車車廂。兩位老師跑向路易，他正在踢這破了的玩具並說：「我討厭這個東西。」一位老師把路易帶開，另一位老師檢查破損的火車車廂時，厭惡地說：「我們又要清理一次了！」當他清理地板上的破損碎片時，路易把手上的小塑膠人塞入火車，然後走開。

老師問：「等一下，路易，你又破壞另一個玩具，為什麼要這樣做呢？」路易大聲地喊叫：「這個玩具不能發出聲音，不能再動了，我喜歡把它弄壞掉。」老師不知如何是好。這是路易這星期破壞的第三件玩具了，而且本週前路易已損毀和破壞了許多東西。

敘述這行為

該童故意一再地破壞教室裡的玩具及其他器材。

觀察這行為

花幾天的時間非正式地觀察該童，以期對他這行為有進一步的認識：

通常，該童在什麼時候破壞玩具？

- 不可預測的，一天當中的任何時間
- 一天中稍早時間
- 一天中稍晚時間
- 在安排的活動時間
- 在自選活動時間
- 在戶外遊戲時間
- 室內
- 在收拾時間
- 在轉銜時間
- 午休時間

在破壞玩具之前，發生什麼事情？

- 該童生氣
- 該童工作遭受挫折
- 另一位孩子或老師對他說不
- 被另一位孩子或一群孩子排斥一起玩
- 該童被禁止參與活動

- 該童不積極參加活動
- 活動結束時

當破壞玩具後，他做什麼？

- 該童四處觀望是否有大人在看
- 該童叫老師注意這已被破壞的玩具
- 該童試圖遮掩被破壞的部分
- 該童因為破壞玩具而顯得煩惱
- 該童顯得漠不關心
- 該童離開這些破壞的部分
- 該童停留在附近
- 該童繼續玩這已被破壞的玩具
- 如果詢問該童，他會否認破壞了玩具
- 該童承認破壞玩具
- 該童會說明為何玩具壞了

通常哪些玩具會被破壞？

- 任何一種
- 大的
- 小的
- 木製的
- 塑膠的
- 紙板的
- 金屬的
- 絲織的
- 會動的
- 某一興趣角的物品，例如：藝術角或家事角

通常該童如何破壞玩具？

- 該童用力地把玩具丟在地上
- 該童扯破玩具
- 該童用力踩玩具
- 該童撕開或拆開玩具
- 該童用力破壞或折斷玩具
- 該童用東西重擊玩具
- 該童把螺絲或扣子拉起來

這些初步的觀察應該可以幫助你，獲得一些有關該童在何時、在什麼情況會破壞玩具等資訊。

與家庭諮詢及合作

故意弄壞玩具和其他物品的孩子，對自己和他人都是一種危險。一旦你有機會集中觀察該童這種行為後，與其家庭會面徵求他們的幫助，以減少這行為。與他們討論，是否該童在家裡也弄壞物品，或是否這行為似乎主要發生在學校。與家庭腦力激盪（為什麼該童會弄壞物品），有什麼策略可幫助減少這行為。一旦你開始努力減少這破壞性行動，要持續通知家庭關於該童的進步。

考慮其中涵義

兒童故意破壞玩具，可能對教室安全造成威脅。假如不立刻移開或修補被破壞或割破的玩具，可能嚴重傷害其他孩子或破壞玩具的該童本身。而且，當玩具被損毀，需要花時間和金錢去替換或修補。基於這些原因，這種行為需要盡快地消除。

193 想要制止該童這種行為，常是不易做到的。習慣地破壞玩具的孩童，發現這是一種可以立刻獲得大人注意的方式。每當該童破壞玩具，大人就會明顯地立刻給予反應。這些反應可能是口頭的（說話、責罵）、情感的（憤怒、不安、挫折的表現），或身體的（拾起碎片、把它們丟棄或修補）。假如老師和其他老師或學校主任商量這件事，那將會有更多大人參與注意這行為。因此，當該童破壞了玩具，他會得到更多的注意。

破壞玩具，可能是該童表達憤怒的一種方式。大人的一般回應，並不能幫助該童因應他憤怒的感受；而大人回應的注意，也不能處理他憤怒的感受。這種注意不能幫助該童消除這種行為，反而只會增強它的出現。

探討變通策略

針對該童習慣地破壞玩具的問題，以下提出比較簡單的解決之道，請考慮下列建議：

- 該童破壞玩具的行為，可能不是故意的。檢查教室裡的所有器材，是否合於學前教育要求的耐用。教室裡有些物品可能較易碎，加上孩子用力地玩，因此，本案的破壞玩具可能不是故意的。
- 檢查教室的器材是否適齡。假如孩子對教室內的物品感到失望或是沒有挑戰性，兒童就可能以不當的方式使用它們。這是玩具會被破壞的原因之一。假如教室內的玩具不適合孩子，就應立刻替換別的玩具。可以要求和校內的其他班級互換玩具，或從倉庫中找出其他的，或逐步購買或製作新的玩具。
- 孩子可能因好奇而破壞玩具。假如孩子常因拆開玩具而使其損壞，他可能只是想要找出是什麼東西使得玩具可以動。像這樣的案例，可以告訴該童，他的行為是不當的。可提供一些物品，讓他試著分解。這些物品可包括：舊手錶、鬧鐘和其他故障的器具。提供螺絲起子、鈍的鑷子、修補的工具等，並隨時檢視活動以保安全。

- 該童破壞玩具可能非故意的，而是他視力或知覺有問題。兒童看不清楚或視覺扭曲，都可能非故意地破壞玩具，因為他估計玩具的位置或方向錯誤所致。無論如何，在其他方面也會顯示這問題。若你懷疑該生有視力或知覺問題，可與家長討論，並鼓勵他們找醫生諮 194
詢*。

假如這些建議無法解決經常破壞玩具的問題，可繼續下列方法。

敘述這目標

目標是針對該童，停止他故意破壞玩具的行為。

方　法

消除破壞玩具事件行為的基本策略，乃同時進行這四個步驟：

- 盡可能防止破壞玩具行為的發生。
- 稱讚愛惜使用教室器材。
- 有計畫地教導該童，控制自己破壞玩具的衝動。
- 假如孩子破壞玩具，就使用「自我控制時間」法。

定　義

破壞玩具（breaking toys），指該童故意破壞教室的器材或設備等事件。不包括嘗試失敗所造成的破損。

---

* 未經治療的視覺障礙，可能是不當行為的起因。鼓勵父母尋找醫療幫助是重要的，這可幫助該童能看見及感受他所做活動的成功。

起點行為

利用三天的時間，找出該童破壞玩具的頻率。這些資訊可提供和日後改善的結果做比較的基準線。把該童破壞玩具的次數記錄在紙上，每天放學時將該日總數記錄在次數紀錄圖。假如，這一行為不是每天都發生，試著回想每星期發生多少次，甚至過去三星期的資料，並以每週為計算單位。

策　略

蒐集完基準線資料後，開始實施下列方法。必須班上所有老師一致地照這步驟去做：

195 一、盡可能防止破壞玩具事件的發生

非正式觀察的資料應可提供你一些線索，有關該童在什麼時間、什麼情況會破壞玩具。利用這些資料，盡可能幫助你防止這行為的發生。若在一天中的某一特定時段，該童一再表現破壞的行為；每在這一時段，需加以特別地注意防止。也要注意破壞玩具前的行為徵兆。通常，如果當該童獨自玩耍時會破壞玩具，就應待在其身旁，並幫助他避免發生破壞玩具的事件。若這行為發生在當他因為不能完成一件工作而感到煩亂時，就應留心他挫折的徵兆，並幫他解決事情。愈多關於破壞玩具行為發生的次數和時間的線索，愈能防止這行為的發生。

二、稱讚愛惜使用教室器材

當你努力消除消極行為時，應讓該童知道用哪些可接受行為來代替不當行為；當該童使用教室器材時，應加以期待和增強這種情況。當他正確地使用物品、使用完後將其放回架子上、表現珍惜使用教室設備等時，我

們應稱讚他。剛開始，每次一有這些好行為，即予以增強。當破壞玩具事件逐漸地減少，你也可以漸減增強的次數。當消極行為已經停止，增強的次數應和稱讚班上其他孩子一樣。

三、有計畫地教導該童控制自己破壞玩具的衝動*

該童破壞玩具前感受的情緒是生氣或失望，在該童想通他在做些什麼之前，這樣破壞的反應常常是衝動地表達。該童需學習處理這種感受的變通方法，他也必須知道是他的反應不當，而不是他的情緒不當。每天留一段特約時間和該童討論他的感覺，設計五到十分鐘的「全神貫注時間」；如果該童的反應特殊，那麼你就需要花更多時間去注意。必須和班上其他老師一同合作執行這個時間。以下為建議的執行順序：

1. 剛開始先討論引起不同情緒的各種情況。例如：「昨天我得到一隻新的小狗，我覺得興奮又高興，就像跳舞和唱歌一樣！喔！我的心裡真的好高興。哪些事會讓你覺得真的很快樂呢？」假如該童有反應，要他說更詳細些；假如該童沒有反應，你可以再說更多使你快樂的事情。繼續討論其他感受，「有時我卻覺得很難過，我真的很傷心。我有一位好朋友要離開，我覺得很難過。你有時候也會覺得傷心嗎？」也可以討論憤怒的情緒，「你知道，有時候我覺得好生氣哦！我知道你偶爾也會對有些事情覺得很生氣吧！是什麼事情令你生氣呢？」分享一些使你生氣的例子，並幫助孩子用言語表達使他生氣的情況。可能要花幾天的時間去認識引起不同情緒的各種情況。 196
2. 當該童認識在不同情況他會有不同的感受反應時，你應該把討論焦點放在那些感受上。「當你（快樂、生氣、傷心、孤獨）時，你內心覺得如何呢？」幫助該童用言語表達不同情緒的內在反應。事先

* 情緒／行為障礙孩子可能以破壞教室材料表達憤怒。系統地幫忙找出表達憤怒的變通方法，可能提供這孩子抒解情緒的有力工具。

預想如何用言語表達情緒，因為感受是不容易用文字描述的。這樣可以做好準備，去幫助該童討論這些情緒。然而，要注意的是，這是該童經由你的幫助而說出這些主題，並不是由其他方法得到的。這個步驟可能需要花好幾天的時間。

3. 當該童說出他對不同情緒的內在感受時，一開始，應就他表達的那些感受來討論，不要批評他所說的感受。假如該童告訴你，當他覺得很煩亂時，他會推、打、咬、傷害他人或他想要破壞東西，這時應接受他的感受。討論如何用行動來表達各種情緒。
4. 下一個步驟是告訴該童，你想探討各種情緒的一些不同回應方式。假如該童告訴你，當他很快樂時會微笑，要問他表達快樂的其他方法。你們可能想出一些點子，例如：拍手、跳上跳下、唱歌、繞著跳、擁抱他人等。討論生氣和挫折的處理方式；你可以建議該童，覺得工作難以完成而生氣時，可向大人尋求協助，或者以擊打地板或桌子來代替破壞玩具。
5. 你的討論不一定要用言語表達。可利用任何道具幫助你達成目的。木偶、黏土、積木都是可以用來探討感受與情緒的好媒介。
6. 在每一討論步驟，找機會舉例說明該天你和該童所討論的。首先，著重會引起特定情緒的事件，接著是這一情緒給你的內在感受如何；其次，尋找如何表達這情緒的例子；最後，鼓勵該童說出回應這情緒在行動上的變通方式。確定使用各種表現情緒和感受的例子。

197
四、假如孩子破壞玩具，就使用「自我控制時間」法

因為破壞玩具對安全和健康是一種潛在的威脅。假如該童破壞玩具，就實施下列步驟：

1. 盡快確定被破壞的玩具是否有立即的危險。假如必須清掃，另一位老師就應該注意到這一點。
2. 冷靜地將破壞玩具的該童帶往自我控制區，並叫他坐下。肯定且溫

和地告訴他：「我不允許你破壞玩具，你必須坐在這裡，直到你可以再加入友伴為止。」

3. 離開該童，在「自我控制」時間內不要注視他或和他說話。口頭或視覺接觸會強化該童這行為。
4. 假如另一位孩子接近「自我控制」區，將這位孩子帶離開，並說：「路易需要獨處幾分鐘；當他回來參與上課時，你才可以和他說話。」
5. 當該童認為他準備好如此做，讓他再加入班級活動。不要訓話。他知道被隔開的原因。引導該童有建設性的行為，你可建議他加入持續中的活動。增強該童盡快參與適當的活動是非常重要的。
6. 如果該童未準備好之前重新加入班級活動，再次出現破壞玩具的行為，就對他說：「我想你還沒準備好加入我們」，帶他回到「自我控制」區。再次讓他自己確定他何時準備好再加入班級活動。

五、持續記錄這行為

持續計算破壞玩具事件的次數，並將每天的總數記錄在次數紀錄圖上。這張圖顯示邁向目標的進步，並告訴你什麼時候可達成目標。在增強適當行為上，掌握改變的時機，有賴於正確持續的記錄。

維　持

當該童不再破壞玩具時，持續地讓他知道，什麼行為是你重視的。當他能愛惜使用教室器材時，經常讓他知道，你多滿意他的行為。繼續幫助該童，用言語表達他的感受。

在本書附錄裡，有幾個假設情節，供你應用本書各章建議的輔導原則。請在附錄裡找「輪到你」中的情節，特別是情節五及情節六與本書〈破壞行為〉篇有關。

Chapter 24

丟東西到馬桶裡沖掉

198 三歲的蓓琪在經過鞦韆旁時，對老師說：「老師！我要上廁所。」

經康老師允許後，蓓琪進入廁所，不在老師的視線內。過了一會兒，康老師發現蓓琪沒回來，就到廁所去看看。

結果發現蓓琪正在沖著已氾濫的馬桶，一小片塑膠在馬桶水漩渦中轉動。蓓琪轉身向康老師大叫著：「它卡住了。」這時水已經流到馬桶邊緣，並漏到地板上來了。康老師問蓓琪：「妳把什麼東西丟到馬桶裡？」蓓琪睜大眼無辜地搖頭說：「沒有啊！」康老師接著說：「蓓琪，我看到馬桶裡有東西喔！」然後，康老師撈出漂浮在水中的玩具，對蓓琪說：「沒有其他人在廁所，這一定是妳做的。現在，妳必須把玩具拿到水槽去洗。」

蓓琪小心地清洗這個塑膠，然後把它及手弄乾。她再回到廁所見康老師，這時老師把手浸入馬桶水中，找出堵塞物。蓓琪對著康老師說：「老師，更多的水流到地板上了！」過了一會兒，康老師生氣地掏出三個塑膠製的動物造型玩具。

蓓琪高興地看著，自願幫忙洗這些撈出來的玩具，和擦乾地板上的水。不幸的，這已經不是蓓琪第一次把玩具丟到馬桶裡沖掉了，老師對蓓琪這個行為感到煩惱困惑。

敘述這行為

該童時常一再地把小物品丟到馬桶內並沖掉。

觀察這行為

觀察該童這行為幾天，以獲得更多有關的資訊：

該童什麼時候會丟物品沖堵馬桶？

- 不可預測的，一天當中的任何時間
- 洗手和上廁所時
- 在自選活動時間
- 安排的活動時間
- 收拾時間
- 轉銜時間
- 戶外活動時

這行為發生前，該童會做什麼？

- 該童上廁所
- 該童到廁所洗手
- 該童玩有小零件的遊戲
- 該童在家事區玩
- 該童單獨活動

- 該童與一位或多位小朋友玩
- 該童沒有從事任何活動
- 該童未能獲得老師的注意

當該童把東西丟到馬桶沖掉後，她會做什麼？

- 該童四顧張望是否有大人在看
- 偷偷地拿一個或更多的東西到廁所
- 該童公開地拿一個或更多的東西到廁所
- 該童在沖掉這東西之前，在廁所裡玩它
- 該童叫老師注意廁所裡的物品
- 該童在沖掉後，叫老師注意
- 該童不止一次地沖馬桶水
- 該童否認把物品沖到馬桶裡
- 該童被問及是否把東西沖到馬桶裡時，感到煩躁
- 該童若無其事地走開
- 該童說出自己所做的事

該童丟什麼東西到馬桶沖掉？

- 任何小物品
- 拼圖
- 操作物品的零件
- 卡片或紙
- 畫筆
- 牙刷
- 肥皂
- 玩偶的衣服
- 小積木

這些觀察將提供你一些關於該童：何時丟、丟什麼、如何丟物品到馬桶裡沖掉等的資料。

與家庭諮詢及合作

與該童的家庭聊聊，看其家庭是否注意到該童沉迷於水。如果家庭表明的確如此，進一步問，是否該童有時在家會丟東西到馬桶裡沖掉。一旦你確定這是家裡和學校共同的問題，要與其家庭會面，共同關心找出關於丟東西到馬桶裡沖掉的起因和解答。家庭和老師共同採取同一策略，將加強消滅這行為方案的實施。繼續與家庭溝通成功事例。另一方面，如果家庭表示，該童在家不會丟東西到馬桶裡沖掉，要讓家庭知道，你將在學校消滅這行為問題，並持續通知他們該童的進步。

考慮其中涵義

大部分小孩把物品丟到馬桶沖掉，是著迷於水或馬桶的操作，這些對幼童頗具吸引力。他們喜歡水流發出的聲音、運動、感受。有些認真的小孩，會將這種著迷擴展至試驗。就是說，科學探究包含發現什麼東西漂浮和下沉、什麼堵塞了馬桶，和什麼不見了或出現了等。

當小孩丟東西到馬桶並沖掉時，大人可能會有強烈的回應。他們會解釋和責罵，試著取出被丟下的物品或通馬桶，甚至叫水管工人來幫忙。這些只會增強這行為一再發生，而非停止。因為該童由丟物品到馬桶並沖掉得到快感，又可獲得相當的注意。

探討變通策略

可能有較簡單的解決方法來處理該童丟東西到馬桶裡沖掉，請考慮下列建議：

- 幼童需要及滿足於很多提供不同觸覺經驗的活動。如果班上沒有提供這種感覺刺激，那麼小孩會自己玩花樣。戲水是一種重要的感官活動，應經常提供給幼童。若你常不讓小朋友有時間戲水，則他們會自己玩花樣（像在廁所裡），以增加戲水活動。提供一個塑膠箱，可裝入清水、肥皂水、有顏色的水，再放入各種工具，例如：漏斗、塑膠瓶、水管、篩子、吸管等。如此，可發現你的課程滿足小朋友的感官需求，而丟東西到馬桶裡沖掉的行為就消失了*。
- 檢討你提供給小孩的課程。可能小孩無法找出足夠有趣的活動或事物，因此才出現丟玩具或其他物品到馬桶的花樣。要確定你提供的課程是適齡的，活動和器材應該具挑戰性而非挫折。若在教室有足夠刺激和趣味，那麼小孩會停止沖掉東西的行為。
- 老師對兩歲小孩丟東西到馬桶裡沖掉不需驚訝，這是很正常的。如果這一行為發生在小班，最好採預防方法。當小孩走到廁所時，應該跟著她。實際地阻止她丟東西到馬桶裡沖掉。不要對這件事焦急，只要確定：你是否提供許多變通的感官活動，包括戲水。該童這行為會自然消失。唯在那之前，需要你額外的注意和耐心。

如果這些建議無法解決這問題，那麼繼續下列方法。

敘述這目標

202 目標是停止該童丟玩具或其他東西到馬桶內，並且沖掉它。

* 一些認知障礙孩童可能是在尋找頻繁感官刺激的發展階段。此外，感官障礙孩童可能需要額外的感官刺激。要提供許多這樣的活動，包括戲水。

方　法

阻止該童丟東西到馬桶裡沖掉的基本策略，包括同時實施下列三個步驟：

- 防止這行為的發生。
- 提供變通活動。
- 這行為發生時減少注意它。

定　義

丟東西到馬桶裡沖掉（flushing objects down the toilet），包含該童丟東西（適量的衛生紙除外）到馬桶且沖掉它。

起點行為

必須知道這行為多久發生一次，記錄三天裡丟東西到馬桶裡沖掉的所有事件。每次發生時就記錄在紙上，每天放學前將該天總數登記在次數紀錄圖。三天來的紀錄可提供做為基準線，便於與以後的進步做比較。因為該童每次丟東西到馬桶裡沖掉的行為不一定都很明顯，所以要格外注意以獲得準確的估計。

策　略

蒐集基準線的資料後，開始下列方案。班上所有老師必須一致地照著執行：

一、盡可能防止該童丟東西到馬桶裡沖掉

你可在有利的位置來阻止這一行為發生，因為班上需特別注意的角落有限。老師工作時要兼觀察廁所的入口，應有一位老師站在廁所門邊或入口。若有必要，可重新安排教室布置，廁所附近排一個活動區；有這種行為的孩子走近廁所門時，指導這一活動區的老師應：

203 1. 立刻走向該童，在她進入廁所前攔住她。
2. 迅速用眼睛檢查，是否有顯見的或隱藏的東西，準備要被丟到馬桶裡沖掉。
3. 若該童沒有帶任何東西，微笑地讓她進廁所。
4. 若不確定她是否藏了要丟的東西，微笑地跟著她進廁所。一直等到她上完為止。若她要丟東西到馬桶，你很快的把東西拿走，並說：「不！你不可以丟東西到馬桶裡。」然後立刻走出廁所。
5. 若該童帶著玩具，你要把它拿起來，對該童說：「我幫你保管到你上完廁所。」這時，該童可能會改變上廁所的心意，當你確定她到其他地方去時，再把玩具還她。
6. 無論你採取何種做法，都不要太焦急。目標在盡可能消除對她的行為有太多注意力。

二、提供變通活動來滿足戲水的喜悅

若該童有這行為只因喜歡戲水，就經常提供些有變化的戲水活動。若天氣好，那麼水箱可放置在戶外。也可以在教室內進行，不過要鋪塑膠布或報紙，以免弄濕地面。若你發現該童拿著要丟的東西往廁所走，你要指導她改走向戲水區。建議她用手上的東西來玩，若不適合則提供另外的東西。

三、該童把東西丟到馬桶沖掉時，要減低對這行為的注意

你的防止方法，會消除很多這行為的事例。當這事件發生時，不要過度回應。你必須盡可能少說話、少回應。牢記下列重點：

1. 如果你看見有玩具被丟進馬桶，不要說話，把它掏出來清洗，不理會該童這行為。不要對這行為提供注意力。
2. 若該童跑來告訴你，說她把東西丟到馬桶沖掉，你要回答：「喔！真的嗎？」且繼續做你的事。過了一會見，當該童不在旁邊時，去看馬桶是否阻塞了。若阻塞了，把廁所關閉，停止使用；在修理好前，做變通的安排。要特別注意，防止這行為後續發生。
3. 若是其他小孩告訴你，有玩具被丟到馬桶裡，你要跟他說：「謝 204
謝！」盡可能不引人注意的去查看情形。另外，對沖掉玩具的該童減低你的反應。

四、繼續記錄這行為

這裡所建議的策略應同時實施，以消除這行為。防止措施會使這事件的發生率減至最低。變通活動可滿足享受玩水之樂的需求。忽略丟東西到馬桶裡沖掉的事件，應可減少給予這行為增強。

丟進馬桶的東西件數，和帶入廁所被查到的東西件數，都要分別計算，然後，將總數記在紀錄圖上。

維　持

當該童不再拿東西進入廁所時，可以停止對她的嚴密注意。繼續提供戲水的機會。把玩具丟到馬桶沖掉的孩子，有可能是年幼的學齡前孩童；隨著你完成這方案，會因她漸長大，這行為也逐漸消失。

在本書附錄裡，有幾個假設情節，供你應用本書各章建議的輔導原則。請在附錄裡找「輪到你」中的情節，特別是情節五及情節六與本書〈破壞行為〉篇有關。

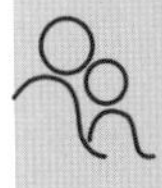

Chapter 25

浪費紙張

三歲的湯尼洗手後，抽出一張紙巾擦手。他用這張紙巾擦乾了一隻手，便把它丟入垃圾桶。然後，再抽出一張紙巾，只輕拍一隻手就丟棄了。湯尼重複這動作達七次。「湯尼！」老師大聲叫道：「你不需要用這麼多紙巾。」湯尼回答：「我的手還沒擦乾。」接著，很快地再抽了兩張紙巾。「這已經夠了。」老師說著，但是湯尼用力猛抽其他的紙巾。老師把湯尼從紙巾抽取器前拉開，然後長篇大論地解釋為什麼不能浪費紙巾。湯尼煩躁不安，他已經聽過這樣說教很多次了。 205

不久，湯尼便在畫架前拿起畫筆沾滿顏料，輕率地塗抹在畫板上的大張畫紙。「我完成了！」湯尼大叫著，「我可以再多要一些畫紙嗎？拜託啦！」老師取下了湯尼的作品，並換上另一張畫紙。湯尼再一次在這張紙上快速抹一下，然後大叫他完成了。就這樣，他在幾分鐘內用掉了五張紙。老師告訴他：「夠了！湯尼。」

湯尼走到一堆裁剪好的畫紙，拿起滿手的紙；在老師注意到之前，已在好幾張紙上沾滴顏料。「湯尼！如果你把畫紙用完了，就沒有人可以畫畫了。這樣不公平，對嗎？」湯尼辯稱，他想多畫一些畫。老師告訴他、

206

懇求他，最後哄騙他到積木角玩。老師知道，湯尼很快又會再浪費紙。他這樣做已經持續一段很長的時間。

敘述這行為

該童經常一再地故意浪費紙張。

觀察這行為

非正式觀察該童幾天，以便對他何時、何地、如何、為何浪費紙張有所了解：

該童在什麼時候浪費紙？

- 在美勞課
- 在自選活動時間
- 在上廁所時
- 在用餐時
- 在轉銜時間
- 隨時，只要能拿到紙張

如何浪費紙張？

- 該童把它沖到馬桶裡
- 該童把它丟到垃圾桶
- 該童撕破它
- 當該童在畫水彩畫或蠟筆畫時，只在紙上畫一條線或亂塗，就說這張紙用完了
- 該童故意潑灑液體，然後再使用大量的餐巾紙或紙巾清理

在浪費紙張之前，該童會有什麼動作出現？

- 該童參加美術活動
- 該童待在美勞角的附近，但不參加活動
- 該童上洗手間
- 該童洗手
- 該童戲水
- 該童吃午餐或點心

當浪費紙張後，該童會做什麼？

- 該童張揚說他用了很多紙
- 該童避開會注意他的成人
- 該童看是否有成人在注意他
- 當被要求少用點紙時，該童會生氣
- 該童不理會對他少用點紙的要求
- 當大人檢視時，該童會少用點紙

運用這些資料可幫你更了解這行為，這樣你便可以有效加以處理。

與家庭諮詢及合作

浪費紙張可能不是家庭關心的重要事物。對此，這也許是你（作為老師）只能在學校處理的行為。在一次例行的會議上，你可對其家庭提及：該童似乎故意使用過量的紙，你已成功地使他更加明白要適量用紙。

考慮其中涵義

通常，在幼稚園中紙的供應是充足的，以便小朋友能探索表現他們的創造力。紙可用來畫畫、素描、剪貼、摺疊等。為了養成自理能力，小孩可以方便取用衛生紙、紙巾、餐巾紙等。然而，對生態關懷的意識及紙的費用漸增，老師常會提醒小朋友節省用紙。小朋友會意識到：他抽兩、三張紙巾而非一張時，或塗鴉十張畫紙而非用兩、三張完成作品時，老師會特別注意他。老師會告訴該童不要浪費紙張，並會花時間去解釋、提醒、責罵。如果這行為經常發生，大人就會相當注意該童。努力於一再告訴該童不要浪費紙張，只會增強該童繼續這一行為。

探討變通策略

考慮下列建議，看是否有助於輕鬆解決這問題：

- 如果該童在美術角使用大量的紙，請謹慎假設他是否故意浪費紙。許多幼童都經歷過這一階段，在這階段他們會以量多取勝；因此，會盡力完成許多張圖畫。量產化的另一解釋，是兒童的圖畫發展階段。兒童藝術活動有不同階段的發展，由隨手塗鴉發展成各個不同形狀，最後發展成可辨識的物體。在這些階段，即使只用一張紙中的一小部分，該童也認為這幅畫完成了。這種圖畫與背景的關係，對小朋友來說是很重要的。圖畫可能只畫在這張紙的中央、旁邊或角落，你可以建議該童使用這張畫紙的其他部分。然而，如果該童認為這幅畫已完成了，就別堅持你的建議。
- 因為紙提供了感官經驗，因此該童可能處理大量的紙。如果你懷疑是這個原因，就提供該童多樣的感官活動，包括一箱撕碎的紙片供手指運動；設計紙黏土的作品，在動手做之中，讓小孩可以處理撕紙、浸濕紙、摺紙等。

如果上述這些建議都無法提供這個問題的解答，請繼續下列方法。

敘述這目標

目標是為停止該童故意浪費紙張。

方　法

為了消除浪費紙張的行為，基本策略包含同時實施下列四個步驟：

- 提供處理及使用紙類的活動。
- 採取防止措施，以避免這行為。
- 稱讚該童適當地使用紙。
- 如再發生浪費紙的情形，便要故意不理會這行為。

定　義

浪費紙張（wasting paper），指任何故意過量使用任一種紙，其中包括：該童有意把紙丟掉或妨礙他人使用紙。班上所有老師應該討論，並同意用了多少張紙才算是浪費。例如：用了超過兩張的紙巾來擦手，就可能視為浪費。

起點行為

正確地決定該童浪費紙張的頻率。利用三天時間蒐集基準線資料，根據你認為浪費紙的定義來計算浪費的次數。在蒐集這資料時，你要緊緊地看住該童。每次該童浪費紙，便記下浪費的張數。在每天放學時，就把該

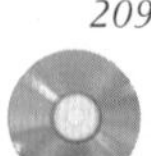

日浪費的紙張數全部加起來，並登記在張數紀錄圖。同時也記錄浪費紙事件的件數，且記錄在另一張次數紀錄圖。這些圖顯示浪費了多少紙張，及浪費了多少次。如果該童浪費了大量的紙張數，則第一張需以 5 或 10 為計算單位。

策　略

一旦蒐集了基準線資料後，你就可以開始下列步驟。重要的是班上所有的老師必須一致地遵守這些步驟：

一、提供一些處理及使用紙的活動

該童的行為，會因對紙感受的喜悅而被觸動。除了一般的美術活動外，提供不同方式使用紙的活動。給予紙及剪刀，供剪紙或撕紙；提供不同質料的紙，供小孩子感受、配對、比較等；準備各種不同重量、柔軟度、質料的紙，撕碎成片，分別裝箱，提供小孩手指運動。鼓勵該童參加這些活動；對他能參加給予肯定*。

二、任何時候，都盡可能防止浪費紙張

班上所有教師的警覺，有助於防止浪費紙張。教室裡放紙的地方有限，因此要注意這些地方是容易的。預防措施因該童在何地浪費紙及浪費何種紙而不同。

1. **洗手間的紙巾**。當該童洗好手時，引導他的手到紙巾抽取器。在該童抽了一張紙巾後，便站在紙巾抽取器前面，告訴他說：「很好！看你用紙巾擦手擦得多好呀！」並在該童之後離開洗手間。
2. **在洗手間的衛生紙**。當該童進入洗手間時，讓他從捲筒抽取適當的

* 認知或感官障礙的小孩可能需要及享受感官活動。對這些及其他兒童，提供許多這類感官經驗的機會，是很重要的。

衛生紙（你的定義會告訴你，多少才不叫太多）。把你的手放在捲筒上，防止更多的衛生紙被抽走。告訴該童：「好！這就是我們使用紙的適當數量。」如果該童想要沖掉過量的衛生紙，或沒有理由地拉出更多的衛生紙，便要阻止他，並說：「你不可以浪費紙。」引導他參加另一個進行中的活動，最好是有關用紙的活動。

3. **藝術活動**。如果該童參與一項藝術活動，除非你確定他正在故意浪費紙，否則不要介入。如果發生這情況，可限制他畫畫的張數。當該童第一次進入美勞角時，你就讓他知道你很高興他的參加；但要告訴他，他畫的張數要有所限制。可以使用積極的措辭：「你今天可以畫五張圖。這是你的第一張。當你準備再要時，你可以幫我計算你用了幾張。」如果該童用完五張後還要紙，便告訴他，他已經用完他的份了。幫忙該童再次數算他用過的張數；建議他，可以在那五張已經完成的圖畫上，再多上一點塗色。指出這些畫上，哪裡還有空間可塗色。
4. **潑灑液體**。如果你懷疑該童是想使用許多紙去擦乾他潑灑的液體，可提供他不同的清潔用具，例如：可以給該童海綿或拖把去擦乾。

三、稱讚適當用紙的行為

無論何時，當該童以合於你期待的方式用紙時，讚美他。例如，可以說：「我喜歡你將顏料塗在這張紙每個部分的方式。」（如果該童沒有塗滿整張紙，請勿批評。你的目標在防止浪費用紙，而非塑造他的藝術嗜好。）「謝謝你只用了一張紙巾來擦手。我們必須讓每個小朋友都有紙巾用。」「哇！你真的已經會撕適量的衛生紙來用了。」當該童投入你所提供跟紙有關的活動時，請給予他注意。剛開始，該童適當地用紙，就予以增強。稍後，當浪費紙的情形減少時，同時也減少增強。一旦該童不再浪費紙，你可以減少這些讚美。當他參加其他適當的活動時，請繼續給他注意，就如同你對待班上其他所有孩子一樣。

四、如再發生浪費紙的情形時，請故意不理會它

防止的步驟，應可減少浪費紙的事件。然而，如果該童仍然浪費紙，便盡可能地故意不理會這行為。做法如下：

1. 走近該童，拿走他手中的畫筆或其他材料。
2. 對他說：「不！你不可以浪費紙。」不要多作解釋或長篇大論。
211 3. 將該童帶離這個區域。
4. 掉頭走開，不再注意他這行為，然後自己加入其他的小孩或活動。
5. 兩分鐘之後，走近該童，對他積極參與的活動或互動給予增強。如果該童仍未參與任何活動，幫他找一個。

五、繼續記錄這行為

繼續計算及圖示浪費紙的張數，和浪費紙事件的件數。因為你的預防措施，浪費紙的張數數量應該會快速地減少。如果該童顯示出浪費紙的徵兆（例如：伸手去拿更多的紙巾或圖畫紙），但被阻止而未做時，這也要計入浪費紙的事件數。浪費紙的張數，將顯示你的預防措施是否有效；浪費紙事件的件數紀錄，將顯示減少這行為的整個方案是否有效。

維　持

對適當的活動，持續做間歇的稱讚。同時，課程中也提供一些與紙有關的感官活動。如果該童偶爾浪費紙，盡可能不給予增強；就如同你在減少這行為時所做的一樣。

在本書附錄裡，有幾個假設情節，供你應用本書各章建議的輔導原則。請在附錄裡找「輪到你」中的情節，特別是情節五及情節六與本書〈破壞行為〉篇有關。

Chapter 26

破壞他人的作品

亞玲小心地將遊戲卡排在桌上。五歲的彭梅拉走近，舉手大力一掃，把卡片掃落一地。亞玲大叫；一位老師走過來處理，叫說：「噢！不可以，彭梅拉，妳為什麼要這麼做？亞玲那麼專注地排卡片，結果卻被你破壞了！現在馬上撿起這些卡片！」彭梅拉站在那兒，一動也不動。「彭梅拉，我要你把弄掉的卡片撿起來。」彭梅拉還是不動，過一會兒，才彎下身撿起一張卡片。老師說：「這樣做就對了。」並轉身安慰亞玲；彭梅拉看了看，就走開了。 212

過了一會兒，彭梅拉走到藝術角，查德正為他的畫畫上最後一筆。老師看著查德的作品對他說：「你畫得真美！查德，我真的很喜歡你畫的花和樹。」彭梅拉到架上拿了一張紙和蠟筆，坐在查德的旁邊。彭梅拉開始畫畫，但忽然伸手用蠟筆在查德的圖畫中間亂塗了幾條線。查德大叫並毆打彭梅拉。老師趕忙跑過去告訴查德不可以打人，並叫彭梅拉不要哭。

那天稍後，彭梅拉踢倒了一些積木，撕了兩張畫，還把架子上蘇西排好的所有鞋子扯下。老師們都覺得驚慌，因為彭梅拉愈來愈常破壞其他小孩的作品，卻無法制止她這種行為。

213

敘述這行為

該童故意破壞其他小孩的作品。

觀察這行為

花幾天時間觀察該童的行為，以便進一步了解，何時及何種情況下會發生這行為：

在什麼時候，該童破壞其他小孩的作品？

- 不能預測，隨時都會
- 在自選活動的時候
- 在安排的活動時間
- 在收拾時間
- 在轉銜時間
- 在小孩準備回家時

在破壞他人東西之前，該童正在做什麼？

- 該童在作品被破壞的小孩身旁工作
- 該童在教室的其他角落工作
- 該童沒有參與任何活動
- 與特定的一個或一些小孩玩
- 該童工作遇到困難無法完成
- 該童表示不喜歡進行中的活動
- 該童遭被她破壞作品的小孩拒絕了

該童破壞他人的作品時，她做些什麼？

- 該童四處張望，看有沒有大人在看
- 等他人目光轉移時，才破壞作品
- 該童若無其事地走開
- 該童會焦慮
- 該童被老師撞見時，才承認破壞他人作品
- 該童否認破壞他人的東西
- 該童為自己所做的道歉
- 該童被老師要求時會道歉
- 該童嘗試改過

通常誰是這行為的受害者？

- 任何人
- 朋友
- 男生
- 女生 214
- 年紀或體型較小的孩子
- 年紀或體型較大的孩子
- 和該童有衝突的人
- 該童表示過不喜歡的人

該童如何破壞？

- 該童推倒積木建築
- 該童推倒各種材料建構的東西
- 該童撕毀或丟棄美勞作品
- 該童弄皺美勞作品，或噴濺水弄濕它

- 該童用顏料、蠟筆，或其他東西亂畫
- 該童將家事角桌上的道具推倒
- 該童脫掉娃娃的衣服
- 該童把別人整理的東西弄亂
- 該童把拼圖盤的拼圖片倒光
- 該童壓壞黏土作品

運用上述這些平常觀察到的線索，來幫助你解決這問題。

與家庭諮詢及合作

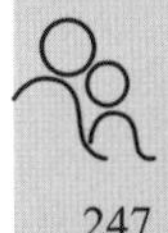

毀壞其他小孩正在做的作品的行動，需要盡快予以停止。一旦你有機會仔細地觀察該童何時、對誰、如何毀壞其他人的作品後，與其家庭會面，徵求他們的幫助，改變這行為。與家庭討論，他們認為為什麼該童在班上破壞他人的作品，請求他們建議如何減少這行為。一旦你開始改變這破壞性行動，持續通知家庭成功的事例。

考慮其中涵義

學前教育方案的目的在培養創造力。在幼稚園教室裡，孩子們有機會以獨特的方式表現自我。學前教育的設計，在以各種方式吸引每一個小孩
215 的喜歡，不在於使用方法的對或錯。除了鼓勵創造之外，幼稚園的教材也應該讓孩子表現獨立，培養良好的自我觀念。幼童都會以自己的作品為榮，因此當別的小孩弄壞了自己的作品時，會感到不愉快。該童會故意去破壞別人作品，可能出於生氣、不喜歡、受挫、惡作劇等。不管原因如何，這樣的破壞令人無法容忍。

老師們都極力阻止這行為，他們會說理訓話，表現出生氣、失望或堅

持要該童道歉。老師也會特別著急，因為作品被破壞的小孩，也會有許多不同的回應動作。當該童弄壞別人的東西，她可能因她的破壞行為得到雙重增強。一方面，她傷害別人，受害人可能會尖叫回應，而引起他人的注意；另一方面，老師也會強烈回應，花時間讓該童知道她做錯了。因此，一再破壞他人作品的該童，反而因這行為得到許多的注意；這些注意本來是想阻止這行為，卻反而在增強這行為。

探討變通策略

考慮下列建議，也許可提供解決問題的簡單方法：

- 檢查教室，以確定器材是否足夠班上小孩使用。小孩可能因為器材不夠，無法參加活動，而對別人做破壞性反應。在這樣的狀況下，應該提供多一點的器材，讓每一個孩子都有機會參與。
- 過多的毀壞事件，可能因為教室空間安排失當而引起。如果積木經常被撞倒，檢查看看積木區是否有適當的區隔，也可能是積木區位在教室的主要交通道上。畫作被弄壞，可能是因為小孩彼此的畫架擺得太靠近了，因此，一不注意就碰到了別人的畫作。檢查發生問題的地方，考慮看看，是否不一樣的空間安排可以解決問題。
- 檢查存放小孩完成作品的空間是否適當。仍然濕濕的畫作及未乾的膠合物品，需要一個適當隔離的地方乾燥。每一位孩子應該有一個特別的地方，存放尚未帶回家的作品。作品存放區不宜太擁擠或雜亂；否則，顯示對小孩的作品不珍惜，就易於被破壞。從你如何處理及存放兒童的作品，兒童可了解你是否重視這些作品。 216
- 如果該童只是破壞某一個特定小孩的作品，應考慮把他們兩個分開。否則，受害者可能遭受其他的破壞。如果可能，把其中一個孩子安置到另一班。如果無法這樣做，在發生破壞行為期間，盡量讓這兩位小孩分開。

如果上面的建議對該童破壞別人作品的問題毫無助益，那麼就進行下列方法。

敘述這目標

目標是讓該童不要去破壞別的小孩的作品。

方　法

消除這行為的基本策略包含同時進行下列四個步驟：

- 鼓勵該童從事創作活動，對她的努力給予增強。
- 增強適當的社會行為。
- 不論何時，盡可能防止破壞行為的發生。
- 如果該童仍弄壞別人的作品，則採「自我控制時間」法。

定　義

破壞他人的作品（destroying the work of others），指任何故意去弄壞他人作品的舉動，包括：撕破、割壞、弄髒、亂畫、打翻、弄亂或任何干擾他人作品的行為。

起點行為

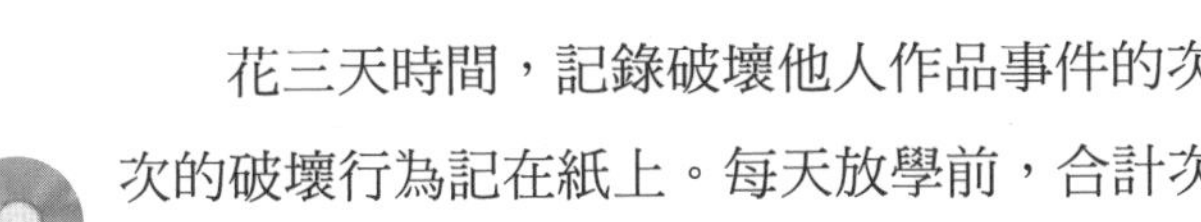

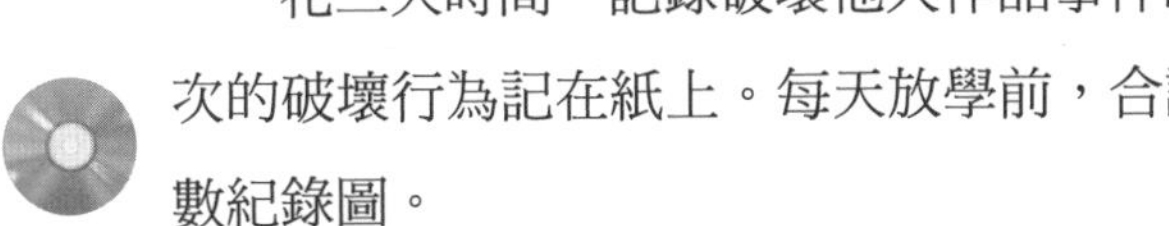

花三天時間，記錄破壞他人作品事件的次數，作為比較的基準。把每次的破壞行為記在紙上。每天放學前，合計次數，並將該日總數登記在次數紀錄圖。

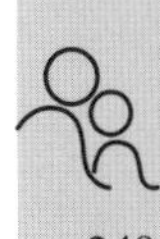

策　略

有了記錄破壞他人作品事件的三天基準線，就可以開始實施下列方法。必須班上所有的老師都一致遵循：

一、鼓勵和增強該童的創作活動

要讓該童認可和尊重別人作品的價值；首先，要讓她覺察，這與自己的作品也有關。提供多樣的創作活動，鼓勵該童積極參加。當該童參加這些活動，要留意她，評論她的工作方式，顯示你對她努力創作的興趣和欣賞。你可評論她對顏色的使用、造形、設計，或對過程和投入在這工作的量。這種非批判的評論不是判斷，而是肯定該童的努力，這比善意的稱讚更有效。例如，一句「這是一張了不起的畫」，可能抑止該童的創造力，因為它強加價值評斷；或變得毫無意義，如果一再地對每個孩子重複說。

剛開始時，盡可能經常注意該童。之後，當破壞行為漸減，甚至停止時，增強的次數也漸遞減；直到你稱讚她與稱讚其他孩子的標準一樣為止。

記得，作品並不僅限於美術活動，可適用於更廣的範圍。創造力可以玩積木、其他建造的材料、家事區、玩沙、戲水、音樂、舞蹈、語言等活動方式表現。

二、增強適當的社會行為

不僅要對該童表示你對她的破壞行為不悅；你也應該讓該童知道，哪些行為是值得稱讚的。當該童表現適當的社會行為，便增強她。當該童表現開心地和別人一起玩、分享、工作等正面社會互動時，告訴她，你和其他小孩會很高興。這樣做，你可以讓該童知道你要她做什麼，而不僅是告訴她不要做什麼*。

* 出於憤怒而破壞他人作品的情緒／行為障礙小孩，會從對其適當行為增強而獲益。

三、無論如何，要盡你所能去防止破壞行為的發生

從非正式的觀察，你應對該童何時會有破壞舉動有所了解。盡可能運用這些線索，防止破壞行為的發生。例如：當你發現該童使用畫架時會在別人的圖畫上亂畫，你可以把各個畫架轉不同的角度，然後小心注意防止她的破壞行為。或者，如果你發現該童會扯破別人已完成的圖畫，可找一個較不容易接近的區域存放*。

運用所有你注意到的線索，來預測及防止這破壞行為。尤其要注意該童在活動時曾出現過的破壞行為。如果有線索顯示該童可能破壞另一小孩的作品，你必須居中阻止她和這作品接近。試著引導她參加別的活動。

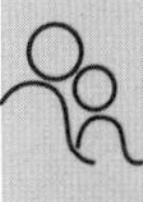

四、如果該童仍破壞其他孩童的作品，可採「自我控制時間」法

若該童仍破壞其他孩童的作品，可採下列措施：

1. 事先安排其他老師來安撫作品被弄壞的小孩，應盡量的修補或幫該童恢復被弄壞的地方。
2. 冷靜地帶破壞別人作品的該童到「自我控制」區，肯定且沉著地告訴她：「我不允許妳破壞別人的作品，你必須坐在這裡，直到你可以再加入友伴為止。」
3. 離開該童，在「自我控制」時間內不要注視她或和她說話。口頭或視覺接觸會強化該童這行為。
4. 如果有別的小孩靠近「自我控制」區，悄悄地把他帶開，並說：「彭梅拉需要單獨在那裡幾分鐘。當她回來時，你才可以跟她說話。」
5. 當該童認為她準備好如此做，讓她再加入班級活動。不要訓話。她知道被隔開的原因。引導該童有建設性的行為，你可建議她加入持

---

* 產前曾暴露於藥物或酒精的孩子，破壞他人作品也許是衝動的反應。預防是最佳的策略。

續中的活動。增強該童盡快參與適當的活動是非常重要的。

6. 如果該童未準備好之前重新加入班級活動，再次出現破壞他人作品的行為，就對她說：「我想你還沒準備好加入我們」，帶她回到「自我控制」區。再次讓她自己確定她何時準備好再加入班級活動。

五、繼續記錄這行為

在次數紀錄圖上，繼續登錄統計該童破壞別人作品的次數。這個圖可幫助你知道，當該童從事創造活動及參與積極的社會互動後，其行為有了進步，便可以逐漸減少對這行為的增強。

維　持

當該童不再弄壞別人的作品時，你已達成目標。仍要不時的對該童的創作努力予以增強；鼓勵她和其他孩子做積極的社會互動。如果該童仍不時的破壞別人的作品，可採「自我控制時間」法。

在本書附錄裡，有幾個假設情節，供你應用本書各章建議的輔導原則。請在附錄裡找「輪到你」中的情節，特別是情節五及情節六與本書〈破壞行為〉篇有關。

情緒及依賴行為

Chapter 27

愛　哭

223 「老師！」四歲的史蒂文叫著。柯老師轉向史蒂文，但卻分心於兩個小孩將積木塔推倒。不一會兒，史蒂文淚眼汪汪哭了。柯老師扶正積木塔後，走向史蒂文；她輕擁他，問他為何哭。他還是哭著，在說盡好話後他才停下，說：「我要些紙。」柯老師說：「沒問題！」安慰史蒂文，並為他換了畫架上的紙。史蒂文還是哭了幾分鐘，沒畫畫；這期間，柯老師不斷地安撫勸說。

一早來沒多久，史蒂文就哭了好幾次。例如：說故事時間他不能坐在倫達旁邊；吉米說他是愛哭鬼時；當鞦韆都被占滿了他不能玩時；當積木不夠蓋房子時；他右鄰把點心傳錯邊，使他沒拿到等。他上學四個月以來，老師不知替他擦了多少眼淚。

敘述這行為

該童經常只為一點小事或無緣無故就哭了。

觀察這行為

花一些時間觀察該童，以便進一步了解該童的哭泣行為：

該童何時會哭？

- 無法預測，一天中的任何時間
- 早上一到校後
- 放學前
- 要午休時
- 午餐時
- 上課或老師指導做活動時
- 自選活動時
- 戶外活動時
- 打掃時
- 活動快結束時
- 轉銜時間
- 上廁所時間

該童要哭前發生什麼事？

- 該童想要別的孩子的東西
- 別的孩子拿走他的東西
- 別人不讓他加入遊戲
- 該童跟其他小孩有口語或肢體的衝突
- 老師不回答該童的問題
- 老師回答該童「不」時
- 該童的父母親剛離開時
- 該童無法完成活動

- 該童未被允許參加活動
- 該童不想參加活動
- 該童抱怨受傷或其他疼痛
- 該童跌倒或絆倒受傷
- 該童沒有明顯的原因

該童哭的時候會做些什麼？

- 問題解決後，該童就不哭（如拿到想要的東西）
- 該童拿到東西後還是哭
- 經老師安慰他，該童就不哭
- 老師抱他安撫一下就不哭
- 該童抗拒大人的輕擁或安撫
- 225 該童說出為什麼哭的原因（例如「我要我媽媽！」）
- 該童沒說什麼，只是啜泣
- 當老師跟他談道理時，該童有反應
- 該童不聽理由
- 當有人要跟他說理時，該童哭得更厲害

用以上觀察，幫你找出最好的方法，協助該童消除不必要的哭泣。

與家庭諮詢及合作

在仔細地觀察該童這行為後，要安排與家庭討論該童的頻繁哭泣。從家庭處了解，是否該童最近生活上有一些變化導致憂慮或恐懼。也詢問家庭，是否該童面對挫折和問題，總是以哭泣反應，尋求成人幫助。探索這行為的可能原因。與家庭討論，是否他們曾嘗試減少這行為，這些方式是否成功。如果哭泣似乎主要發生在學校而不在家裡，與家庭討論可能是什麼導致這行為。告訴家庭，你將繼續設法找出原因。一旦你開始減少過度哭泣的方案，持續與家庭聯絡，告訴他們該童行為改進的情形。

考慮其中涵義

哭是幼兒早期的一種溝通方式。過了嬰兒期，他學會更多的控制及用其他方式來傳達他的需求。語言是幼童學會取代哭的最重要溝通方式；然而，哭對大多數的小孩而言，仍然是一種溝通方式。幼童常以哭表示受傷、憤怒、害怕、挫折、悲痛、其他情緒等。

然而，有時小孩會過度使用哭。當該童以較適當的方式引人注意，卻碰到挫折，這時就會形成濫用哭。該童發現哭能得到家庭成員和他人的注意，在這情況下，容易出現此一模式：小孩想要得到注意，並試著和人說話以引起注意，卻被忽略了，然後哭卻得到注意，如此便會增強他的哭。這些情況若常發生，哭就會成為主要的溝通方式。

學前教育階段孩子常會哭。有些小孩哭得有理由；另有些小孩卻認為 226
哭是獲得注意的有效策略。重要的是要區分這兩種不同原因的哭。如孩子的哭是因驚嚇、孤獨、受傷或其他不如意，去解決問題或幫他解決是很重要的。如是另一原因——該童以哭引人注意，不同的處理方式是必要的。若老師持續增強注意，哭泣的行為就會持續。

探討變通策略

哭不總是為了獲得注意，必須要澄清哭的理由才能對症下藥。當一個不常哭的小孩哭了，可能就有哭的理由。即使一個常哭的小孩，也不能假定他哭的動機只是為了引人注意。請考慮下列情形：

- 有的孩子初入學是痛苦的經驗，剛入學時要哭好幾次。必須幫助該童克服壓力，讓他覺得上學是愉快的，並獲得更多好的經驗。該童初進學校，至少要有一家庭成員陪該童，直到他認識適應新環境和老師。剛入學的孩子也需要再保證他不是被拋棄，放學後就可回家。如此安撫，要重複多次*。

- 小孩初入學會哭，是因為有壓力。不要不理會這種哭。跟他聊天、輕抱他、靠近他，讓他覺得放鬆和舒服。讓該童知道，他上學不是被拋棄。這時你要以靠緊、依附，來替代他雙親不在的失落，幫他克服焦慮。這種依附在短期間內有其需要，當該童覺得學校是舒適的就不要再用。在很多例子中，當孩子能愉快參與學校活動，與同儕互動增加時，就不需要黏住老師。
- 若小孩常哭是新近的行為，細查他生活中有何改變而導致如此。新生弟妹、家人死亡、離婚或其他壓力源都會造成不安。這些易使該童情緒困擾，而造成經常哭。與家長交談，如何一起來協助該童解決困擾。在這樣的例子中，該童需要你的支持和注意。
- 有些小孩有過多的意外事件導致他哭。可能是小孩故意以「意外事件」來引人注意，小心觀察該童，以便區分真的意外和故意的意外。也要留心該童，是否因動作或知覺問題，導致意外特別多**。
- 如果小孩常哭是因社交情況受傷害，應增進他的社交被接受度先於減少哭。如果該童是因攻擊行為而不被接受，參考第三十八章或本書有關攻擊的篇章。當你消除他這些哭的理由後，哭泣的行為就會減少***。
- 口頭溝通有困難的小孩，可能以哭泣當變通方法，讓他人知道他需要什麼****。

---

* 情緒／行為障礙小孩可能過於害羞，而無法適應新情境。在這種情況下，老師溫和及支持性的反應，顯得特別重要。

** 要敏於有動作或感官障礙傾向的小孩，常會發生意外事件。

*** 情緒／行為障礙小孩的不當行為，可能混合這障礙。幫助這小孩學會社會上可接受的變通行為，是重要的。

**** 也許語言障礙小孩發現，以哭泣得到的注意，比努力溝通更有效。老師盡可能注意了解該童要傳達什麼，是重要的。

若該童常哭的原由不屬於上述任一情況，則可結論：哭是他用以引人注意的方法，可繼續下列策略。

敘述這目標

目標要減少該童哭。哭有各個不同情境及理由，並不只是為了得到注意。

方法

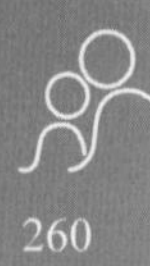

減少想引人注意的哭泣，請用下列步驟：

- 當他哭時，故意不理會他的哭。
- 當該童不哭時，給他注意和增強。

定　義

228

愛哭（crying）是該童流淚、啜泣等行為。本章所指的是過度使用這行為，以取得大人注意，不是因痛苦、憤怒、挫折、悲傷或其他情緒而哭泣。

起點行為

花三天時間蒐集基準線資料，每次該童哭時在紙上劃記。每天放學時，將該天總次數登記在次數紀錄圖上，這將提供你測量進步情形的資料。

策　略

當你有了基準線資料，就可著手開始本方案。為求有效，班上所有老師必須一致執行下述方法：

一、故意不理會哭泣

當你認定該童用哭來引人注意，不給予注意應可改變這行為。哭會持續，乃因大人給予注意而獲得增強。如果把注意完全剔除，則這行為模式會逆轉。當該童哭時，可用下列方法：

1. 迅速一瞥，確定該童是否受傷。如無法確定他為何哭，靠近看該童，問他有什麼困難。
2. 如果你認為確有原因而哭，處理這問題，並安撫該童。你應該要能分辨該童是否經常慣於用哭吸引人。
3. 若你認定該童以哭吸引人注意，告訴他：「你用哭的，我無法了解你。」若他繼續哭，轉身離開。不要正眼看他這行為，不讓他從你的臉上特徵或姿勢得到你的注意。他哭多久，就不理他多久。
4. 哭會擾亂班級秩序。若在非正式課程或自選活動時，他哭就離開他。別的孩子關心或提醒你該童在哭，就說你已知道了，他沒有受傷。如是在說故事、音樂或其他團體活動時哭，你可以把該童帶離教室。
229 如因他分散了其他人對活動的注意力，就把他帶離教室，到一預先安排的處所。確定他並未得到注意。當帶該童離開教室時，說：「你一哭，大家就沒法聽故事。我要將你帶離教室。當你不哭，才可回教室來。」
5. 剛開始幾次，不理會該童哭，他可能會哭得更久、更大聲。這是他仍期待能以哭得到注意。要堅持地不要理會他的哭。剛開始幾次，對他的哭完全故意不理會，該童會很快地減少這行為。重要的是，必須要全然故意不理會他的哭。否則，如有一點注意，會增強他的信念（哭可以有效獲取注意）。
6. 要聽他，但不要看他，留意該童何時停止哭泣。只要該童停止哭泣，馬上走向他。這時，要全神地注意他，並說：「好！現在我們看看你可以做什麼活動。我會跟你一起坐一會兒。」指導該童面對活動，花點時間和他在一起。

7. 該童停止哭泣後，當你一靠近他，他可能又開始再哭。告訴他：「你一哭，我就無法跟你說話。」若他停止哭，要他參加活動。若他仍再哭，就走開，故意不理會他的哭，除非他停止哭（在你每天的紀錄，這樣記為事件一次）。

二、該童不哭時，要增強他

讓該童知道，只要一哭就不注意他。也要讓他知道，你所期待和重視的行為是什麼。只要他參加期許的學校例行工作，就要常給予關注。告訴他：當他能參與活動、參加建造遊戲、聽從指示、協助打掃、與友伴互動等，你是多麼的高興。給予稱讚、注意、抱抱或其他適當的增強物。將兩個策略（增強不哭的行為及故意不理會他的哭）同時並用，很快就能改變該童這行為。

三、繼續記錄這行為

計算該童每天哭泣的發生量，再將每日總數登記在行為紀錄圖。記住，方案開始頭幾天，該童哭的次數會增多；他會試著哭得更厲害，以引人注意。一旦該童了解除了哭以外，可用其他方法引起注意，哭的次數會快速減少。

維　持

230

當不需要的哭一旦停止，間歇地增強期望的行為。你的目標在讓該童知道，他應持續表現可接納的行為，你會增強他這些行為。若再發生以哭引人注意，仍採故意不理會他這行為的策略。故意不理會這行為將可再降低這行為。

在本書附錄裡，有幾個假設情節，供你應用本書各章建議的輔導原則。請在附錄裡找「輪到你」中的情節，特別是情節七及情節八與本書〈情緒及依賴行為〉篇有關。

Chapter 28

發脾氣

「卡洛琳，趕快起來！這樣會讓別人取笑的。請馬上起來！」三歲的卡洛琳繼續躺在地上拳打腳踢、哭鬧著。莎莉老師試著要將卡洛琳從地上抱起，直到她的小腿被踢到之後才成功。卡洛琳僵硬身體拒絕被制止，她一直尖叫、拳打腳踢。後來莎莉老師沒抓牢，鬆了手，讓卡洛琳跑開了。卡洛琳跑了幾呎遠，然後又躺在地上發脾氣。

這時，有幾位兒童和大人在一旁看，另一位老師嚴厲地說：「卡洛琳，馬上起來，別胡鬧啦！」卡洛琳仍繼續哭鬧。最後，經那兩位老師努力好幾分鐘後，卡洛琳漸漸不哭了。終於，她坐直身子被撫慰。

老師們嘆息鬆了一口氣，知道這寧靜只是暫時的。無疑地，卡洛琳很快會再發脾氣。

敘述這行為

該童常在得不到她想要的東西時，就發脾氣。

觀察這行為

花些時間觀察，該童發脾氣的原因及發過脾氣後有何反應：

該童在什麼時候最常發脾氣？

- 無法預測，一天中任何時間都有可能
- 在上課中，要該童依照特定指導做時
- 自選活動時
- 在戶外時
- 在打掃時
- 在轉銜時間
- 在放學回家時
- 一早，到校不久
- 午休時間
- 用餐時間

該童對誰發脾氣？

- 針對某一位老師
- 任何成人
- 該童的父母
- 某些小孩

在該童發脾氣之前，發生了什麼事？

- 該童未能獲得她所要求的
- 被另一個小孩打了
- 有東西從她那裡被拿走了

- 該童想要別人正在玩的玩具
- 另一個或一些孩子不讓該童一起玩
- 其他孩子或老師告訴該童：「不可以」
- 該童不想參加活動
- 在活動結束時，該童不願結束這活動

該童發脾氣時會做什麼？

- 該童四處環顧，看是否有成人在看
- 當有成人在附近時，該童加大吵鬧和動作
- 當成人試著和她說話時，該童脾氣愈來愈大
- 當成人試著和她說話時，該童脾氣減緩了
- 該童對其他孩子在場或評論有所反應
- 如果大人抓該童起來，她會停止發脾氣
- 如果大人抓該童起來，她發更大脾氣
- 當該童發脾氣時，常會傷害自己
- 該童會想傷害他人，譬如：踢人、咬人

你從上述非正式觀察中對此行為有所了解，這能幫你擬訂方法減少發脾氣的行為。

與家庭諮詢及合作

發脾氣，發生在學前幼兒並不奇怪；如果發生在學校，也可能在家裡發生。如果該童發脾氣的次數異常的多，一旦你有機會充分觀察這行為後，要與其家庭討論這件事。與家庭分享為什麼、何時、何事激起勃然大怒等觀察。與家庭腦力激盪，產生減少發脾氣及其強度的點子。一旦你開始減少發脾氣的策略，要持續通知其家庭進步的情形。

考慮其中涵義

發脾氣的該童已發現，這樣的行為是引人注目的有效方法。有些小孩從嬰兒期開始，對周遭環境易有激動和強烈反應的傾向。這樣的嬰兒在學前階段時，將會比沉著安靜的嬰兒更有可能發脾氣；在剛學走路及學前階段爭取自主時，強烈反抗的傾向特別顯著。當該童想運用她新發現的自由時，會和成人要控制她的作法相衝突。

這時幼兒尚不成熟，也不知道應如何表達她所不喜歡的事物。她可能決定以較戲劇化的方式表達自己的感受。她可能以躺在地上、拳打腳踢、扭曲臉形、大叫、哭鬧等方式呈現。這樣的確可引人注目。

成人常試著制止這行為，但也發現說服和勸誘該童停止發脾氣都無效。在第一現場，成人可能對該童的要求有所讓步。該童在這過程中也得到相當大的注意。

234 一旦該童發覺發脾氣是有效的方法，她會更常一再重複該行為。成人可能繼續試著說服該童；也可能失去耐性，以生氣、體罰來處理。這兩種成人回應的結果，反而增加了對該童的注意力。剛上幼稚園的孩子，會時常依其經驗在學校耍脾氣，以達到所欲目的。教師應注意到這個傾向，必須小心不要給予這方面的注意而增強這行為。

探討變通策略

常會發脾氣的該童，需要特別的輔導去克服它。下列建議，可能有助於你了解和防止不必要的發脾氣：

- 學齡前兒童逐漸發展自立，需要有機會練習自主。該童若有機會做自己要做的事，她會較少發脾氣。教室和課程的設計，應盡可能鼓勵孩子獨立。例如：教室布置，應讓孩子容易自己去取得材料、掛外套、上洗手間、洗手台。課程應提供選擇，讓孩子學習自己做決定，這就是表達獨立的一種方式。

- 愈小的幼兒愈可能發脾氣。因為他們不會以某些可被接受的方式表達願望，他們常以肢體來表達，如：發脾氣。當你處理幼童發脾氣時，要知道並切記，兩歲孩子的社會、情感、語言的能力和極限。當孩子發脾氣時，最好有意忽略之；而增強其他的好行為。針對兩歲幼童，主要的關切點在於不要讓她的發脾氣成了習慣。你應在她一開始發脾氣，就有意忽略之，以阻止這行為*。

若該童發脾氣的原由不屬於上述任一情況，則可結論：發脾氣是她用以引人注意的策略，可繼續下列策略。

敘述這目標

目標要讓該童停止發脾氣，並學習以適當方式表達願望。

方　法

為消弱發脾氣行為，可同時採行下列三個基本策略：

- 當孩子發脾氣時，故意不理會這行為。
- 時常增強適當的行為。
- 幫助該童，以可接受的方式處理情緒回應。

* 認知障礙小孩在幼年階段，可能會採取與學步階段相似的發脾氣。語言障礙小孩可能會發現，發脾氣是溝通的另一種有效方式。故意不理會發脾氣但允許該童行使她增長的自主權，將是有用的。

定　義

發脾氣（throwing tantrums）是諸行為的集合，包括躺在地上、拳打腳踢、哭叫、其他戲劇性的動作，表示對不愉快事件的回應。

起點行為

利用三天的時間，蒐集基準線資料，並以此做為評估進步的依據。在表上記下該童發脾氣的次數，並記錄每一次持續的時間。剛開始時，該童不會減少發脾氣次數，但會減少每次持續的時間。拿一個有秒針的鐘或錶，當該童發脾氣時，記下次數並寫下持續多久。每天放學時，將當天總共發生的發脾氣次數，登記在次數紀錄圖；然後，將當天所有發脾氣的平均持續時間，記錄在持續時間紀錄圖。計算每天平均持續時間，以每天總發生次數的總持續時間為分子，每天總發生次數為分母，求得商數。

$$\frac{\text{每天總發生次數的持續時間總和}}{\text{每天總發生次數}} = \text{每天持續時間}$$

策　略

完成發脾氣的次數與持續時間三天的基準線後，繼續執行下列方法，班上所有教師必須一致執行這些步驟：

一、該童發脾氣時，故意不理會這行為

當該童發脾氣時，完全故意不理會這行為。在過去，該童因不當的行為很受注意，該童希望這種注意力能持續。當你開始故意不理會這行為時，該童發脾氣的持續時間、強度、次數可能會增加。一旦該童知道不管她發

脾氣多強、多久、多少次，她都不會因此受到注意時，她會很快減少並停止這行為。當該童發脾氣時，可採下列措施：

1. 不要給任何增強，故意不理會所有與發脾氣有關的行為。不要接近該童、和她說話、勸服她，甚至看她，要裝作她不在場似的。也不要讓你的臉部表情或身體姿態傳達出你在關心她這行為。小孩即使在發脾氣時，也會尋找你表現關心、失望，或生氣的線索。你的感受及動作，必須和該童這行為是分離的。
2. 可能的話，讓該童留在原處。在該童發脾氣時，繼續班上的例行活動。若該童發脾氣是破壞性的，以致無法繼續上課活動，你有兩個選擇。一是將該童移到教室外面，讓她繼續發脾氣；另一是改變課表計畫。若你選擇前者，要確定該童的所在地，是大人不會給她任何注意力，就可看到她的地點。無論孩子在哪兒，執行故意不理會策略是很重要的。若你決定改變課表，要確定你如此做，不會過度地造成破壞。譬如，假如你原計畫在說故事後的下一節是戶外活動，只要調換次序就好。當班上其他孩子到戶外活動時，該童可能繼續在原地發脾氣。
3. 若另一個孩子要求你注意該童在發脾氣，告訴他你知道了，而且你要她自己停止發脾氣。傳達你這用意：在該童一停止發脾氣之後，你就會注意她，但在這之前故意不理會她。
4. 將你的聽覺調到和該童的表現一致。若你聽到她已停止發脾氣，就走到她身邊。若她需要幾分鐘緩和情緒，你可以坐在她旁邊，但不要談發脾氣的事。當她準備好時，幫她選擇參加活動。若該童是在室外，告訴她可以進來了。
5. 若該童在你走近她時又發脾氣，你就離開。有意忽略這行為，直到她停止發脾氣為止。當該童正在發脾氣時，故意不理會她這行為。

二、時常增強適當的行為

在你故意不理會她發脾氣的同時，要讓該童知道什麼行為是你所重視
237 的。要敏於發現該童的適當行為，經常予以增強。例如：發現該童參加活動、和其他兒童互動、幫忙清掃工作或其他如所期望的方式的參與等。運用你非正式觀察的線索，發現什麼會引發該童發脾氣。當你看到該童以可接受的方式處理潛在問題情境時，要不吝嗇給予稱讚和關注。

三、幫助該童，尋找可接受的變通方式處理情緒回應

該童可能常對令她感到憤怒、受挫或某些不愉快的情緒發脾氣；她必須學會運用更多可接受的方式回應這些情緒。留意該童會以發脾氣回應的情緒有哪些，當你看到可能會引發該童發脾氣的情境，請採下列措施*：

1. 很快地到該童身邊，立即採取需要的措施（例如：防止攻擊的動作，或防止她的玩具被別人搶）。
2. 蹲下來與她同高，用你的手抱住她。在言辭上表示了解她在當時的情境所引起的情緒，例如：「我知道，當妳無法獲得妳想要的玩具時，妳會很生氣。」「當泰利和阿諾告訴妳，他們不想和妳玩時，妳覺得心靈受傷害了！」「真糟糕！妳想繼續做木雕，但收拾時間卻到了，這確實會令妳很懊惱。」
3. 鼓勵該童表達她自己的感受，不論和你相符與否，詳細地陳述你的意見，或解讀不同的感受。
4. 問該童：「我們該怎麼做？」和該童一起探討處理這情境的一些變通措施。
5. 若適當，協助該童去解決這問題情境。

---

* 發脾氣，可能是情緒／行為障礙小孩表達自己的一個有效方式。當老師幫助該童尋找可接受的變通方式溝通她的情緒，這位老師就幫助了該童採取發脾氣以外的方式處理情緒。

6. 當該童處理這情境得宜時，給予稱讚。若她再發脾氣，不論在何地點，遠離她；如同前述故意不理會這行為。

四、繼續記錄這行為

在執行本方案以消除發脾氣行為時，持續每天計數和計時的工作，將這些數字記錄在適當的圖表。當該童了解她以發脾氣無法引人注意，最初幾天，這行為的持續時間和發生次數都會上升，不久上升會變水平，然後很快地會減降。

維　持 238

繼續增強適當的行為，特別是以可接受的方式處理困境時。這時，你獎勵該童的方式及標準，與對待班上其他同學一樣。若該童又再發脾氣，只要故意不理會這行為即可。

在本書附錄裡，有幾個假設情節，供你應用本書各章建議的輔導原則。請在附錄裡找「輪到你」中的情節，特別是情節七及情節八與本書〈情緒及依賴行為〉篇有關。

Chapter 29

嘟　嘴

239 「好了，孩子們，該整理環境收拾東西了。爸爸媽媽很快就會來接你們了。」在提醒收拾時間到了後，老師還得花幾分鐘說這番話。小孩們開始收玩具及用具。

三歲的泰莎卻仍在玩她的配對遊戲。老師走向她，說：「快吧！泰莎，妳現在必須收拾東西，要回家了。」泰莎攤開更多卡片，不理會老師。老師說：「泰莎，夠了！」接著收起一些卡片。泰莎拿著一些卡片握在手中，然後砰地撒在桌上，雙手交插在胸前，嘟起嘴巴。「快來！泰莎，幫我把卡片放回盒子裡。」泰莎喃喃地說：「我不要。」還是嘟著嘴。「妳知道該整理自己用的東西，泰莎。」泰莎拒絕幫忙，一直嘟著嘴。

老師最後把玩具收走。泰莎的媽媽來接她時，她的情緒很惡劣。老師對泰莎常拒絕期待她做的事，而以嘟嘴、繃著臉表示不高興的行為感到擔憂。

敘述這行為

該童常噘嘴表示不高興。

觀察這行為

花幾天時間緊密地觀察該童這行為。觀察結果會給你解決問題的某些線索，以了解該童在什麼時候及什麼情況會噘嘴：

什麼時候該童最容易噘嘴？

- 每天任何時間
- 每天早上
- 每天晚上
- 午休時間
- 午餐時間
- 自選活動時間
- 玩建築遊戲的時間
- 收拾時間
- 轉銜時間
- 戶外遊戲時間
- 當有大人在身旁的時候
- 有其他小孩在附近的時候

什麼是引起噘嘴的原因？

- 老師或其他小朋友對該童說「不」
- 該童被阻止做某些事

- 該童不想做別人要求她做的事
- 該童被其他小朋友阻止她參加遊戲

當該童噘嘴時，會出現什麼狀況？

- 大人告訴她，不要噘嘴
- 因為噘嘴，該童得到她所想要的
- 由噘嘴轉為大哭
- 該童以言辭表達什麼事令她困擾
- 該童無法說出什麼事令她困擾

善用這些觀察來幫助你決定如何防止及停止該童噘嘴的行為。

與家庭諮詢及合作

小孩在學校噘嘴，很可能是持續已久的行為。噘嘴通常歷經相當時間，演變成一種反應方式；家庭可能和老師一樣，對這行為感到相當挫折。一旦你有機會觀察在什麼情況最常發生這行為後，與其家庭討論你對這行為
241 的關心。從家庭處了解該童以噘嘴傳達不愉快已多久了；已試過哪些策略處理這行為。與家庭分享減少噘嘴的觀察和點子。一旦該童開始減少噘嘴，持續通知家庭進步的情形。

考慮其中涵義

當小孩噘嘴，她是使用一種非語言的形式表達不快樂。她的臉扭曲，嘴和前額皺起來，身體僵硬，雙臂交叉在胸前。噘嘴，表示該童堅持她想要的。基本上，該童為了向大人爭取權力而如此。該童表達：她不想做別人要求她做的事，或她生氣某人不讓她做想做的事。這種情況常會是：大

人繼續堅持，該童持續拒絕。

在某些觀點，該童學到：她可以藉由堅決反對大人的期望和噘嘴，得到她想要的。自此之後，噘嘴、頑固變成該童的標準行為。當該童進幼稚園，她會一直期盼隨心所欲。噘嘴，表示她想做某些事，不想做被要求的事；表現她不被允許做她想做的事之感受。她一噘嘴，老師就注意她，這就增強了她這行為。

探討變通策略

考慮下列的建議是否能幫你處理該童的噘嘴：

- 其他小孩會注意該童噘嘴並模仿。小孩藉由假裝不同角色來學習。小孩可能只是嘗試表現她在其他小孩及大人身上所看到的。除非，噘嘴是顯著伴著倔強、頑抗；否則忽略它，不必擔心。
- 小心地避開和小孩直接對抗的情形。活動中，給小孩多一點選擇，讓該童有機會選擇她想做的事。留意要求的言辭，以免造成頑強的反抗。例如，說：「讓我們把珠子放回盒子。我要先拿紅色珠子，妳要先拿哪一種顏色的珠子？」比起「妳必須把倒出來的珠子都收
  好。」來得恰當。有選擇機會及老師圓融的措辭，能防止小孩的噘 242
  嘴和頑抗行為。

如果這些建議都不能提供解決之道，繼續以下方法。

敘述這目標

目標是要停止該童以噘嘴與大人頑抗。

方　法

基本的策略包括同時執行下列三個步驟：

- 避免可能造成噘嘴和頑抗的情況。
- 增強服從的行為。
- 故意不理會該童噘嘴的行為。

定　義

噘嘴（pouting）與小孩的身體反應有關，例如：噘嘴和皺眉，反映出該童不願服從，做被要求去做或不去做的事。

起點行為

在實施本方案前，花三天時間蒐集基準線資料。每次該童噘嘴，就在紙上劃記。每天結束前合計該天總數，然後轉登記在行為紀錄圖。這三天記錄所提供的資料，可做為與方案實施後的進步比較。

策　略

蒐集完基準線資料後，即可執行下列方法。班上所有老師必須一致執行這些步驟：

一、避免可能造成噘嘴和頑抗的情況

從非正式觀察，得到噘嘴的原因和它最可能在何時發生等線索。盡量避免該童噘嘴的情況，以免導致她對自己有負面感受。如果她得到她想要

的時，她仍覺得大人對她不高興或生氣；如果她不能得到她想要的，她不會滿意，也得不到大人的贊同。因此，為保護她的自我價值感，避免可能發生這問題的狀況，有下列建議，可做為防止措施：

1. 避免給予該童直接命令。對該童的言辭即反映出你期望她成為什麼樣的人。你說：「如果你可以________，我會很感謝你。」比起「你必須________」，小孩更可能服從。讓小孩像大人一樣地被考慮及尊重。
2. 給該童選擇。如果你要求小孩：「你願意把餐巾放在桌上？或你願意倒果汁？」比你說：「你必須把餐巾放在桌上。」較沒有衝突的可能。該童得到老師給予選擇的機會，就不會覺得被約束在非黑即白的情境：「做這件事，我會高興。」或「不做，會惹我生氣。」
3. 如果真的是由該童做選擇，給她一個說「不」的機會。如果你說：「你想在木工桌工作嗎？」該童回答：「不。」對你而言，這不應是對你的負面回應。在這情況下，只要說：「好，你可以在畫架上畫圖，或在積木區玩堆砌遊戲。」如果你問該童問題，她只有兩種回答：「要」或「不要」，你就只好接受這兩種之一的回答。
4. 如果該童必須沒有選擇地去做一項工作，請注意你的用語。你可以用遊戲方式呈現情境，不宜說：「你必須到小地毯那裡，然後坐下來等說故事時間。」試著改說：「假裝我們是小兔子，我們在小地毯上等說故事時間。」
5. 如果該童想做某些不被允許的事，用一個能讓她了解的方式阻止她。讓她知道，你明白她很想做某些事，解釋你為什麼不讓她做。盡可能給小孩更多變通的方法。例如：「我知道你現在很想畫圖，但是我們必須放下圖畫去吃午餐。午睡後，我再把圖畫拿出來，你就可以畫你想畫的。有沒有想要我幫你準備特殊顏色的顏料呢？」

244

二、增強服從的行為

當你要求該童做某些事，她服從你的要求，就讚美她；讓小孩知道你對她這行為感到高興，你肯定她這行為。你可以說：「謝謝你。當你答應我幫忙整理環境，我真的好感謝你。」或「多可愛的微笑！我喜歡我的助手用這種方式表現。」該童會從你這反應得到好感受，也會了解你很高興。只需要花時間，該童會知道抗拒、噘嘴並不能得到什麼；但正面的回應可以獲得獎勵。

如果該童想做某些你不允許的事，經要求她就停止，要稱讚她。幫助她找一個變通活動。

三、故意不理會該童噘嘴的行為

若該童已經養成噘嘴的習慣一段時間。當你一有要求，該童就有噘嘴的回應，用下列的方式處理：

1. 當該童開始噘嘴，立即停止你的話。暫停幾秒後，注視著該童。
2. 對她說：「你噘嘴的時候，我不會跟你說話。」
3. 再等一些時候。如果該童繼續噘嘴，就走開，說：「你不噘嘴，我才跟你說話。」
4. 當你要求該童時，她已努力停止噘嘴；稱讚她，並跟她談話。
5. 如果你要她做而她拒絕做，這時不要製造問題。若你堅持或和她爭執，你只會增強她噘嘴。只要離開她，不要陷入衝突。
6. 如果該童執意要做某些你不同意的事，離開她。若該童在活動中抗拒，會破壞上課秩序或安全時，將該童帶離這活動。將該童帶到教室內安靜角落的椅子坐，或帶到教室外要她在那裡待幾分鐘。然後離開，不給該童注意。大概過了約三分鐘後，告訴她可以回來。記得：你的目標是把對噘嘴的注意降到最低。讓該童坐在椅子上或帶離開教室是最後的手段。

隨著時間，這些步驟應該會幫助該童，逐漸了解有更有效的方法獲得要求，而不再需要嘛嘴。

四、繼續記錄這行為

在實施本方案中，每天計算該童嘛嘴的次數，再將每天總數全部記錄在行為紀錄圖上。進步情況緩慢，是因為你要消除的行為已成習慣反應。經一段時間後，你會看到圖中紀錄穩定下降。要繼續堅持，直到達成你的目標為止。

維　持

當該童不再嘛嘴，記得這部分改變是由於你也改變反應。因此，繼續和該童溝通，反映你關心她的興趣，對她了解與尊重。盡可能給予適當的選擇。有好的行為，繼續給予增強。如果該童偶爾再有嘛嘴反應，與在實施本方案時一樣，故意不理會之。

在本書附錄裡，有幾個假設情節，供你應用本書各章建議的輔導原則。請在附錄裡找「輪到你」中的情節，特別是情節七及情節八與本書〈情緒及依賴行為〉篇有關。

Chapter 30

用兒語說話

246 「娃娃要餅餅！」「阿諾！你要什麼？」「餅餅。」四歲的阿諾回答。「別這樣，阿諾停止娃娃般的說話，你要什麼？」雅頓老師開始感到被激怒，從她的聲音反映出這情況。「我要餅餅，要吃餅餅！」阿諾回答。「喔？你要餅乾，好，我們幾分鐘後就是點心時間了。」當雅頓老師走了之後，阿諾笑了，且發出「好一好」聲。

當天稍後，當阿諾要盪鞦韆時，與羅徹斯特老師又有相似的對話。「娃娃要盪鞦韆。」老師花幾分鐘，耐著性子跟他解釋所有的鞦韆已有人用（其實阿諾知道）。當有一個鞦韆空著，阿諾坐上去，把他的拇指放在口中，坐著不動，老師問道：「阿諾，你為什麼不盪鞦韆呢？」阿諾說：「娃娃不知道怎麼盪鞦韆。」羅徹斯特老師嘆息並幫阿諾推了幾下鞦韆，她知道阿諾真的能自行前後盪。

在這幾天裡，阿諾繼續像娃娃般說話並表現得像小嬰孩，老師非常擔心。適合他年齡的言語變得愈來愈少。

敘述這行為

該童使用兒語，以一種不符合他年齡的態度說話。

觀察這行為

花些時間非正式觀察該童，使你對這行為有所認識：

該童何時最可能使用兒語說話？

- 一天的開始（到校之後）
- 一天中的任何時間
- 一天的較晚時
- 接近午休或休息時間
- 午餐時
- 老師指導活動時
- 團體時間
- 自選活動時間
- 上廁所時間
- 轉銜時間
- 收拾時間

當該童用兒語說話時，他會做什麼？

- 該童和成人交談
- 該童問問題
- 該童要求玩具或東西
- 該童尋求老師注意

- 該童一個人在玩
- 該童與其他兒童玩
- 該童不高興
- 該童被要求不可做某事
- 該童弄傷了自己
- 該童被其他小孩傷害
- 該童沒有從事任何活動
- 該童被要求幫忙完成一項活動
- 該童正在家事角玩
- 該童常在家事角想像自己是娃娃
- 該童常爬行或吸吮拇指

當該童用兒語說話時，發生了什麼事？

- 老師常予以注意
- 老師有意忽略他這種說話方式
- 老師要該童別像娃娃般說話
- 其他小孩注意該童
- 其他小孩笑
- 其他小孩不予注意
- 其他小孩和該童玩，要他扮演娃娃的角色

當他用兒語說話時，該童通常說些什麼？

用觀察所獲得的了解，減少該童用兒語說話。

與家庭諮詢及合作

與家庭諮詢及合作，確定在該童生活中，是否有造成他用兒語說話的

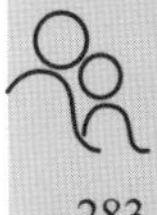

根本變化。與家庭分享你的觀察，並詢問該童在家裡是否有類似的行為。就他們的注意，詢問家庭關於這行為的發生情況。如果該童在家裡和在學校都會出現用兒語說話，與家庭合作找出適用於家裡和學校的共同策略。要經常與家庭接觸，分享進步情形。

考慮其中涵義

該童故意用兒語說話，並非因語言障礙，可能因這行為帶來對他的注意。也許是該童在成長中，他發現使用符合他的語言時，不能獲得他希望和需要的注意，因而發覺到用兒語說話是獲得注意的方式。當他做了一些在他的能力和年齡水準之下的行為模式，發現大人的反應是聽、笑並批評。當該童的排行從唯一的小孩成為哥哥，也可能退回到用兒語說話。該童可能為了試著恢復在小弟弟到來之前，他所享有的唯一地位；藉著模仿小嬰孩，希望能使父母多注意他，且待他像這小嬰孩般。當該童發現，用兒語說話能贏回注意後，不論縱容或批評，他可能決定繼續如此做。

當該童在幼兒園中用兒語說話到一相當程度，老師可能會不經意地增強這行為。像如此回應：「你不能停止像娃娃一樣嗎？」或「現在，停止這樣說話。你長大了，不該如此說話！」這只會增強這行為。需要用一個較有系統的方法，來消除用兒語說話。

探討變通策略

考慮下列建議，是否能幫你處理該童用兒語說話的問題：

- 小孩的不成熟語言可能由於某些語言缺陷。如聽覺問題或發展遲緩，會導致該童使用不適合他年齡的語言。如果該童常用兒語說話，且你發現他有不成熟或聽障等特徵，可建議父母帶該童去醫院檢查。
- 當小弟弟或小妹妹出生後，該童會有一段短暫時間出現用兒語說話。

如此的回應，是很普通且能處理的，問題不會擴大。該童用兒語說話，乃是表達一些困惑和關注他的新地位。做為老師，你能藉由了解、澄清他的感受和回答問題，來幫他處理這情況。依據本章的方案大綱，來減少用兒語說話。同時，花時間和該童談新生的小弟弟、小妹妹，和這事對他的影響。

- 小孩常熱愛參與角色扮演活動。當有機會選擇時，大部分小孩較喜歡扮演成人的角色，而非較小小孩。一些小孩不論由自己或同儕選擇，在戲劇中扮演娃娃角色，且全心投入。不要將該童在角色中扮演嬰兒，與本章定義的用兒語說話混淆。用兒語說話，只有當小孩以不適當的方式（在錯誤的時間、地點、場合等）說話時，才呈現出問題。
- 要確定你對該童的期待是否適當。幼童的能力和發展有寬廣的範圍，有些兩歲大的小孩，有很多的字彙與善於使用語言表達。另有些孩子，可能僅開始說話，使用單字或兩字組合來溝通。這兩種兩歲的小孩都是很普遍的，不需太在意。在三歲時，要有一般好的語言控制。如果小孩沒能以句子說話，且字彙非常有限，那麼，可能需要接受發展、語言或聽力等檢驗，以測出語言遲緩的原因*。
- 250 小孩用兒語說話，可能反映其缺乏自信。例如，他可能曾經被成人貶低或未認可他的成就。給予該童在教室幫助的責任，配合頻繁的適當稱讚，也許有所助益。

如果上述建議無法解決這問題時，請繼續下列方法。

* 要敏於兒童行為可能的基本生理起因。如果有語言缺陷、聽覺問題、認知缺陷或發展遲緩等問題，需要介入的是醫學，不是行為。

敘述這目標

目標是使該童停止不適當的用兒語說話，要以符合他年齡特徵的態度說話。

方　法

消除用兒語說話的基本方法，可同時採用下列兩步驟：

- 故意不理會這行為的發生。
- 對適當使用語言予以增強。

定　義

用兒語說話（baby talk），指該童說話方式反應較低於他的能力。包括：使用不完整的句子、單字、作咯咯聲、咕咕聲、發錯誤字音，或省略某些子音等。

起點行為

花三天的時間，蒐集基準線資料。仔細聽該童說話；當該童每次用兒語說話時，便在紙上劃記。該童只要一用兒語說話，則視為一次事件；這可能在幾分鐘的整個會話中，只有一個字或兩個。假如用兒語說話後，接著又正常說話；然後，又再用兒語說話，則記為兩次事件。每天結束時，累加當日的劃記，並將該日總次數登記在次數紀錄圖。

策　略

蒐集基準線資料之後，即可開始實施本策略。班上所有的老師隨時遵守下列步驟是重要的：

251 一、當發生用兒語說話時，故意不理會之

如果你給予注意，易於增強用兒語說話。不論你對用兒語說話的回應，是寬容的、笑笑的或不喜歡，都會增強這行為。因此，當發生用兒語說話時，必須故意不理會這行為。

1. 如果你聽到該童用兒語說話，別轉向他、別看他、別與他說話或傳達你正在注意這行為。你應該表現出你並不在意這行為。
2. 如果你正和該童說話，而他出現用兒語說話時，馬上停止和他的談話。告訴他：「當你像娃娃般說話時，我無法和你說話。」幾秒鐘之後，假如他恢復正常說話，就開始與他交談。若他仍用兒語說話，馬上轉身離開他。但當他使用適當的語言時，要馬上給予注意增強，這一點是很重要的。
3. 該童可能需要肢體的注意（例如：被緊抱、坐在你腿上、接近等），而藉由用兒語說話來表達。他可能將情意反應與像娃娃般的動作連在一起。你應該讓他知道，不應該娃娃般表現感情。告訴他：「只要你用適當的語言與我交談，我會喜歡和你接近。」如果該童停止用兒語說話，給他所要的回應。若他繼續用兒語說話，就馬上走開。他使用適當的語言時，盡快緊抱他或緊緊的握住他。
4. 如果該童在團體活動時用兒語說話，有意忽略這行為。當你要該童回答問題或做說明，如果他用兒語說話，就別看他並說：「有沒有其他人可以告訴我？」再叫其他小孩。別對用兒語說話做任何的評論或給予注意，你的反應不應嚴厲，只要保持中立。別讓你的臉部

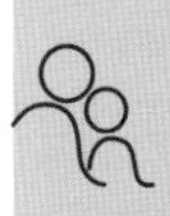

表情展現不悅或困擾。如此反應，只表示該童用兒語說話確已困擾到你。

5. 如果其他小孩告訴你，該童用兒語說話，你只要說：「我知道了。」試著轉移這小孩的注意力回到活動中。這樣將有助於減少同儕的注意及你自己的回應。
6. 在家事角或扮演角提供角色扮演的機會，如果該童扮演嬰孩的角色，用兒語說話是適當的。但要澄清，當一組小孩參與角色扮演，因劇情需要而假裝嬰孩是允許的。

二、增強適當使用語言

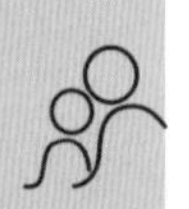

當你故意不理會用兒語說話時，應讓該童知道，何種行為是你所期待、重視的，並當此行為發生時增強之。留心小孩使用適當的語言。當他使用適當的語言時，就給予注意；當該童使用適合的語言時，你能藉由適時注意和回答來增強這行為。時常告訴他：「我實在很喜歡你說話的方式。」或「聽你說得如此棒，實在是太好了。」如果該童大量地用兒語說話，那麼，當他能適當地說話時，就必須增強這行為，傾聽、稱讚或馬上注意適當的言語。當用兒語說話的頻率減少得相當多，就可減少增強。仍須確實增強適當的說話；否則，該童很可能退回用兒語說話。

三、繼續記錄這行為

就像基準線階段一樣，每天持續記錄該童用兒語說話的次數。用兒語說話的減少，即在告訴你該適時減低對適當言語增強的頻率了。

維　持

當用兒語說話的情況消除後，請繼續注意適當的言語。如果該童正常地和你說話，應給予他注意和尊重。如果他偶爾再出現用兒語說話，只要故意不理會即可。

在本書附錄裡，有幾個假設情節，供你應用本書各章建議的輔導原則。請在附錄裡找「輪到你」中的情節，特別是情節七及情節八與本書〈情緒及依賴行為〉篇有關。

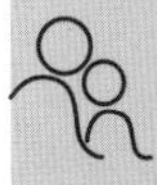

Chapter 31

吸吮拇指

冠瑞兩歲來到這家日托中心，到現在已經兩年了。對一個兩歲幼兒而言，吸吮拇指在那個年紀是被寬容的，因為那很尋常。冠瑞現在已經四歲了，他的老師擔心：冠瑞大部分時間都在吸吮拇指，沒做其他事。老師們試著把他的拇指拉開，勸誘他拿開拇指；告訴他年紀已經不小，不能再吸吮拇指了。冠瑞吸吮拇指時，感到比較快樂。老師覺得受挫，對他的行為感到擔心。老師希望冠瑞能多參加班上的活動。他們覺得冠瑞因吸吮拇指而失去太多東西了。 253

敘述這行為

該童經常把拇指或手指放進嘴裡。

觀察這行為

觀察該童數天，以對這行為有所了解：

什麼時候，該童最可能吸吮拇指？

- 一整天
- 早上
- 快放學時
- 近午睡時
- 午餐時間
- 團體時間
- 要求幼兒聆聽時
- 自選活動時間
- 轉銜時間

該童在吸吮拇指之前會做什麼？

- 該童未參與活動
- 該童利用參與活動中的短暫休息時間吸吮拇指
- 該童獨自玩
- 該童和其他孩子玩
- 該童參與不需用雙手的活動
- 該童坐在老師旁邊
- 該童獨自坐著
- 該童與成人或另一小孩交談
- 該童似乎疲倦了
- 該童無法完成一件工作

- 該童感到困擾
- 該童拿著心愛的毛毯或其他安全物

該童吸吮拇指時，是否參與活動？

該童停止吸吮拇指時，發生了什麼事？

該童每次吸吮拇指，時間約多久？

與家庭諮詢及合作

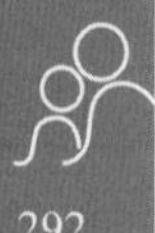

小孩在學校時，花許多時間在吸吮拇指，很可能在其他情境也有這行為，包括在家裡。與其家庭諮詢，看他們是否關心這行為。與他們分享你的關心：該童花許多時間將他的拇指放在他的嘴裡；因此無法參與學校許多活動。與家庭一起諮詢合作，分享減少這行為的點子。對家庭表明，改變這行為也許是一個長期過程；但向他們保證，只要家裡和學校相互鼓勵，將有助於這行為的改進。關於這行為的改進要密切保持連繫，因為一開始的進步不明顯。你持續的仔細記錄，將使進步更加看得見。

考慮其中涵義

通常，吸吮拇指是自幼開始經年累月的習慣。事實上，有些嬰兒出生前在子宮裡，就開始吸吮拇指了。對一些小孩來說，吸吮拇指多少滿足了嬰兒期「吸」的需要。在小孩的成長過程中，吸吮拇指常有提供安全感的功能。

學齡前小孩經常吸吮拇指，不只是因為長久下來的習慣，這也是對未知事物或甚至對每天發生的事物之回應。當孩子到了學前階段，吸吮拇指的習慣可能就很難消除。通常，一些社會壓力會使小孩改變這一習慣，而這常與自尊有關。該童會被認為幼稚可笑，可能會被訕笑、嘲弄，甚至懲罰。

通常，家長很關心吸吮拇指的行為。吸吮拇指可能影響牙齒的發育，致使後來需做昂貴的牙齒矯正。而且，對不再是嬰兒的小孩而言，這行為是不當的。因此，父母和老師應協助該童停止吸吮拇指。這是一長期目標，必須在不影響該童的自尊和自信下達成。

探討變通策略

如果孩子是習慣地吸吮拇指，這行為就容易認出。通常，小孩都是在有壓力的情況下吸吮拇指。這部分將探討吸吮拇指的一些原則和消除這行為的可能方法。

- 檢討提供給該童的活動與課程。這必須對參與的該童是適合的，程度不要太高，否則易造成挫敗；但也不能太低，否則孩子會覺得無聊。小孩對於不適合他的活動，會以不適當的行為反應之，例如：吸吮拇指。當發現小孩的需要未能滿足時，你就要改變活動以符合需求。小孩愉快參與活動時，就較少會有吸吮拇指的需要。
- 吸吮拇指能提供小孩感官刺激。考慮小孩間接表現這些活動的需求，提供這類刺激活動。把這些列入你的方案裡，多設計一些水的遊戲、沙的遊戲、泥巴的遊戲、烹飪、嗅覺與味覺辨別的活動等。提供各種活動，以滿足各種感官刺激。
- 檢視師生間的互動。當小孩感到成人過於主導、控制或壓制時，他會以吸吮拇指來回應。對成人溫和而肯定的輔導，小孩會較為開放。觀察師生在教室裡的互動，若有一個或更多的老師似乎困擾了該童，可考慮做某些改變。你可以和班上所有的老師共同討論這個問題，找出對該童與成人互動較少壓力的方式。
- 小孩若雙手忙碌於活動，較不會把拇指放進嘴裡。提供均衡的活動計畫和選擇，這樣該童有許多機會使用雙手，而不會覺得自己沒事可做。

- 吸吮拇指在學前幼兒並非不尋常。當二、三歲幼童需要適應時，就常會吸吮拇指。大多數幼童的吸吮拇指會逐漸自行停止。若你關心的該童非常年幼，不要太在意他吸吮拇指；等該童漸長大，會逐漸減少這行為。提供許多適合其發展環境的不同活動，含感官活動，協助該童以許多方式使用雙手而無暇吸吮拇指。

考慮上述這些建議，並把合適的併入下列方法。

敘述這目標

目標要該童減少在學校吸吮拇指。期望該童完全停止這個行為是不實際的，正確的方式是漸次地減少，將有助於後來消除吸吮拇指的行為。

方　法

消除吸吮拇指的基本策略，包括執行這三個步驟：

- 提供一張圖表，供該童記錄自己進步的情形。
- 提供活動，以替代吸吮拇指的行為。
- 隨時增強該童不吸吮拇指的行為。

定　義

吸吮拇指（thumb-sucking），是該童把拇指或其他手指放在嘴裡。通常，該童在吸吮拇指時，都沒有參與活動。

起點行為

花三天時間來蒐集基準線資料。一天當中，每十五分鐘觀看該童一次，但不包括午休時間。當該童一吸吮拇指，就在紙上劃記。每天放學前，把該天總數轉登記在次數紀錄圖上。劃記的最高量依方案的時間長度而定，三小時所劃記的最高量可能是十二次（每十五分鐘一次，等於每小時四次，則三小時是十二次），若每天觀察該童的時間為十小時，則劃記的最高量為三十二或三十四次（除去一或一個半到兩小時的午休時間）。建立下列的圖表，劃記每日的數量：

日期	9:00	9:15	9:30	9:45	10:00	10:15	10:30	10:45

這樣蒐集資料的方式，不但能告訴你該童吸吮拇指的次數，且可知何時最可能發生，形成一行為模式，可幫助你把行為最常發生的時間，做為本方案的觀察重點。

策　略

在蒐集完基準線資料後，就開始下列方案。最好由一位老師一致地執行本方案第一步驟（提供一圖表），其他兩個步驟則由所有老師共同完成。

一、讓該童知道你的目標，與他一同在圖表上劃記他的行為

吸吮拇指，不是由於成人的注意和增強而形成的。那是該童在吸吮拇指時，得到內在滿足所致。有意忽略這個行為並不能消除它。告訴該童你的目標及理由，要該童主動參與以達成目標。

1. 在開始之前，與該童討論吸吮拇指的事。告訴他，你知道他喜歡吸吮拇指；不要否定他從吸吮拇指得到的樂趣和信心的恢復。然而，告訴該童，你關心他吸吮的行為。讓他知道，你真的希望他參與並分享所有活動；但你知道，他吸吮拇指時就無法參與。若你認為該童能了解，告訴他有關長期吸吮拇指會影響他的牙齒。
2. 告訴該童，你想和他努力把這吸吮拇指的行為減少。對他說：「看看我們兩個是否能把你吸吮拇指的行為改掉。我們把它當做一個遊戲來玩，我會張貼這張圖表（隨後說明），每當你有十分鐘（若該童持續不斷地吸吮拇指，則可縮短時間）不吸吮拇指，就可以把一個特別的星星貼上去。」熱忱地對他說，讓他知道你滿心希望他能成功。
3. 買一盒星星貼紙，並把圖表掛在該童貼得到的地方。這圖表和你蒐集資料的紀錄表不一樣。每天花一小時的時間，讓該童使用這圖表。在該童參與各項活動中，挑一小時來記錄。你可以把圖表裝飾得更吸引人，但基本上它應像下列所示的圖表，每一橫行代表一天。

兒童姓名						
日期	10:00	10:10	10:20	10:30	10:40	10:50

4. 檢視這行為的那一小時開始前，告訴該童遊戲已經開始。跟他說：「記得，如果經過十分鐘不吸吮拇指，你就可以得到一個星星貼在圖表上。我會注意你，你也要注意自己喔！好了嗎？開始！」
5. 經常鼓勵該童。告訴他說他做得很好，且你很以他為榮，不要等十分鐘到了才給他讚美。
6. 若該童做到了十分鐘不吸吮拇指，慷慨且熱忱地給予口頭稱讚。給該童一個星星，讓他把它貼在圖表適當的位置上。同時把這件事告訴班上其他老師，讓其他老師來增強他。

7. 若該童無法做到十分鐘不吸吮拇指，也別太失望。只要說：「讓我們再試一次！」若該童一直不能做到，把時距縮短為五分鐘或更少。安排情境讓該童嘗試成功的滋味。
8. 當這一小時結束時，告訴該童，今天的遊戲已結束，但他明天還可以再玩。提醒他，這天的其他時間也不可吸吮拇指。
9. 放學後，在該童面前，把圖表（進步情形）拿給他的家人看。

二、提供許多活動，以替代吸吮拇指

跟前面所提的一樣，當該童的雙手忙碌時，他不太可能吸吮拇指。當你設計課程時，要牢記下列考慮的因素：

1. 確定該童參與大多數的活動。在聽故事時，孩子們可以用他們的手和手臂來比出故事的情節。不要安排只需觀看成人做的活動。小孩是從做中學，不是被動地從看中學。
2. 提供選擇活動的機會。上課時應讓小孩有時間選擇他們想要做的事。若所提供的活動不吸引孩子，應有其他的活動供選擇。提供的活動不僅因應遊戲中不同的興趣，並且鼓勵小孩做自主的決定。
3. 課程裡應有多種感官的活動。孩子會對不同的觸覺和其他感官刺激媒材回應。水、沙、泥巴、黏土、手指畫、膠、米、豆、海綿、玉米粉、肥皂水等都有獨特的觸感，每一種都有助於滿足對不同感官刺激的需求。
4. 若因常做這個活動，似乎開始感到不新鮮時，做些改變來重燃孩子的興趣。孩子會因為無聊而吸吮拇指，你可以加入新活動、在教室裡設新的興趣中心、重新安排日課表等來改變。你可在市面上找到許多學前教育書籍中有關活動的點子。增加新的趣味中心，例如：音樂角、自然桌或美髮店等。重新安排教室，闢設新的中心。改變日課表，減少舊的，增加新的活動。重新安排每日例行事項的順序，或調節一些時間區段。不時的新奇，會重燃孩子們和你對活動的興趣。

三、要常增強該童不再吸吮拇指

整天裡，找出該童不吸吮拇指的場合。對他的好行為，以你的舉止、稱讚、輕拍、摟抱來增強。不時告訴該童，你因他愈來愈少吸吮拇指而感到高興。讓他知道你了解他為改變吸吮拇指所做的努力，你多麼欣賞他的努力。

四、繼續記錄這行為

透過每天執行本方案，持續每隔十五分鐘做檢核，並劃記他是否吸吮拇指。在紀錄圖上登記每天的總數。由於吸吮拇指是長時間的習慣，進步可能會很慢。預期本方案需花一些時間，你將會在圖上逐漸發現數字降低的情形。

維　持

當該童沒興趣或已達到目標時，停止這圖表記錄。老師仍要持續提供一份完備的方案。不時對該童的參與提供增強，就像給其他孩子的一樣。該童有時可能會因為疲累、不舒服或有壓迫感時，再度吸吮拇指。這是預期中的現象，大人應予以接受。

在本書附錄裡，有幾個假設情節，供你應用本書各章建議的輔導原則。請在附錄裡找「輪到你」中的情節，特別是情節七及情節八與本書〈情緒及依賴行為〉篇有關。

Chapter 32

尿濕褲子

261 這是仙麗在提早啓蒙中心第二年的開始。自從她到這裡，老師看著她由一個害羞的小孩，變成一個積極參與活動、和其他小孩享受友誼的人。從她來中心的第一年開始，老師花了很多時間和努力，幫助仙麗成為團體中的一份子。現在仙麗已經做到了。

大約這個學期開始後一個月，仙麗走到一位老師旁邊小聲地說：「洛佩茲老師，我尿濕褲子了！」洛佩茲老師把仙麗帶到洗手間，脫下她弄濕的衣服，並找些乾的衣服讓她換上。大約一星期後，這事件又發生了。同一星期中，至少發生兩次。接下來的三個禮拜，仙麗每天發生兩三次。老師所關心的這個行為，去年從未發生，他們試著告訴她：「大女孩不會那樣做的。」想讓她難為情，而停止這個行為。

敘述這行為

該童經常尿濕褲子。

觀察這行為

盡可能的得到關於該童尿濕褲子的線索，這是非常重要的，你的非正式觀察將會有所助益：

該童通常在什麼時候尿濕褲子？ 262

- 無法預測，似乎不固定
- 用餐或點心後一小時內
- 午睡時間
- 在戶外遊戲時
- 室內
- 剛到達學校後不久

通常該童尿濕褲子之前，有何前兆？

- 該童在洗手間
- 該童看見其他小孩尿尿
- 該童脫衣去洗手間
- 該童上完大號後站起來
- 該童洗手時
- 該童參與玩水的遊戲
- 該童在喝水或果汁
- 該童坐在老師腿上
- 該童無法完成一項工作
- 該童被老師或其他小孩說不
- 該童累了
- 該童集中精神於一個活動

該童尿濕褲子後會做什麼？

- 該童告訴身旁的人這件事
- 該童小聲地告訴老師
- 該童不告訴任何人
- 該童寧願繼續穿著濕衣服
- 該童想自己換上乾淨的衣服
- 該童要求老師幫她換

這初步的觀察將給你一些想法，關於該童為什麼尿濕褲子、什麼時候發生、該童對這事的感受如何等。這些資料對停止這行為是非常有用的。

與家庭諮詢及合作

已學會處理如廁的小孩還尿濕褲子，可能令老師和家庭感到挫敗。當
你蒐集了一些關於這行為的觀察資訊後，盡快與其家庭協商你的關心。了
263 解該童是否在家裡也會弄濕她的褲子，不論睡覺時或在其他的時候。與家
庭討論，是否該童生活中哪裡有變化，而令她擔心困擾。如果你發現任何線索顯示這問題源於潛在的生理起因，譬如：膀胱感染，建議家庭帶該童看醫生。如果不易穿脫的衣物似乎是問題的一部分，你可以建議改穿簡單易於穿脫的衣物，譬如：腰部有鬆緊帶的褲子。如果在腦力激盪可能的起因之後，你和其家庭決定這如廁事故似乎是為了引起注意，與家庭分享可能的策略，並且設法一致地在家裡和學校實施這些策略。在改變這行為的過程中，要常通知家庭成功的事例。

考慮其中涵義

對學前教育階段老師來說，必須牢記，要盡量在最短時間內對孩童施以如廁訓練。很多幼童發生這樣的事件，是因為他們尚未完成如廁訓練。興奮的時刻很容易變得比去尿尿重要；突然間，孩子因為等不及而尿濕褲子。需花時間和練習，讓孩子能掌握時間和知道如廁的身體線索。三歲或以下的學前小孩，偶爾發生這樣的情況，是預料得到的。

如果該童已熟悉如廁訓練，但仍然時常尿濕褲子，可能是要引人注意。如果老師藉著訓斥她、幫她換褲子或處罰等來表達注意，會增強該童認為尿濕褲子是一種引人注意的方法之想法。同時，該童也會得到她這行為不符合自己年齡的訊息。這讓該童覺得羞愧，並質疑其自我尊嚴。

探討變通策略

有許多屬於行為之外的因素，造成小孩尿濕褲子。仔細想想，是否下列為問題的根源：

• 該童易於感染尿道和腎臟的疾病。生理問題可能造成尿濕褲子。留心該童是否發出疼痛、發燒、癢的怨言或訊息。即使你未注意到這些訊息，可與其家庭討論這些行為。你可以建議他們，帶該童去做醫學檢查*。

• 小孩的成熟度，是影響其處理尿濕褲子能力的一個重要因素。年幼的學前孩童偶爾會發生這種事，是可想而知的。當事件發生時用務實的方式去處理。當小孩能因如廁訓練而到廁所尿尿，是該被稱讚的。同時，兩或三歲小孩的老師，應該在課程中安排多次尿尿的次 264

* 要了解，慢性疾病問題會以各式各樣的方式顯現。大小便控制有問題，可能是兒童疾病的一個副作用。

數，並留心各種線索，例如：忍尿。對幼兒而言，如廁訓練仍在學習中，而非完成了；在處理這問題時，應如此看待*。

- 有時小孩尿濕褲子，是由於無法來得及解開衣褲。小的鈕扣、複雜帶扣的皮帶、太緊的釦子和其他配件，都可能使得解開衣服變困難。注意小孩的衣著，並觀察他們在廁所中如何穿脫。如果是穿脫衣褲的問題，與他的家長討論，並建議一些變通方法或簡單的替換物。
- 在該童的生活中，一件不尋常的事件或壓力的出現，可能造成她開始尿濕褲子。如果她做錯了什麼，找時間與該童談談，並盡可能使她恢復信心。了解未知的因素後，通常能解決問題；例如：她可能因為擔心某一事件（沒有人向她說明），而尿濕褲子。
- 細心的計畫也能避免這事件發生。教師應給予小孩事前提醒，在午睡前、外出前、郊遊、上車前等都給予小孩時間，要他們先去上廁所。尤其是當小孩必須花相當長時間待在沒有廁所的場所，這更是重要。

如果上述的建議，不能解決這問題，請參考下列更詳細的方法。

敘述這目標

目標是幫助該童停止尿濕褲子。

方　法

本方案是針對較大的學前兒童，已經受過至少半年的如廁訓練，但卻出其不意地開始經常發生尿濕褲子的事件。在實施本方案之前，關於醫療

* 兒童的發展成熟，可能因特殊需求被延遲；例如，認知缺陷小孩。完全的大小便控制，常需要較長時間才能達成。

原因必須先解決。基本的策略包括下列步驟：

- 經常提醒該童上洗手間如廁。
- 若該童能自行上洗手間如廁，則給予稱讚。
- 當這事件又發生，則故意不理會之。

定　義

尿濕褲子（pant-wetting），指在任何時間該童不在廁所裡尿尿，卻尿在褲子上。若這事件經常一再發生，才認為是問題。

起點行為

在開始本方案之前，花三天時間記錄尿濕褲子的次數。記下每一次發生的時間，並在紙上劃記為事件一次。在每天放學時，將該日總次數轉登記在次數紀錄圖上。這項資料提供基準線，做為你實施這方案是否成功的比較。

策　略

在蒐集基準線資料後，開始下列程序。所有有關成人都應一致地執行這程序：

一、經常提醒該童上洗手間如廁

經由基準線資料，你應該知道該童多久會發生一次事件。計算平均時間，並做為提醒上廁所的參考。例如：平均一小時發生一次，則每隔三十分鐘提醒該童上一次廁所。

1. 告訴該童，上廁所的時間到了，牽著她去上廁所。

2. 要該童自己脫下褲子尿尿。如果她拒絕，肯定地告訴她，必須如此。

3. 如果該童做到了，稱讚她。

4. 如果該童兩分鐘後仍尿不出來，讓她離開廁所。

如經三至五天之後，該童有規律地在廁所尿尿，並且尿濕褲子的次數減少了，可開始延長提醒上廁所的時距。當該童尿濕褲子的次數實際減少後，逐漸減少提醒。

266

二、若該童能自行上洗手間如廁，則給予稱讚

如果該童可不經提醒自行上廁所，或她告訴你她已經上過廁所了，而且確實如此，要讚美她。讓她知道你是多麼讚賞她不尿濕褲子。如果該童不會覺得困窘的話，可讓其他老師、小朋友知道她可不經提示自行上廁所的事，並且你以她為榮。如果這麼做會讓她困窘，就不要如此做。

三、當這事件又發生，則故意不理會之

如果該童告訴你，她尿濕褲子，照下列步驟做：

1. 不要批評這事，用不在乎的態度說：「我想，妳該換衣服了。」
2. 事先準備好。把要換的衣服及裝濕衣服的塑膠袋給她。不要花時間和該童去找衣服換，因為會給她注意而增強。
3. 給該童衣服後，盡快離開。不要留在附近，到別處去。讓該童自己換好衣服，不管她花多久的時間。當這事件發生時，要停止給予這方面的注意。
4. 當該童換好後，要她拿走濕衣服並重新回到團體裡去。不要對這件事有任何評論。如果她想談這件事，不要回應。

四、繼續記錄這行為

本方案每天結束時，在紀錄圖中登記該日尿濕褲子的次數。這項紀錄顯示本方案的進步過程，並指出什麼時候可減少提醒上廁所的次數。

維　持

當有好幾天未曾再發生尿濕褲子時，你可以假定這行為已經改變了。停止提醒上廁所，並漸漸地減少對不需提醒的讚美。記住，無論如何，該童開始努力改變後的行為是為了得到注意。繼續給她讚美，並像對班上其他小朋友一樣地，增強她的適當行為。

在本書附錄裡，有幾個假設情節，供你應用本書各章建議的輔導原則。請在附錄裡找「輪到你」中的情節，特別是情節七及情節八與本書「情緒及依賴行為」篇有關。

Chapter 33

黏纏

267 伊斯老師在休息後回到教室，魯斯迪衝向她，並伸出手臂抱住她的大腿。在伊斯老師離開的這十分鐘，三歲的魯斯迪一直站在門邊等，既不參加活動也不和任何人講話。伊斯老師笑一笑並撥弄一下魯斯迪的頭髮後，就走到教室的另一頭。魯斯迪鬆開抱住她大腿的手，但改為抓住她的裙襬，跟著她繞過房間。

伊斯老師常對他說話，對他笑，並撫觸他。「魯斯迪，我需要一些紅色顏料。」伊斯老師告訴他。她嘗試鬆開抓她裙襬的手，但魯斯迪一直抓住。「好吧！為什麼你不跟著我，並幫忙我呢？」魯斯迪很高興地跟著伊斯老師離開教室。一小時後，魯斯迪仍舊抓著她。伊斯老師和其他老師對這事都非常關心。她的行動已受到阻礙，而且她無法如願的給予其他小朋友同樣的注意。從大約三個月前學校開學，魯斯迪就一直纏住伊斯老師，最近這行為愈來愈顯著。

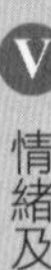

敘述這行為

該童纏住一位老師，不參加班上的活動，該老師的時間受阻於處理該童的事。

觀察這行為

花幾天時間非正式地觀察該童，以便對這行為有進一步了解：

該童通常在何時纏著老師？

- 整天
- 他到達學校後不久
- 快放學時
- 在下課或午睡時間
- 在午餐時間
- 在戶外遊戲時
- 在自選活動時
- 在團體活動時
- 在教師安排的活動時
- 在正式活動時
- 在轉銜時間
- 在收拾時間
- 要該童做生活自理技能時（如：穿上外套或如廁、脫衣服）

該童如何纏住老師？

- 該童抓住這老師身體的某一部分或衣服

- 該童經常要求被抱
- 這老師一坐下，該童就爬上老師的大腿
- 該童抱住這老師
- 該童緊跟著這老師，但不一定有接觸

該童纏著誰？

- 任何大人
- 某一特定老師
- 早上任何一位最先跟他打招呼的老師

當該童要纏著這老師，而這老師不在時（不在教室、這天請假、忙其他事情），他怎麼辦？

- 該童哭
- 該童找另一位老師黏纏
- 該童不參加活動
- 該童參加班上活動，比這老師在時還積極

269

該童跟其他人的關係如何？

- 該童黏纏他的父母
- 該童被帶去學校後，要他和父母分開有困難
- 將放學時，要帶他離開學校有困難
- 除了他黏纏的這位老師之外，該童和其他老師也有互動（如果他只黏纏一位老師）
- 該童在學校會與其他小孩互動

這些非正式的觀察，提供你一些有關這行為的資料，可用來消除這行為。

與家庭諮詢及合作

在你觀察該童的黏纏行為時，注意該童在其家庭周圍的行為表現。是否家人帶該童到校時該童會黏纏家人；然後等黏纏轉移到老師，家人才能離開。該童家人可能很關心這行為。與其家庭周詳討論在該童的生活中是否有某一因素，使他感受不安全和需要一再保證。要盡所有可能與其家庭腦力激盪，尋求解除這行為的壓力源。與該童家庭諮詢及合作找出減少黏纏的策略。一旦你開始改變這行為的方案，持續通知其家人進步的情形。

考慮其中涵義

該童持續地黏纏老師，可能源於以這行為反映他需要信心和安全感。小孩會有這樣的需求感受，可能是他剛開始過學校生活，或他的日常作息有所改變，或是有痛苦的事件困擾了他的生活。在這時期，該童需要能處理引起他不安的情況而恢復自信；一旦該童感到生活安適就會減少或停止黏纏。黏纏由該童自行或老師微妙地撤除，或藉由結合小孩和教師的活動等而停止。然而有時這樣的依賴行為，超過該童恢復自信的需求而持續著。該童學到每當他黏纏這老師時，他可得到相當多的注意。

也可能發生這樣的情形，如果黏纏行為長時期持續下去，這老師開始會有消極回應。這老師可能會注意該童，但這樣得到的注意，會伴隨著老師的困擾、激怒，甚至生氣。該童的訊息是：「我要用任何方法，來得到我想要的注意。」而這老師的訊息是：「如果你強迫我對你付出注意，我會間接地讓你知道，你如何困擾我。」結果，該童覺得他無法得到這老師積極的注意。他和老師的關係導致消極的回應，令他感到不安。因此該童更加黏纏，因為他要確信他是值得的。黏纏會造成自我挫敗的惡性循環，使小孩和老師都不快樂而無法突破。 270

探討變通策略

考慮下列建議，以解決該童黏纏這老師的問題：

- 仔細探討造成該童這行為的可能原因。其中可能有真正的需求，造成該童的不安全感。如果黏纏是最近才開始的，需和其父母商量確定有什麼不尋常的事情使該童感到困擾。和該童談談有什麼事困擾著他。如果你可以明確指出造成這行為的原因，那麼你就可以幫助該童較了解情況，並且找尋適當的方式來處理*。
- 如果該童只黏纏某一大人。當這大人沒在現場時，該童在班上表現正常；你可以發現造成該童這問題的外在原因，可能是這老師某種行為招致該童的黏纏。如果是這原因，這老師應檢討這樣的行為，並了解它如何影響該童。這老師所引起的結果應該以有益的、非威脅的態度來討論。如果這樣的討論是依據其他老師或學校主任客觀的觀察，將是有益的。
- 為了記錄這樣的觀察，當該童黏纏這老師時，大人應盡可能記下其中任何口語或非口語的表達（直接地引述、手勢、臉部表情等都需要注意）。這個觀察不需包含記錄者的說明，但應根據其明顯發生過的事實。可以客觀記錄十或十五分鐘。以了解導致該童黏纏行為的確切原因，你只需要一些有價值的資料，若能明確指出原因，這行為將較容易改變。
- 該童黏纏可能是因為他在班上無法適應，也許是班上其他小孩比他

* 曾受虐／被忽略的兒童會有特殊需求，包含對更多正面關注的需求。如果你知道該童的背景，包括受虐或被忽略的經驗，你的角色是該童人生中的滋潤者，你給他的關注是非常重要的。還有，嚴重視覺缺陷的小孩可能感到需要黏纏大人，因為他害怕獨自在教室行動。在這種情況下，需要幫助該童學會教室內的參考物，由大人帶他有系統地「遊覽」教室一次，指出、說出、感受主要特徵物的所在。同時，教室內走道需要保持淨空，沒有意想不到的絆腳物。

大或者超過他的發展水平。在這裡他可能認為不安全，因此理所當然地黏纏這老師。如果是這原因應盡可能將他轉到較適合他的班級。

如果這些建議對處理這問題都無幫助，請繼續下列步驟。

敘述這目標

目標是要使該童不黏纏老師，並積極參加班上正在進行的活動。

方　法

要停止黏纏行為的基本策略，有下列四個步驟：

- 告訴該童你對他的期待。
- 當該童開始黏纏時，遠離他。
- 當該童參加你所要求的活動時，給予增強。
- 設特約時間，如該童沒有出現黏纏行為時給予特別注意。

定　義

黏纏（clinging）包含該童緊跟著這老師所有活動，例如：緊跟老師、攀住、抓著老師或抓住老師衣角。班上老師們應列出所有合乎他們所定義的黏纏行為。

起點行為

在繼續本方案之前，要建立基準線資料。用三天的時間，確定該童黏纏這老師所占的時間比例。決定特定的一小時，以做為你預期黏纏最容易

272 發生的時段，計算在這一小時中該童黏纏這老師多少時間。該童黏纏所占的分鐘總數，可換算成百分比。

$$\frac{\text{黏纏分鐘總數}}{60\text{ 分鐘}} \times 100 = \text{黏纏的百分比}$$

例如：如果該童在這一小時中黏纏了四十五分鐘，其計算如下：

$$\frac{45}{60} = 0.75 \text{ 或 } 75\%$$

將此百分比轉登記至百分比紀錄圖中。這三天的基準線資料，將可做為比較往後進步的依據。

策　略

在建立基準線後，便開始下列方法。對那些被該童黏纏的人而言，一致貫徹下列程序，並得到班上其他成人的支持是很重要的。

一、讓該童知道你的期望

告訴該童，你希望他以什麼行為取代黏纏。告訴他，你不欣賞他的黏纏行為；因為這會妨礙他參與班上活動，也妨礙你的工作，並且剝奪了你對其他小孩的注意。說明這些理由，可表達當他黏纏你時，你常感受到的困擾。你必須誠實表達你的感受，務必小心地讓他知道：是他的行為，而不是他的人令你困擾。

強調你所欣賞並將給予增強的行為。告訴他，從現在起你將有意忽略他的黏纏，但他的適當行為你將會給予注意。跟他說明，如何不靠黏纏即可得到特別的注意。

二、該童開始黏纏時，即遠離他

無論何時，當他開始黏纏你時，就離開他。如果你坐著就站起來；如果你站著就走到別處；如果你不忙就找些事做。你要溫和地打開他抱住你的手。遠離該童的最主要方法，就是當他黏纏時盡可能的不去理會他。在臉上或肢體語言上不要表現關心、憤怒、快樂，或任何其他與黏纏有關的情緒。記住，任何反應都是一種增強；因為你已經讓他知道，他影響著你。執行這個步驟可能是困難的，但必須持續下去。藉由有意忽略他，愈早讓他知道黏纏不會得到老師的注意，則這個行為將會盡快停止。

三、盡可能地增強適當的行為

當你有意忽略該童的黏纏行為時，對於他每一適當的行為都要找機會讚美他。任何參與的活動、同儕間的交往，或其他的好行為都要增強。

如果他只是稍微參與班上的活動，對於他的努力都給予增強；即使這些只是接近你期待的行為。隨著時間的流逝，在你讚美他前，你能期待更多的適當行為。

首先，你必須不時地注意他做的事並讚美他。一旦黏纏行為開始漸減，就慢慢降低你對他的增強量。當黏纏的行為已消除，你就要盡可能如同讚美其他小孩一樣讚美他。

考慮什麼樣的增強對該童最有意義。該童似乎想藉黏纏來尋求肢體接觸時，那麼就用稱讚伴著擁抱輕拍給予他增強。

四、如果該童沒有黏纏行為，就提供他一段特約時間給予注意

根據該童的情況，每天另設五至十分鐘的特約時間，用來一對一的交流。這段時間將可提供積極又完整的注意。在第一天以後，如果該童減少黏纏行為，就可提供特約時間給他。

在這段特約時間內，你必須給該童完整的注意。要這樣做你將需要班上其他老師的配合。讓該童決定這五分鐘要如何用。告訴他：「有五分鐘的時間，只有我和你在一起。」在錶上或鐘上，設定五分鐘在哪裡結束；告訴他你和他將會做任何他想做的事。你必須準備一些建議，例如：散步、

閱讀或玩遊戲，以備他不知道要如何利用這時間。

不要延長時間。在結束時告訴該童，明天還會有特約時間。

1. 第一天，該童一到學校，就給他特約時間。準備你所有需要的安排，來供應這五分鐘。在第一次結束時，告訴他，明天的特約時間會晚一點開始。

2. 第二天，等該童一到學校，就告訴他說：如果他不黏纏你而去參與活動的話，那麼特約時間將在幾分鐘後開始。不要讓他等超過十分鐘。

   如果他沒有黏纏行為的話，就開始特約時間。特約時間開始時，先讚美他的好行為。不要在整個十分鐘內，不給予他其他的增強。

   如果該童無法克制黏纏，就不給予特約時間。告訴他明天會再有一次機會，並解釋你今天為什麼不給他特約時間。明天可縮短該童等待的時間。

3. 當該童連續三天都有特約時間後，延長讓他等待的時間到十五分鐘。每隔幾天，就延後特約時間稍微晚點開始。該童將會逐漸地花較長的時間從事活動，而沒有黏纏行為。如果他沒有如你所期待，就減緩延長他等待特約時間的速率。延長等待時間的快慢，要看該童的表現而定。

4. 當黏纏行為的總比例明顯減少，就改為每隔一天才有特約時間。告訴該童，你在做什麼及其理由。既然行為改善了就減少特約時間。要對該童適當的行為及一般積極互動持續給予關注。

五、繼續記錄該行為

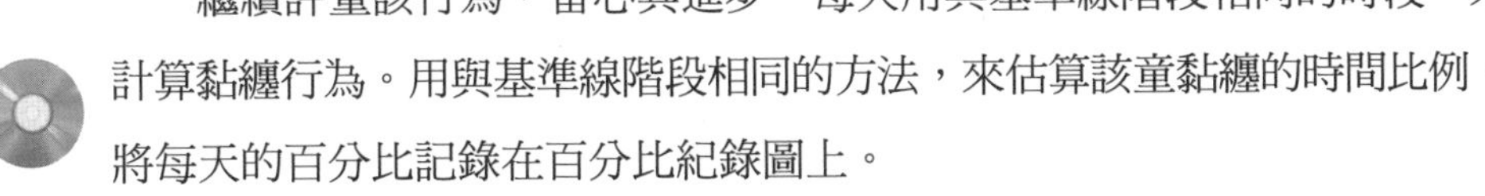

繼續評量該行為，留心其進步。每天用與基準線階段相同的時段，來計算黏纏行為。用與基準線階段相同的方法，來估算該童黏纏的時間比例。將每天的百分比記錄在百分比紀錄圖上。

維　持

一旦該童停止黏纏行為，繼續不時地增強其適當行為。藉由讚美讓該童知道，什麼行為是你所重視的。如果該童嘗試黏纏行為就有意忽略他。必須敏銳地注意該童的需要，但不允許他發生黏纏的行為。

在本書附錄裡，有幾個假設情節，供你應用本書各章建議的輔導原則。請在附錄裡找「輪到你」中的情節，特別是情節七及情節八與本書〈情緒及依賴行為〉篇有關。

Chapter 34

引人注意

275 這天，麗莎和平常一樣，在早晨七點來到日間托兒中心。她立刻去找梅森老師。三歲半的麗莎，是個早熟又善言辭的孩子。她喜歡和班上的三位老師及走進教室的任何成人說話。一整天中，麗莎都到處跟著老師，問問題或者不停的說話。她期待大人的注意和回應。

起初，麗莎的愛說話，對教師來說尚是可愛的。他們認為麗莎聰明有趣。最近，教師們發現，他們花在麗莎身上的時間較其他孩子多得多。麗莎幾乎沒有花時間在和同伴相處，而明顯地寧可和大人在一起。然而，當她和其他孩子在一起時，似乎互動良好。

教師開始告訴麗莎，他們沒有時間和她說話，但她還是不聽。通常，她是半分鐘又回來問另一個問題或講另一句話。梅森老師注意到：沒有教師接近麗莎，都是麗莎去接近教師。而且，在團體討論時間內，教師很少叫到麗莎。

敘述這行為

該童尋求教師的注意，常超過她所需要的。教師發現他們給該童的時間，較其他孩子多。通常她的引人注意是不必要的，且與特定的需求無關，只是為了受注意。

觀察這行為

花些時間觀察，蒐集資料，以提供你有關這行為的線索：

通常何時發生引人注意的行為？

- 一天中的任何時間
- 在特定的活動時間
- 在安排的活動時間
- 在自選活動時間
- 午餐時
- 午睡時
- 上廁所時
- 室內
- 戶外
- 放學的時候
- 有其他的孩子要求教師幫助時

該童要引起誰的注意？

- 任何大人
- 熟識的教師

- 特定的教師

引人注意的方式為何？

- 該童向這教師問問題
- 該童向這教師談有關她自己的事
- 該童不斷重複同一話題
- 該童暗示她的憂慮或困擾
- 該童要求幫助拿取玩具
- 該童在參與活動或計畫時，要求幫助
- 該童打斷這教師和別人的談話
- 該童要求肢體上的關愛，如擁抱、被扶起、幫忙穿脫衣服
- 該童緊緊黏在這教師旁邊
- 該童從房間的另一頭喊叫，引人注意

277 還有其他相關的事嗎？

- 與其他孩子的互動（這樣的孩子常缺乏與同伴良好互動的技能）
- 活動的參與度（該童可能對活動不能投入，因為她的精力已被導向別處，也就是導向教師方面）

這些非正式觀察將協助你系統地處理這行為，將有助於你了解何時實施計畫及誰最適合來執行。

與家庭諮詢及合作

一旦你有機會仔細觀察該童引人注意的行為幾天後，安排與家庭面談，討論你的關心（該童較少參加她應參加的活動和社會互動）。發現是否該童接近成人總是比接近孩子多，也設法確定是否她父母極為繁忙，而且與

該童相處時間有限。另外，詢問該童近來生活中是否有事件令她焦慮和需要一再安撫。分享你的策略（計畫改變該童的過度要求注意）。家庭可能有興趣在家裡安排「特約時間」，提供她無條件且專心的注意。繼續與家庭保持聯繫，告訴他們有關引人注意行為的減退。

考慮其中涵義

留意教師如何被該童這行為所影響是重要的。所有的孩子都需要受人關注。當一個孩子過度要求關注時，常容易激怒老師而給予消極的注意。如果老師對太頻繁的要求感到厭倦時，就會生氣地回應，於是消極地增強該童要求注意的行為。

老師可能會因為該童的要求占用如此多的時間，而開始逃避她。老師可能會很少去注意該童，除非她做出引人注意的動作。在該童沒有故意引人注意時，她表現適當行為並未得到增強。該童也學會引人注意的唯一方法，就是去麻煩老師；該童會更加如此做，因為她要受關注。結果，該童對自己有消極的感受，因為老師的注意既非自發的也不是積極的。

探討變通策略

278

可能有相當簡單的方法可解決這問題，特別是如果環境的改變可以矯正這情況的話。請考慮下列可能性：

- 在該童的生活中可能有不尋常的事情發生。例如：家中有新生兒或者有人死亡。或許該童只是在尋求恢復信心。花一點時間幫助該童了解在她的生活中發生了什麼事*。

---

* 曾受虐／被忽略的兒童會有特殊需求，包含對更多正面關注的需求。如果你知道該童的背景，包括受虐或被忽略的經驗，你的角色是該童人生中的滋潤者，你給他的關注是非常重要的。

- 在教室裡可能沒有足夠的玩具或活動足以吸引她的興趣。她可能是因為無聊，才故意引你注意。像這樣的情形，一定要提供適合其年齡的資源，來使該童能夠積極。
- 教室裡的材料應該讓該童容易拿到。請求幫助，可能是真的需要援助。重新安排空間與材料的存放方式，使孩子在學校能盡可能地獨立。
- 經由非正式觀察，你可能已經發現，該童與同儕的互動非常地少。造成要求額外注意的原因，基本上可能是與同儕互動的技巧欠佳。幫助她學習如何與同儕適當地互動。當她花在與同儕相處的時間較多，她就較不會故意引大人注意。

如果這問題的解決方法不在上述建議中，那就是該用更詳細方法的時候了。

敘述這目標

目標是使該童能以積極的態度尋求老師的注意，而且次數不比教室裡的其他孩子頻繁。

方　法

基本的策略是透過下列步驟，對適當的行為提供注意，對不當的要求不給予注意：

- 故意不理會所有不必要的要求注意。
- 當該童有好行為時，給予注意。
- 每天安排「特約時間」當增強物。

定　義

引人注意（seeking attention）指任何過度頻繁且不必要的口語或非口語的要求老師注意。

起點行為

在執行本改變方案之前，記錄該童要求注意的頻繁程度。選定每天一小時的時段來做紀錄，把每一次的要求注意劃記在紙上。這時段應該是該童常一再地要求關注，而教師又有時間可以觀察的。在每一天結束時，累計該童劃記的總數並轉登記在次數紀錄圖上。連續記錄三天，這就是該童的基準線資料了。

策　略

有了基準線資料後，開始下列方案。班上所有教師必須一致地執行本策略：

一、故意不理會所有不必要的要求注意

當該童靠近你時，讓你自己加入一個活動。簡要地告訴她：「對不起，我現在必須做這件事。」移動身體，轉向或走到教室另一角落。

二、當該童有好行為時，給予注意

當該童參加期待的活動時，讓她知道你對她的行為感到高興。如果該童喜歡言辭的讚美，微笑著說：「我喜歡妳認真做事！」「謝謝妳幫忙撿起來！」「哇！妳做得真好！」如果該童喜歡肢體接觸，抱抱她或拍拍她。

三、每天安排「特約時間」當增強物

每天可與該童一對一地進行五分鐘的特約時間。這提供了完整、積極的關注，讓該童了解她是特別的，而且這對雙方都是積極的經驗。在第一天之後，你是否提供這特約時間取決於該童的行為表現。在特約時間之前，你和她必須能夠各做各的工作。

在特約時間裡，確保該童擁有你完整的注意。要做好這件事，你需要所有教師的合作。讓該童決定這五分鐘要如何度過，例如說：「我現在花五分鐘跟你在一起。」讓她看鐘或手錶，以確定五分鐘是否到了。「我們做什麼都隨你。」如果該童不知道她想做什麼，你可以建議聊天、玩遊戲、散步、讀書，或該童喜歡的其他活動。五分鐘過了之後，不要延長時間。在結束的時候，告訴該童明天你還會這樣做。

特約時間的時間控制很重要：

1. 第一天在該童一到學校就進行特約時間。第一次結束的時候，告訴該童，明天的特約時間將在明天上午晚一點進行。
2. 第二天告訴該童：如果她讓你做你的事，而她也做她的事，直到特約時間到了為止，即可開始特約時間。明確地告訴她你對她的期望。

   特約時間前的等待時間，取決於你的基準線資料。算出這三天中要求注意的平均時間。如果該童在一小時中要求三次，平均就是二十分鐘。如果紀錄顯示一小時十二次，平均就是五分鐘。

   等孩子來到學校，經過和平均值一樣長的時間後，再進行特約時間。依照這樣的時間分配進行特約時間，一連三天。

   如果在等待的時間內，該童不能節制不要求不必要的關注，就不要給予特約時間。對該童解釋為什麼你取消特約時間，而且要向她保證明天她還會有機會。次日把等待的時間縮短。
3. 如果該童連續三天都享有特約時間，開始把等待時間稍微延長幾分鐘。隨著該童行為的改變，每幾天就延長等待的時間一次。該童應該能在愈來愈長的等待時間內建設性地參與活動，而不會要求不必要的關注。如果她做不到的話，就把延長等待時間的速率減緩。安排好時間控制，以確保該童能成功。

4. 當你看到在整個尋求關注的比率有顯著的減少，改為每隔一天進行一次特約時間。一定要告訴該童你在做什麼。隨著行為的改變，進一步減少特約時間。當然，一般的互動還是要繼續。

四、繼續記錄這行為

這段時間裡，要在行為紀錄圖上劃記這行為。繼續記錄每天一小時裡故意引人注意的次數。這應該是和基準線階段每天相同的時段。

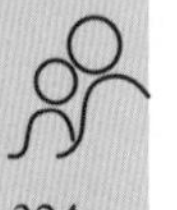

維　持

就像你對所有孩子一樣，繼續在該童表現期待的行為時給予關注。如果偶爾有過錯，有意忽略之。讓該童知道她是特別的，還有你欣賞她的好行為。也要牢記，隨著孩子愈來愈少尋求大人的注意，她就會由其他來源得到增強，包括同儕。

在本書附錄裡，有幾個假設情節，供你應用本書各章建議的輔導原則。請在附錄裡找「輪到你」中的情節，特別是情節七及情節八與本書〈情緒及依賴行為〉篇有關。

Chapter 35

發牢騷

282 在教師會議中，五歲的艾瑞克常是討論的主題。老師們對艾瑞克時常在幼稚園裡發牢騷感到非常地困擾。艾瑞克講話時，幾乎很少不發牢騷或抱怨。通常，他講話的內容包括：「老師！他們不讓我玩。」「老師！這裡的顏料不夠我用。」「老師！我的手指受傷了。」「老師！我現在要出去外面。」「老師！我不會解我的吊帶。」「老師！我找不到我的外套。」通常，經仔細檢查，老師發現：顏料是足夠的、手指並沒有受傷的跡象，或者外套就放在原本的位置上。

老師漸漸地以不耐煩和生氣的態度，來回應艾瑞克的問題。當老師看艾瑞克迎面走來，常會轉到另一邊去。他們很少接近艾瑞克和他談話。

敘述這行為

該童和大人說話時經常地抱怨或發牢騷。

觀察這行為

花些時間觀察和蒐集資料，以助於了解該童的行為：

通常該童在什麼時候發牢騷？

- 在一天當中的任何時間
- 在特定的時間，例如：早晨或傍晚
- 在午餐時間
- 在午睡時間
- 在團體活動時
- 在自選活動時
- 在轉銜時間

通常，伴隨發牢騷而來的訊息有哪些？

- 該童請求這教師的協助
- 該童抱怨其他小孩
- 該童想引起這教師的注意
- 該童要求被抱起來
- 該童不想做某件事
- 該童想要別人注意他的傷口，不論真的或想像的
- 該童想要另一個小孩正在玩的玩具
- 該童傳達任何和全部的訊息給大人

該童發牢騷的對象是誰？

- 所有的大人
- 特定某一教師

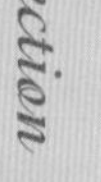

- 小孩及大人
- 父母或其他家庭成員

從非正式的觀察中，你應該對該童在何時和什麼情形下會發牢騷有些了解。這將有助於你實施系統的方法；因為你能預知發牢騷即將發生，並能較有效地予以處理。非正式的觀察也指出，哪些大人應執行這方案。如果該童專只針對某位老師發牢騷，則這位老師應該面對該童這行為。如果該童對班上所有的大人發牢騷，則所有大人都應該參與這方案。

與家庭諮詢及合作

在許多情況下，發牢騷是孩童在與所有成人互動時常有的習慣。如果發牢騷似乎只在學校發生，就在學校處理這行為；特別是要自我反省，是什麼在維持這行為。另一方面，如果發牢騷同時在家裡及在學校發生，可與其家庭腦力激盪，想出減少、最後消除這行為的點子。

分享你認為有效消除發牢騷的策略，用較一般的口氣來鼓勵。要強調目標不僅在減少該童引人注意的量，也在將對該童發牢騷的注意，轉移到對他不發牢騷的注意。持續通知家庭有關消除該童發牢騷的進步情形。

考慮其中涵義

發牢騷是種習得的行為。在一位小孩早期的生活中，他可能學到以發牢騷來引人注意。或許是因為在該童的生活中，若該童以正常的語調說話時，大人沒有經常給予注意所造成的影響。該童試著以不同的方式來引人注意，而發現抱怨地說話時常會引人注意。一種行為方式的建立需要一段時間。該童需要別人的注意，並發現當他發牢騷時，大人常給予較多的注意。當該童發牢騷時大人給予注意，因為大人覺得發牢騷是煩人的，需盡快了結這惱人的事。這注意是以消極態度、惱怒，甚至生氣的方式給予。該童發現當他發牢騷時，大人通常會聽他講；但大人的回應常是漠不關心和不友善的。

教師可能在該童發牢騷時短暫地給予注意，以結束發牢騷；否則若忽略該童的發牢騷，則擔心該童可能再抱怨。該童以抱怨方式獲得所需的注意，增強了這樣的行為方式。然而，獲得注意的代價，是這種注意基本上是消極的。當發牢騷愈來愈成為每天溝通的方式，該童對自我價值感愈來愈沒信心；這是由於別人對他消極回應的影響。

探討變通策略

由非正式的觀察，你可獲得一些該童愛發牢騷的線索以幫助處理。下列建議可供參考：

- 該童可能主要向某位老師發牢騷。這位老師的行為可能鼓勵了該童發牢騷。例如，這位老師可能是在該童以正常語調說話時忽略了他。透過其他同事的幫忙及這位老師謹慎地自省，以發現問題的癥結所在。然後這位老師要對自己的行為做必要的改變，幫助該童在養成習慣之前，停止發牢騷。此外，教師應該考慮本章下列方案，用來處理發牢騷的行為。對教師而言，這可能是適當的處理方式。
- 如果該童不向父母發牢騷，而只在學校裡才會抱怨，這和學校環境中某些可能引起這行為的因素有關。仔細檢討該童在學校的行動，可發現這個問題。 285
- 有些小孩感到疲憊時會抱怨。經觀察可告訴你是否由於這個因素。如果是，則計畫提早休息或午休時間。在該童剛開始抱怨時，將該童導入靜態活動。

由大多數的案例顯示，發牢騷是同時在家裡和學校長期養成的習慣。

對於習慣性抱怨者，下列程序可供參考。

敘述這目標

目標是使小孩和大人溝通時，不發牢騷。

方　法

基本上，方法是同時使用以下兩個步驟：

- 拒絕聽抱怨。
- 有系統地塑造不抱怨的行為。

定　義

發牢騷（whining），是該童不以正常的聲音說話，而常以帶鼻音的抱怨語調說話的溝通方式。

起點行為

在實施任何改變之前，先持續三天每天劃記發牢騷的次數。你會想要了解的，不只是該童多常發牢騷，而且要知道在口語溝通時，有多少比例是使用抱怨的聲音。一天中，選擇你認為會出現相當多牢騷的一小時；每天在同樣這一小時內，計算發牢騷事件的次數。每一位老師應有方便取用的筆和紙，在紙的中間畫一條線；有一欄記錄該童不抱怨且和老師談話的次數，在紙的另一欄記錄該童抱怨的次數。最後，統計老師登記的所有紀錄。計算該童發牢騷時間的百分比：

$$\frac{\text{發牢騷}}{\text{發牢騷}+\text{不發牢騷}} \times 100 = \text{發牢騷的百分比}$$

如果都沒有不發牢騷的情形，也就等於該童有 100%的時間都在發牢騷。如果該童抱怨二十次，不抱怨十次，就是他有 67%的時間在發牢騷。 286

$$\frac{20}{20+10} = \frac{20}{30} = 0.67 \text{ 或 } 67\%$$

由百分比顯示了在溝通時實際上出現多少牢騷的正確資料。連續三天在百分比紀錄圖上登記這百分比，做為基準線資料。

策　略

當你有了基準線資料後，開始下列方法。所有常被該童發牢騷的老師，應該一致地執行這些步驟：

一、在第一個禮拜，每當該童抱怨時，就告訴該童你的期望

依循下列步驟：

1. 蹲下來和該童視線齊高，告訴他：「當你發牢騷時，我不知道你在說什麼。請以不抱怨的方式再告訴我一次。」
2. 如果該童以沒有發牢騷的方式重說一次，你應該說：「很好！現在我了解你說的話了！」適當地回答該童的問題，或評論他的意見。這樣的注意，對該童而言是很重要的。
3. 如果該童以發牢騷的方式重複他的話，你可以再次告訴該童，你聽不懂。當你做了第二次嘗試後，如果該童不再抱怨，就應該讚美他。
4. 如果該童重複第三次抱怨，告訴他：「當你和我說話時不發牢騷，我將會很樂意聽你講。」就這點塑造了你對該童的期待。你以簡潔和不抱怨的語句傳達該童要什麼，並要求他把話重複一遍。
5. 如果在你示範之後，該童仍舊發牢騷，你就可以站起來，走到其他地方。任何直接地一再發牢騷，都應該予以有意的忽略；不發牢騷，

都應被好好讚美。

6. 以這種態度處理每一次發牢騷的事件。

7. 在這同時，把握任何可以讚美和增強適當行為的機會。

二、第二個禮拜時，給該童較少的提示

在經過整整一個禮拜直接告訴該童，當他抱怨時你不了解他在講什麼，
287 該童應該明白，你希望他說話時不發牢騷。

1. 如果該童自動地講話不發牢騷；每次都告訴他，你喜歡他這說話的方式。
2. 如果該童發牢騷地告訴你某些事情，這時候你什麼都不要說，只要直接地注視著他。你的沉默和期待的注視，就是在提醒他，如果他不發牢騷，你才會回答。
3. 如果該童重新以正常的語調說話，讓他知道你感到很滿意。
4. 如果該童再度抱怨，告訴他：「很抱歉，我不知道你在說什麼。」然後走開。事後如果該童走近你不再抱怨，那就處理他的問題並讚美他。

三、第三個禮拜時，撤銷所有的提示

如果經過二個禮拜後，該童大致停止了抱怨。那就顯示該童明瞭你對他的期望。

1. 不再經常讚美該童不抱怨的行為。漸漸地撤除增強作用。經過幾天間歇式的增強，慢慢地減少增強頻率。
2. 對該童其他行為的讚美和注意，要和你對班上其他小孩一樣。當該童和你說話時，繼續回應他。記住：當該童以正常語調和大人說話，卻不能獲得適當的注意時，該童抱怨的習慣會再發生。
3. 若該童偶爾抱怨，不要給予回應，他可能會再以不發牢騷的方式重述，這時必須給予密切關注，讓他知道你對他的行為表現感到滿意。

四、繼續記錄這行為

繼續在行為紀錄圖記錄發牢騷的百分比。只計數原有的溝通方式。如果該童發牢騷，但是在老師回應之後，又以不發牢騷的方式重複自己的話，那麼，後面這個不發牢騷的行為不被列入計數。在第二個禮拜結束時，發牢騷出現的百分比應該低於 25%。如果沒有，繼續第三個禮拜的方案，直到低於 25%為止。

維　持

如果發牢騷在家裡發生，這將是你和該童家庭分享成功的機會。鼓勵和幫助該童家庭在家裡嘗試執行本方案。在學校該童和你溝通時，繼續給予完全的注意。如果該童再抱怨，有意忽略之。 288

在本書附錄裡，有幾個假設情節，供你應用本書各章建議的輔導原則。請在附錄裡找「輪到你」中的情節，特別是情節七及情節八與本書〈情緒及依賴行為〉篇有關。

Chapter 36

自我刺激

289 團體活動時間，四歲的艾莉莎正在聽老師讀故事。幾分鐘之後，她的目光從書上移開，環顧整間教室。她用左手揉自己的右膝蓋；然後，開始抓自己的大腿。她另一隻手拉起裙子，繼續抓大腿。她的手指伸進褲裡，開始揉搓自己。她注視著老師的頭；在故事和歌唱時間，持續地揉搓自己十二分鐘。團體時間結束後，艾莉莎和其他的小朋友起來，準備繼續下一個活動。

稍後，在午睡的時候，她再次自我刺激以便能夠入睡。老師對艾莉莎的行為感到不愉快，但卻沒有說她什麼。另一個小孩的家長對主任提及對這事的不滿。

敘述這行為

該童經常自我刺激。

觀察這行為

用幾天的時間觀察該童，以便對這行為有所了解：

何時該童最有可能自我刺激？ 290

- 不可預知，整天的任何時間
- 整天
- 午睡時間
- 剛到校的時候
- 快放學的時候
- 自選活動時
- 當該童靜坐聽講時
- 課間活動時間

通常，自我刺激的前因有哪些？

- 該童沒參加活動
- 該童獨自在玩
- 該童似乎在煩惱
- 該童似乎累了
- 該童表示不想再進行活動

該童在哪裡自我刺激？

- 室內
- 戶外
- 在午睡床墊上
- 在盥洗室裡
- 在家事角或扮演角

該童自我刺激時，發生了什麼事？

- 她被告知停止
- 她被告知她所做的事是錯的、不好的，而且是好小孩不會做的事
- 她四處張望，是否有人正在看她

通常，該童每次自我刺激持續多久？

- 很短的時間
- 持續幾分鐘
- 持續長時間
- 直到她睡著為止
- 一直持續著，即使在她躺下來睡之後

該童如何提起她自己的自我刺激行為？

- 以負面語辭談論
- 以有罪心虛的口吻談論
- 以這事引人注意地談論
- 以陳述事實的方式談論

291 這些觀察將提供你對該童自我刺激行為情境的一些了解。

與家庭諮詢及合作

討論與性相關的行為，不是令每個人都愉快的話題。如果你覺得不適於討論自我刺激，你可以安排其他成人與其家庭討論這事。重要的是與家庭討論，是否該童無法區別這行為在私下和公開場合間的不同。如果家人告訴你，他們不特別在乎並認為這行為是正常的；討論出你和家庭都認為

是適當的策略，幫助該童限制在適當的場合做這行為。如果家庭煩惱該童的自我刺激，你應該以接納和實際的方式，討論他們的關心和感受。你可提供家庭讀物，使他們安心這行為在幼兒是正常的，並強化你所告訴他們的。關於自我刺激，在本章後面將提供更詳細的如何與家庭溝通的建議。

考慮其中涵義

自我刺激，對幼童來說是相當普遍的行為。身體的探索開始於嬰兒時期，很快地孩子會發現玩弄生殖器的快感。這樣的玩弄身體，會使許多大人驚慌失措，他們可能會巧妙地或非巧妙性地表達負面的訊息給該童。例如：一再移開該童的手、打她，或說「不」或「壞」；這樣的訊息會給該童矛盾的感受。一方面，當該童在玩弄自己的生殖器時會有罪惡感；而另一方面，這樣的刺激會使該童覺得快感、撫慰。負面訊息所產生的犯罪感和羞愧，會造成一種長久的衝擊，影響該童青春期和成年期的性別認同。

幼童的自我刺激應該被視為正常；然而，爭議的地方是隱私問題，即各有哪些行為是適合在公開場合或私底下做。自我刺激是屬於可接受的隱私行為，該童可在私底下做。

探討變通策略

292

很重要的一點，就是要審慎地思考為什麼小孩要自我刺激，以及周遭的成人、家庭和學校裡的大人對她這行為的回應和態度。這問題需要謹慎地處理。

- 被性虐待的孩子可能會出現自我刺激，因為她已經有虐待情境裡被大人性刺激的經驗。小孩若因此會自我刺激是不正常的。可從言辭上或行為上的線索，看出小孩是否被虐待過，例如：談論或表現性方面的行為，是否超出學前兒童正常的知識和經驗。如果老師懷疑該童目前或已經是性虐待的受害者，她有法律及道義的責任，在跟主任討論後提出檢舉*。

- 要確定小孩玩弄生殖器不是膀胱或陰道感染的訊號。該童會搓揉她自己的生殖器，可能其實是因為她會痛。
- 小孩對自我刺激會有不同的回應，有的會感到焦慮；有的則會因此而覺得更好。如果你發現小孩表現出各種焦慮的行為，找個時間和她談，並試著找出困擾她的是什麼。

上述建議，能幫助你解決對該童自我刺激的憂慮。若該童仍經常公開地做這行為、若家庭關心這行為，或是學校裡的大人和孩子都仍在注意並評論這個行為，請繼續下列部分。

敘述這目標

目標是要該童能避免在不當的地方自我刺激。

方 法

為了使該童不在不當的場所自我刺激，基本的策略包含了下列步驟：

- 和所有與該童有關的教職員同仁討論這件事。
- 和該童的家庭討論這件事。
- 和該童討論有關自我刺激的隱私和社會接受度。
- 如果該童在不當的情境或場合自我刺激，要溫和地提醒她。

293

* 曾被性虐待的孩子有特殊的情緒需求。教師的理解、接納、支持，對這樣的孩子極為重要。

定　義

自我刺激（self-stimulation），包括該童用她的手玩弄、揉搓、撫弄自己的生殖器。在此個案中——在公共場合自我刺激，被認為是需要改變的行為。

起點行為

在嘗試去改變該童的行為前，先和其他的老師討論此事。要注意的一點，你要改變的是在公開、不當場合的自我刺激行為；若在該童自己家裡，就可能算是合適的場所。你在開始測量基準線前，要先決定可接受的場合是什麼。

首先要花三到五天的時間，記錄該童自我刺激的頻率、持續時間、在什麼樣的公共場合做。每一次該童出現這行為時，要計時並在紙上登記持續時間，和在什麼環境做。將該童自我刺激的時間及地點列表。將該童該日自我刺激的總次數記錄在次數紀錄圖上，另在持續時間紀錄圖上記錄該日這行為出現的平均持續時間。累計該日所有事件的持續時間總分鐘數為分子，該日總事件數為分母，就可求出平均持續時間：

$$\frac{\text{所有自我刺激事件的總分鐘數}}{\text{發生的總事件數}} = \text{平均持續時間}$$

這些圖表將會幫助你測量進步程度。

策　略

當你在蒐集基準線資料時，可以先開始執行本方案的前兩個步驟，即和教職員同仁及家庭討論。後兩個步驟是和該童討論；如果該童表現這不當行為，要予以提醒，不要等到基準線階段以後才執行。

一、和教職員同仁討論自我刺激

我們對和性有關的事情之回應會有很大的差異，是因為我們自身所受的教養、經驗和訊息的不同而異。同仁對自我刺激的態度有所不同，有的接受這行為，認為是正常的；另有的判定這行為是不好的，應該在還未造成無法挽回的傷害前禁止它。所有和該童有關的工作同仁及主任都應參加討論，若是能邀請一位這主題的專家參與討論是有助益的。在這聚會中，討論的焦點應在每個人對自我刺激的態度，以及他們所觀察到該童與自我刺激行為的相關。這次聚會的結果，應對什麼是可接受的或什麼是不可接受的達成共識。全體工作同仁對於在什麼地方的自我刺激不可接受達成共識。如此的共識在於工作人員的態度和信念，並可能決定一般班級活動不是可接受該童自我刺激的場所。

二、和家庭討論自我刺激

正如老師同仁對自我刺激有強烈的見解，許多家庭成員會以不同方式回應。有的接受這行為，認為是正常的而不在意；但另有的對這個問題就會有不同的意見、主張，甚至誤解。你需要準備如何和家庭討論，並提供有關的資料。你可推薦一些值得信賴的權威著作給家庭參考，這也會有幫助。根據家庭的感受、工作同仁的意見、發生自我刺激的情況，你可以使用不同的方法：

- 如果家庭不在意自我刺激的行為，而且該童私下有這行為，你就不需追究這件事。
- 如果家庭不在意自我刺激的行為，但該童常在公開場所自我刺激；那麼，你就應該和家庭討論這個問題。最後該童學會：有些行為在公開場所做是不被社會接受的，應該在私底下做。你可以和家庭合作，幫助該童了解其中的差別，讓該童不會有罪惡感或感到羞恥。

- 如果家庭在意該童自我刺激的行為，而工作同仁卻不如此；可以討論解決這個問題。家庭會因聽你說這個行為是平常的而安心。如果家庭仍在意這個問題，你就要說明學校的立場（自我刺激不一定是不好的行為），老師只會在這行為發生於不當的場合時才會回應。
- 如果你和家庭都在意該童自我刺激的行為，因為這個行為常出現在公開場所中，那麼雙方就該達成共識決定要如何處理。在家裡和學校都以相同的方法處理這問題，對該童會有幫助。

三、和該童討論自我刺激

一旦工作同仁和家庭已有機會分擔有關該童自我刺激行為的資訊、關心、感受，且基準線階段也已實施，你應私下花些時間和該童討論自我刺激。聽聽該童說些什麼，同時也告訴她下列的訊息：

- 自我刺激的行為對小孩來說是平常的。
- 自我刺激是一種隱私的行為。
- 自我刺激的行為不應該在公開場所出現，但是可在適當的地方做。

你和該童討論是想使她安心，知道老師不會使用懲罰或負面的方式對待她，所以一個能被接受的方式是重要的。小孩通常很敏感且善於隱藏自己的感受，如果你所說的和所想的不一致，該童會以為老師在反對、禁止她。若是你對幼童的自我刺激是常態的觀念，無法接受或感到矛盾，最好能讓另一位工作同仁跟該童談。

四、如果自我刺激行為仍出現在不當的場所，要記得提醒該童

即使你已經和該童討論過，該童還是偶爾會在不當的地方自我刺激。如果這個行為出現了，溫和地提醒她你們之間曾討論過的。要確定是以個別的方式處理，避免讓該童尷尬。你要提醒該童的是：你同意她在適當的

場所自我刺激，但她做的場所並不適當。如果當時情況許可，你可以再引導該童參與活動。

五、繼續記錄這行為

在你開始本方案後，要繼續計算自我刺激的次數和持續時間。很可能你將會看到該童在不當場所的自我刺激行為快速地減少。經過兩個禮拜之後，在圖上不再有不當的自我刺激行為出現，那麼你就達成目標了，不需再記錄資料。

296 維　持

一旦該童內化你所傳達的訊息，她可能就不會繼續在不適當的場所自我刺激了。萬一偶爾仍然有小差錯，溫和地提醒就可以解決這問題。

在本書附錄裡，有幾個假設情節，供你應用本書各章建議的輔導原則。請在附錄裡找「輪到你」中的情節，特別是情節七及情節八與本書〈情緒及依賴行為〉篇有關。

參與社會及學校活動

Chapter 37

不參與活動

299 在教室裡，小孩們正忙於各種活動。四歲的莎拉站在門旁不參與，似乎也不感興趣。老師走近她，並微笑地說：「來！莎拉，請幫我取出顏料。」莎拉站著不動，於是這老師自己去拿。幾分鐘後，老師回來將莎拉拉到她面前，蹲下到和莎拉一樣的高度和她說話，試著讓她對活動感興趣。莎拉外表雖沒有抗拒，但她堅決拒絕參與。事實上，她到室內各個不同活動周邊走動。當她被帶入一個活動，她有氣無力地未並投入其中。

自莎拉進入幼稚園六星期以來，她尚未積極地參與任何活動。班上所有老師花了相當多的時間在她身上，溫和地試圖讓她對課堂的活動感興趣。結果毫無幫助，莎拉繼續被動、不動。

敘述這行為

該童很少或從不參加安排的或自發的學校活動。

觀察這行為

300

花一些時間觀察該童，以便進一步了解這行為：

假使該童偶爾參與活動，她參加什麼活動？

- 不特定的活動
- 每個小孩獨自工作的活動
- 團體活動
- 聽故事
- 看書
- 音樂
- 美勞
- 戲劇表演
- 積木
- 木工
- 戶外遊戲
- 玩沙或水
- 感官活動
- 操作用具

當不參與活動時，該童做什麼？

- 該童看其他小孩做活動
- 該童看窗外
- 該童站在門邊
- 該童哭泣
- 該童拿著或玩著自己的東西，如毛衣或毯子

- 該童自言自語
- 該童跟著大人或特定的小孩

當要求該童去參加進行中的活動，她會做什麼？

- 假使耐心哄誘，該童就會參加
- 該童口頭拒絕參與
- 該童非口語地拒絕
- 該童轉身不理睬
- 該童開始哭泣
- 該童噘嘴
- 該童走到活動地點附近，但不參加

利用你觀察的資料，去找出可以幫助不參與活動的該童的方法。

301 與家庭諮詢及合作

仔細地觀察該童以後，與其家庭面談，討論你的關心（該童無法獲取像其在校外一般多的經驗）。討論該童在校外的行為表現；找出在家裡她喜愛什麼樣的活動和材料。並詢問是否家庭認為該童是害羞或只是在仔細觀察週遭發生的事。討論是否該童有和學校有關的恐懼，使她不參與活動。列出家庭的建議，幫助該童參加更多的學校活動。一旦你開始改變該童這行為的方案，持續通知家庭其邁向目標的進步情形。

考慮其中涵義

非常害羞的小孩可能會覺得參加教室活動是困難的，尤其當教室經驗對她是新的經驗的時候。當該童有機會熟悉教室常規，和建立了與老師的關係之後，當初的猶豫遲疑通常會消失。

在一些個案裡，小孩發現不參與活動會引起大人相當的注意。這些大人希望，所有的小孩能盡量地從學前教育經驗中獲益。關心的老師花時間和該童談話，他們可能提供特別誘因和特權等來哄誘該童，鼓勵她參加。在這種情形下，小孩因不參加而獲得的關注變得比活動更具吸引力。老師試圖要該童參加教室活動的努力，因為給予該童不參與活動不當的關注，反而增強了她不參與活動。

探討變通策略

在假定該童的行為需要改變之前，考慮下列建議是否能改善這情況：

- 該童不願意參加教室活動，可能純粹是因為焦慮、害怕教室或與教室有關的事情。在這種情形下，要幫助該童去克服這些感受。給予任何所需的關注和鼓勵，以增加該童在教室的安全感和信心。本章的方案是針對為引人注意而不參加活動的孩童設計的。要謹慎確定該童的動機是引人注意，而非焦慮或害怕。通常，要引人注意的小孩，她的動機是隱約有線索可循的。她尋求大人的回應，對大人的注意有積極的回應；而且一旦給予她注意，她會刻意去維持。若是表現害怕的小孩，對大人的注意會退縮。基本上，若動機不是為了尋求注意，你就應在緩和恐懼情緒及建立信賴關係上努力*。
- 檢查教室內提供的器材和活動，是否適合這些小孩。該童不願意參加，有可能是對教室裡的東西不感興趣。若是如此，將該童轉到另一個較適合於她興趣的班級，或提供更適當的器材和設備給她。
- 檢查該童的感官知覺技能。小孩可能因為視力或聽力的缺陷，而使她不願意去嘗試參加活動。如果該童似乎過度地笨拙，或者對周遭

* 一些情緒困難的小孩子會有莫名的恐懼和焦慮。在你的班上，如果小孩過度的害怕或恐懼是與學校有關的，應該尋求專家協助處理這問題。

的聲音、噪音未能有所回應，你應該和該童的雙親討論你的關心，並建議去做身體檢查*。

- 假使該童只拒絕參加某一類的活動，可能是她對這活動有某種誤解。問該童為什麼她不想參與這活動。例如：孩童可能不想玩指畫，因為她被教導要保持乾淨；或者她可能堅持不玩積木，因為有人告訴她，積木是只有男孩才可以玩的。一旦你了解小孩拒絕參與某種活動的原因，你就可以試著去改正她的錯誤觀念。
- 應該注意，不能也不應該期待小孩不斷地參與班級活動。小孩跟大人一樣，需要時間去反省、觀察、思考、休息，而非持續地忙碌。有些小孩比其他孩子活潑好動，另有些小孩比其他人花更多的時間，安靜地思考周遭所發生的事。不要誤將天生好沉思的小孩認為是不參與活動的。孩子可能有時參加活動，另有時則靜靜地旁觀。
- 注意不要把適齡行為與不參加遊戲混為一談。在遊戲發展的各階段中，該童參與某種形式的遊戲。她可能只花少許注意在他人身上，或者可能完全參與在他人的活動中。當小孩開始覺察同伴的存在，她可能觀察別人的時間多於參加活動。這是遊戲的正常發展階段，而不是不參加活動。

303

如果上述這些建議未能提供解決的方法，繼續下列策略。

敘述這目標

目標是讓該童變得定期地積極參加班級活動。

* 該童若有感官障礙，應會有其他顯著的行為問題。如果你懷疑該童不參與活動是由於感官困難，要敏於可能是聽覺或視覺障礙的其他線索。

方　法

處理該童不參加教室活動的基本策略，包含兩個步驟：

- 使用逐步養成技術（technique of successive approximation），增強該童參加活動。這技術將於本章後面定義。
- 故意不理會不參加活動的行為。

定　義

不參與活動（nonparticipation in activities），包括該童不積極、不主動參加教室活動的所有例子，不管是老師安排的活動或自創的活動。不參與包括站在旁邊、不使用教室器材、在團體活動時依舊遠離班上、當要求她參加時拒絕加入。班上所有的老師應討論，增加任何他們認為是不參加的行為列入定義。所有大人對這行為定義的一致是很重要的。

起點行為 304

蒐集基準線資料，和以後的改變做比較是很重要的。每天選一小時來觀察該童，共持續三天。在這一小時，小孩擁有各種活動的選擇權。在觀察的這一小時中，使用時間取樣法來蒐集資料。手錶或時鐘、筆、紙是蒐集資料所必需用品。每五分鐘觀察該童一次，每次觀察十五秒。若該童行為符合不參加活動的定義，則不在紙上劃記。若該童參加活動，則在紙上劃一記號。在這一小時觀察時間結束時，你會有 0 到 12 個劃記。將每天的總次數轉登記在次數紀錄圖上。

策　略

一旦基準線建立後，就開始執行本方案。班上所有的老師都應一致地遵循這些程序，以確保成功：

一、使用逐步養成技術，增強該童參加活動

本方案的目標是讓該童知道，當她參加教室活動時將獲得關注；當她不參加時將被忽略。該童少參加活動，則少有得到增強。因此，逐步養成技術提供了常給予增強的方法；在這方法中，該童由於愈來愈接近期待行為而被增強。參加教室活動分為六個步驟，每一步驟均漸接近期待行為。首先，該童在第一步驟，只要接近期待行為即受增強。當這行為一致地達成，在第二步驟，她只能在更接近期待行為始被增強。如此持續各步驟逐步養成，直到該童達到期待行為為止。每次依循下列其中一個步驟*：

步驟一

只有當該童觀看其他小孩活動時，才給予增強。假使該童不觀察她的同儕，則不給予任何反應，有意忽略她。當該童看其他的小孩在遊戲和工作時，可以用一個微笑、輕拍或一句評論來增強她。例如：「看別人玩，是不是很有趣啊？」不要嘗試哄騙該童去參加活動。你的口語評論，應該表達贊同她正在做的事。不要暗示她所做的比你所預期的還少。當該童看著其他小孩活動時，留在她身旁，持續提供口語及非口語稱讚。

步驟二

只有當該童在距離她五呎（約 1.5 公尺）內觀看活動，才給予增強。再來，當她離開活動區、不看附近的活動或觀察教室的活動時，不給予注意。

* 對認知障礙或顯著發展延遲的小孩，這個技術特別有用。對即使是基本活動也不參與的小孩，使用逐步養成技術是有助益的。

當她看身旁的活動時，用擁抱、眼光、微笑或一些話增強她，並告訴她你喜歡她正在做的事。你的舉動應該鼓勵這行為。

步驟三

只有當該童接近活動，才給予增強；雖然，她未必參加。例如，該童和團體坐在一起，或坐在活動區及美勞區的桌子前，或者站在家事區、積木區的中間。活動應是在容易加入的範圍內。若該童不是在這範圍的位置內，予以有意忽略。若該童在範圍內，用與前述兩個步驟一樣的方式來增強她。

步驟四

期待該童在觀察之外，也能參加活動。這未必意謂完全的加入，該童可能握著一個玩具、戳刺一塊黏土或撫摸玩偶。只有當她至少表現部分加入時，才給予增強；若是其他狀況時，則忽略她。你用口語增強時，不要暗示她做的比你預期的還差。要像這樣的評論：「黏土摸起來軟軟的，是不是？」或者「你正拿著一塊小貓拼圖！」

步驟五

這步驟需要完全地加入活動。該童應和班上的其他人一樣，時常參與活動。每一次當你注意到她加入活動時，就給予增強。

步驟六

一旦該童完全加入活動，便開始逐步減少增強。每幾天漸次減少你給予讚美的次數。最後，你應該提供與團體中其他小孩相同比率的增強。

假使小孩跳過某步驟，則增強與理想行為愈來愈近的行為。例如，可能在步驟一，你增強該童觀察活動後，她便突然地參加教室中進行的部分活動。在這種情形下，從步驟一直接進到步驟四。

你可能發現到，一旦你選擇性地給予增強，該童很快地便學會你未講的暗示，並且去做所預期的行為。記住，她的行為是因為渴望被注意而引起動機的。在要求她順從時，給予注意。

二、故意不理會不參加活動的行為

在逐步養成的過程中，確切地告知你要忽略的行為是什麼。當你故意不理會某一行為，你必須確定完全地執行。對該童的表現保持中立的態度，顯示既不贊同亦不反對。假如該童的行為沒有合於你的期待，不要對她說話、不要微笑、不要回應她或不要直接看著她等。試著不要與她太接近。假如你必須去接近她，要擺明你是在注意別人或別的事物等態度。看著該童以便知道你何時要給予增強；但不要讓她知道，她是你注意的目標。

三、繼續記錄這行為

使用次數紀錄圖記錄進步情形。確定所觀察和記錄的時段與基準線階段相同。

維　持

當該童完全地加入班級活動時，你已達到目標了。繼續為她的加入時常給予增強。如果你發現該童有時不加入，則建議她參加另一個活動。不要對不參加的行為給予不當的注意。如果不參加活動的行為再發生，則只要故意不理會它即可。

在本書附錄裡，有幾個假設情節，供你應用本書各章建議的輔導原則。請在附錄裡找「輪到你」中的情節，特別是情節九及情節十與本書〈參與社會及學校活動〉篇有關。

Chapter 38

不參加群體遊戲

小孩在幼稚園參與許多遊戲活動。有些遊戲活動需要幾位小孩共同 307
參與，才能進行。五歲的艾倫總是做些他可以自己玩的活動。他玩拼圖、配卡、積木和其他遊戲。他從不和其他小孩一起工作及遊戲。

艾倫是一個文靜的小孩，他從來不找其他的小孩玩，而他們也很少找他玩。老師關心的事情是，艾倫是家中獨子，他好像迴避和同儕間做群體接觸。當他自己一個人的時候，老師經常會過去找他；當大人和他說話時，艾倫似乎有反應。有時艾倫自己一個人玩時，老師會停下並坐到他旁邊、和他說話、陪他做活動。老師希望艾倫能夠慢慢的加入同伴的行列。然而，他進入幼稚園已經四個多月，仍舊迴避群體互動。

敘述這行為

該童很少或從不和其他小孩互動，或參加群體遊戲。

觀察這行為

利用幾天的時間，對該童做非正式觀察，以深入了解這行為：

當該童該參加群體遊戲或與其他小孩互動卻不做時，他在做什麼？

- 該童玩只能獨自操作的玩具或器材
- 該童跟在大人的旁邊
- 該童跟著某位老師
- 該童顯然什麼事都沒有做，只是站著或坐在一旁

當其他小孩開始互動時，該童會有哪些反應？

- 該童忽略其他小孩
- 該童做簡短的回應
- 該童掉頭不理睬
- 該童走到別處
- 該童顯出不自在（臉部表現出痛苦或煩躁）
- 該童顯得輕鬆
- 該童變得有攻擊性
- 該童提供他正在玩的東西，和其他小孩一起分享
- 該童接受其他小孩提供給他的玩具或器材
- 該童找老師介入

假如該童偶爾與其他小孩產生互動，這些小孩是誰？

- 一位特定的小孩
- 幾位小孩
- 團體中首先接近他的任何一位小孩

- 他所認識的校外小孩（例如鄰居或親戚）
- 害羞的小孩
- 年紀較輕或體型較小的小孩
- 較高大或較年長的小孩
- 男生
- 女生

利用觀察得來的資料，幫助不和其他小孩互動的該童。

與家庭諮詢及合作

避免與其他小孩互動的孩子，會失掉重要的社會化機會（學習施與受的社會交換）。特別是如果該童是獨生子，家庭可能無法察覺該童似乎避免與同儕接觸。一旦你有機會觀察該童的行為後，安排與家庭會面，讓他們知道你的觀察和關心。從家庭處發現該童與其他孩子有什麼互動，以及他們對這情況的觀察。與家庭合作討論，幫助該童更自在地與同齡夥伴社會互動。一旦你開始改變這行為的方法，要常與家庭接觸，通知他們這行為的進步情形。 309

考慮其中涵義

在幼稚園階段，小孩開始學習如何和別人相處。這種能力來自不斷的練習，及和其他人的積極相處。幼兒從只想到自己的唯我中心範疇，逐漸地轉移到考慮他人的世界。學前階段促進此過程的進展。幼兒教育的一項主要目標便是幫助學前小孩學習社會技能。從與同儕互動當中有許多學習的機會。

通常，社會化是一自然的過程。有時小孩在學習如何與其他小孩互動的過程會遭遇困難。在這種狀況下，老師必須細查該童的這種情況。也許是該童缺乏可以幫助他和別人互動的社會技能，也可能是他想要得到大人的關注而不參加互動。如果是該童缺乏社會技能，也沒有人幫忙他去學習這種社會技能，他在進入小學後，仍會有社會能力發展不足的困難。該童迴避和其他小孩互動，若是因為大人在試圖叫他和別的小孩互動時，給予較多的注意；只要該童能得到他所想要的注意，該童會一直迴避與群體互動。想幫助該童增多和同儕互動，需要對這情況仔細地評估，否則老師的幫忙就無用。

探討變通策略

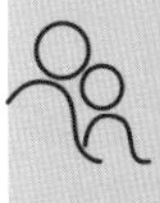

參考下列建議，看看是否能提供一些較簡單的解決方式：

- 考慮到該童的發展階段。年紀很小的幼兒還沒有相當社會化，他們比較喜歡單獨或與人不相往來。大部分兩、三歲的幼兒，還沒有發展出參加群體遊戲的興趣或準備。假如你關心的該童年紀很小，就要檢討你對他的期待，是否超過該童的行為能力。給予時間和適當的指引，那麼該童會從單獨遊戲進入對群體遊戲的喜好*。
- 該童迴避與其他小孩互動，也許是因為安置他在這班是不當的。該童可能是班上年紀最輕、體型最小的，他可能感受到班上同學的壓力和威脅。如果是如此，則盡可能把該童轉到較適合的班級。
- 通常，該童對學校或團體的經驗是陌生的，他對新環境可能感到不適應，所以沒有和其他小孩互動。時間、耐心、適當的指引等，會幫助該童融入這團體。

假如上述的建議沒有提供你解決的方法，請繼續下面的策略。

---

* 認知困難的小孩可能仍停留在較幼小的發展階段；不參加群體遊戲，反映的可能是其發展水平，而不是不當的行為。

敘述這目標

目標是要讓該童在學校和其他小孩互動及參加群體遊戲。在自選活動時間，該童至少要有三分之一的時間參加群體遊戲並與同儕互動。

方　法

本方案針對處理該童不參加群體遊戲，包括下列四個步驟：

1. 增強該童和其他小孩的社會互動。
2. 增強其他小孩和該童互動。
3. 系統地幫助該童學會社會技能。
4. 當該童不和同儕互動時，則故意不理會他。

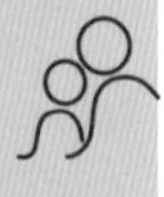

針對特定小孩所使用的方法，要依老師對該童這行為原因的評估而定。假如該童不和同伴互動是因缺乏社會技能，則使用步驟 1、2、3。假如該童的行為動機是為了得到老師的注意，那麼使用步驟 1、2、4。如果他的行為是因為缺乏社會技能和為了得到注意，就使用本方案的四個步驟。

定　義

不參加群體遊戲（nonparticipation in social play）包括：任何沒有和其他小孩互動的行為，像自己玩、獨自站著或坐著、找大人或獨自和大人講話。群體遊戲（social play）是指以口語、非口語方式和其他小孩玩共同的遊戲或玩具、和同學交談、分享或其他互動方式。班上老師應該討論和列出他們所認為的不參加群體遊戲的定義，以便達到共識。

起點行為

花三天的時間蒐集基準線資料，以便和後來的進步做比較。挑選一天中小孩自由選擇活動和自由參加群體遊戲期間的一個小時觀察。蒐集資料都要在相同的時段。利用時間取樣法，測量該童在觀察時段內和同儕互動多少次。老師需要一支手錶或附近的鐘以及筆和紙，以便做紀錄。在這一小時內，每隔五分鐘觀察該童十五秒。如果他有參加群體遊戲，就在紀錄紙上劃一記號。老師也可以一小時十二次為上限。在觀察結束後，將該日總次數轉登記在次數紀錄圖上。

策　略

在建立基準線資料之後，繼續下列的步驟：

一、增強該童和其他小孩社會互動

在你試著增加一個小孩某一行為時，要經常給予增強，以便讓他知道你重視這行為。每次該童參加群體遊戲時，老師都要稱讚他。假如該童不參加，是因為這樣可以得到老師的注意，那麼，老師要轉移對這行為的注意。把對他的注意轉移到別處，有助於快速改變他的行為。所以，不管該童的基本動機為何，都應該有相當多的機會得到增強。

仔細選擇你所給予增強的種類。假如該童迴避群體遊戲，因為這樣他可以得到老師的注意，那麼當他和別的同學互動時，老師給予注意會較為棘手。你會冒著該童放棄參加群體遊戲的危險，因為他認為你將要注意到他。你要如何獎勵，視該童的回應而定。嘗試不同的增強，以找出何者最有效。非口語的增強，例如微笑、拍肩，或你出現在他附近幾秒鐘等都可能有效；口頭稱讚，如果表達得當也會有效，例如說：「你們兩個一起烘出這麼好的蛋糕。」或「你們兩個喜歡在蛋糕上放幾顆小果核嗎？」你的稱讚應該同時包括這兩位小孩，意味你不是長時間的待在他們旁邊。

二、增強其他小孩和該童互動

互動是一種至少需要兩個人的活動，對於和他一起互動的小孩，老師也應該給予增強。給予其他小孩一個微笑、一個擁抱、一句謝謝你或簡短的幾句話都是增強。老師應該多鼓勵其他小孩輪流去找該童玩；這種方式應該會幫助他在群體情境中感到更自在*。

三、系統地幫助該童學會社會技能

在進入這個步驟之前，經由和該童家庭交談，以確定他是否缺乏社會技能。假如他們指出該童是因為較少有和同齡小孩相處的經驗，或在同伴中顯得害羞的話，你可以大致確定他在群體發展上需要協助。你可以經由下列過程，逐步去幫助他獲得互動技能**：

1. 在剛開始的三、四天，幫助該童觀察其他小孩間的互動。牽著他的手（假如他不排斥），然後從教室的一處走到另一處；解釋那些小孩在做什麼，把重點放在社交方面。舉例來說：「嗯，米奇是雜貨店老闆，夏樂蒂來購物；她要買蛋，米奇拿蛋給她。」「卡門和賴利兩個人正站著一起畫畫，因為卡門沒有紅色的彩色筆，所以賴利借給她。」「看！派區克正把一塊積木放在他和瑪夏拉、彼得搭建的高塔頂端。看他們笑的樣子，一定非常好玩。」在一天之中如此做好幾次，而且每次只要幾分鐘就可以了。鼓勵該童，將他所看到的說出來。

---

* 當特殊需要的孩子融合在班級裡，促進其他小孩接納是重要的。讓所有小孩知道，你重視身心障礙孩子融合在班上遊戲中，這是重要的元素。

** 情緒／行為、認知、感官和其他身心障礙孩子，需要系統地幫助以學會社會技能。這種方法可有助於他們學會較佳的社會能力。

2. 一旦該童以觀察者的身分覺得自在後，試著要他稍接近這活動。仔細挑選班上一、兩位你認為會合作且不排斥該童的小孩。不要總是挑同樣的小孩。把該童帶到正在玩的其他小孩旁邊，看個一兩分鐘
313 左右，然後和他在旁邊坐下來。開始加入遊戲，同時也鼓勵該童加入遊戲。口頭敘述每一個小孩在活動中做了哪些事，強調害羞的該童之角色。如有需要，可以肢體引導他。例如，在他手上放一塊積木，並協助他把它放到整個積木架構上。

   一天之中，如此做幾次。活動進行時，花幾分鐘陪他。讓他知道，你隨時會離開。直到他開始參加這遊戲，才繼續下一個步驟。這或許需要花點時間，但要記住：該童剛在學習這些社會技能。當該童開始和其他小孩玩得愉快時，繼續到下一個步驟。

3. 把該童帶到其他小孩或小組旁邊。陪他看個幾分鐘，然後問他：「你要不要跟他們一起玩？」假如他要的話，就鼓勵他去參加。這時，老師除了幫助他成為團體的一分子外，不要提供太多幫助。提供一個有助於這團體遊戲的支持，例如說：「給他一條繩子當做是消防水管。」告訴另外一個小孩說：「看！這裡有個消防員拿水管要幫你滅火。」老師退出，讓該童參加這個遊戲。透過對這個遊戲的評述、稱讚或微笑給予增強。

   一天之中，如此做幾次。只要小孩似乎需要你的幫助時，則繼續這步驟。當該童較常自行參加群體活動時，則可撤除在活動當初所提供的協助。

4. 當該童自己參與其他小孩的遊戲時，要間歇提供增強。首先，當你注意到該童參加群體遊戲時，試著給予某些形式的增強。對他微笑，或給予口頭上的稱讚。當該童互動愈多時，他會從與同伴社交互動中得到更多的樂趣與滿足。這種增強，來自這情境本身。

   或

   慢慢地減少增強物出現的次數。當該童和其他小孩正常地互動時，

你就不需要再給他比其他小孩更多的增強。

四、如果該童迴避群體遊戲，是因為他因此而得到大人的注意，則要撤除這注意

當你看到該童迴避群體互動時，故意不理會他。對被孤立的小孩，走
到他身邊叫他參加遊戲活動或給他注意，是自然的事。但是，當你這樣回
應時，可能造成反效果；因為對他來說，得到你的注意會比參加群體遊戲
還重要。當他自己一個人的時候，不要給予增強，反而要故意不理會他。
不要和他說話或對他笑，甚至也不要看他。但只要他有互動行為時，要稱 314
讚他且給予注意。如此，該童才會知道，你所期望和重視的行為是什麼。

五、繼續記錄這行為

持續計算行為出現的次數，使用的時段和基準線階段是同樣的。每隔五分鐘觀察該童十五秒。假如他參加群體遊戲，則予以劃記。若是你在有系統地協助該童學習群體技能，這期間則不予記錄。記錄自發的互動及參與群體遊戲的行為。當圖上顯示，該童至少有三分之一的時間有群體互動，那麼你就已經達到這目標了。

維　持

積極的同儕互動，靠的是從參與互動本身當中得到增強；當目標已達成時，應協助該童維持這好行為。繼續給予參加互動遊戲的所有小孩經常性的增強。

在本書附錄裡，有幾個假設情節，供你應用本書各章建議的輔導原則。請在附錄裡找「輪到你」中的情節，特別是情節九及情節十與本書〈參與社會及學校活動〉篇有關。

Chapter 39

在團體時間會害羞

315 除了塔德之外，全班正在唱歌。這個四歲小孩的眼光投向地面，雙手交疊放在膝上，面無表情靜靜地坐著。歌曲結束了，帶領的老師示範一個新的手指謠。只有少數小孩隨著她的手移動，並重複部分字眼。她再重複一次手指謠，有大部分的小孩都能跟著做。到了第三次練習，除了塔德外，其他小孩都跟著做。這位老師答應小孩，明天再玩這新的手指謠。她建議小孩在她說故事之前，全體再玩一次手指謠。除了塔德之外，每個小孩都參與了。

另一個老師注意到塔德的被動，而靠近他身邊。她在最後的手指謠中拉起他的手，並引導做適當的擺動。塔德把手臂和手變得軟趴趴，結果是沒有做。

現在，主教的老師拿起她為了這一天所選好的一本書。當她說故事時，這些孩子都專注地聽；當她問問題時，他們都急切地舉起手來。針對故事中的某一段要點，她直接問塔德一個問題；但他仍然繼續靜靜地坐著。他不想回答，甚至未顯示他是否在聽。不久之後，另一位小孩回答了這個問題。後來，在教師會議中，這兩位老師都表示不知道她們能做些什麼，來幫助塔德參加團體活動。

敘述這行為

該童不參加團體活動。當他被叫到名字、唱歌、玩手指謠，或者其他團體活動時，他都不說話。

觀察這行為

在團體活動時間仔細觀察該童幾天，以了解他的害羞：

在團體參與的活動中，像是唱歌、玩手指謠等，該童在做什麼？

- 該童靜靜地坐著，不講話、不唱歌、不移動
- 該童並沒有參加活動，但由笑容顯現出愉悅
- 該童在團體參與活動期間顯示苦惱的樣子
- 該童看著指導老師和其他孩子
- 該童在團體中將眼光移開
- 該童試圖離開這團體

當該童被老師叫到或問問題時，發生了什麼事？

- 該童什麼話都沒說
- 該童低聲說出答案
- 該童試著回答，但只使用少數的字
- 該童只用是或不是來回答
- 該童以非口語方式來回答，像是點點頭
- 該童覺得不舒服
- 該童低下頭去
- 該童嗚咽或哭泣

- 該童離開這團體
- 該童從其他大人處尋求信心

利用這些從你觀察所得的資料，來幫助該童克服在團體活動中的害羞行為。

與家庭諮詢及合作

事實上，該童不參加團體活動，也許其家庭並未覺察，因為他們當時不在現場。然而，你可以讓家庭知道：你正在設法使他們的孩子參與學校
317 更多的團體活動，你已使用了哪些策略，有哪些成功的表現。

考慮其中涵義

人與生俱來有不同的脾氣和氣質。有些小孩是外向的，對於新經驗充滿期待；另有些小孩是內向的，對於未知的東西充滿不安。成人不能也不應試著去改變先天的特徵。但是，他們可以幫助小孩更了解自己，並使自己的人格和特徵獲得最好的發揮。該童不喜歡參與學校團體活動，可能天生就是沉靜、害羞的小孩。如果老師試圖強迫該童去參加，他可能因受到這樣的威嚇而更內縮。然而，透過耐性及系統的方法，可以幫助該童參與並樂在其中。

探討變通策略

想想是否有簡單的方法可能對解決這問題有所幫助：

- 檢討你在團體時間所提供的活動。可能由於這個活動太簡單、太困難或太無聊，使該童不想參加。確定你提供了適齡的活動，這些活

動對該童而言應是多樣化，足以避免單調乏味的。

- 應將該童安置在適當的班級。可能他沒有意願參與活動，是因為他覺得被較大的小孩威嚇。若可能的話，將該童安置在更符合他發展水準的班級。
- 聽力不佳也可能造成這種行為。如果一個小孩無法聽清楚，他可能會有沉默的回應。他不會唱歌，可能是因為他聽不懂歌詞；他不會回答問題，可能是因為他聽不到。如果你感覺他的聽力有問題，做一個簡單的測試來驗證你的懷疑。在該童背後發出各種的聲音和噪音，再看看他的反應。如果這程序確定了你的疑慮，就告訴其家庭帶他去做進一步的聽力檢查*。
- 有些小孩比他人沉默或害羞。有多外向或內向，主要是他們先天的特質。如果你關注的該童具有害羞的傾向，不要設法將該童改變成 318
外向。做為一位老師，你的任務是幫助該童在學校更自在地學習。溫和、理解、悅納、養成、耐心將是最有效的，可以幫助不參加團體活動的該童感到較安全。
- 有些小孩在較大團體中不適應，和較少同儕一起時較佳。你可考慮將小孩分成兩三個一組的小團體，而不是全班都參加的大團體。

如果這些建議都不能解決問題，那麼就繼續下列方法。

敘述這目標

目標是讓該童在團體活動時愉快且完全地參與。

---

* 許多小孩經常由於一再的耳朵感染，而有些聽力損失。教師要敏於這種可能。另外，說話或語言缺陷或遲緩也許是這問題的根本。從其他脈絡環境，你應該意識到這一問題。與語言治療師諮詢，或許可提供你策略，幫助該童更能融合於普通班。

方　法

幫助該童在團體活動時更完全地參與，基本的方法包含同時進行下列兩個步驟：

- 系統地幫助該童逐漸加入團體活動。
- 增強該童的加入團體活動。

定　義

團體時間會害羞（shyness at group time），包括了不參與團體活動。「參與」包括：唱歌、舞蹈、玩遊戲、討論和回答問題及其他的行為。班上教師同仁應該討論並列出他們認為是「參與」的所有好行為，以達成對定義的共識。

起點行為

花三天時間蒐集基準線的資料，以做為日後進步的比較。在團體時間，當小孩有機會主動參與活動時，測量該童的參與度。由於參與的機會有所不同，計數分參與的機會及實際參與兩種，並計算其百分比。

319 總計參與的機會。對小孩而言，包括透過聲音、手、腳或全身等每一參與的機會。例如，每一首歌計做一次參與，每玩一次手指謠（和每一次重複）當一次參與，以及每回答一個問題就當一次參與。記錄下該童實際參與活動或表現願意參與的次數，例如舉手。

當你有了這兩種紀錄時，就可以計算其百分比。例如：如果在團體時間玩抓鬼遊戲（Duck, Duck, Goose），就算一次（1）；唱一首歌，就算一次（1）；玩兩種手指謠及重複其中之一，就算三次（3）；老師在說故事時間問了五個問題，就算五次（5）；這些全部提供了十次的參與機會。如果該童都沒有參與，則參與的百分比就是零。若他只參與一種手指謠（1），且舉手回答問題一次（1），那麼參與的百分比就是 20%。這需在指導老師外另由他人來觀察統計。在每次團體時間結束時，將百分比登記在百分比紀錄圖上。

策　略

一旦基準線建立之後，你就可以開始進行本策略。在團體時間必須選一位老師坐在該童旁邊並執行本策略：

一、系統地幫助該童逐漸加入團體活動

若該童在參與團體活動時覺得不自在，安排一個與大團體不同，沒有如此壓力的情境，以幫助他克服這種感覺。

1. 至少每天有一次，和該童坐在一起幾分鐘，並讀一段故事給他聽。在讀的時候，問他許多問題：「在那個圖裡，他正在做什麼？」「你看有多少動物在那裡？」「你還記得這個人說，如果這隻兔子再來，他將要做什麼嗎？」

　　鼓勵該童回答問題，並加以說明或想像。無論他的回答是對或錯，都稱讚他。如果該童答錯了，你可以說：「好的，讓我們一起來算算看。」記住，你的目的是要該童用言語表達，而不只是你唸故事而已。

　　持續這一步驟，直到該童能自由地談話，並對這樣一對一的情境感到愉悅。這時，你可能需要以其他活動來替代，像是：說故事、唱歌、紙牌遊戲、看圖片或海報等。

2. 邀請其他的小孩加入這個活動。選擇一位可以無拘束交談但不會獨占發言的小孩。在不同的情況，讓班上不同的小孩參與。鼓勵兩位

小孩回答問題，並做說明。對他們的回答給予稱讚。如果，當其他小孩在場時，你所關心的該童趨於較少回答問題或回答不自在，鼓勵他並且隨時稱讚他。邀其他小孩也加入這個過程之中，例如說：「現在我們讓他有個機會回答。」或「他聰明地發現了躲在園裡的這隻蝴蝶，不是嗎？」當該童能自在地與其他小孩談話時，再進入下一個步驟。

3. 逐漸地增加更多的小孩到你的小團體裡。最初除了你所關心的該童之外，再加兩個小孩。當害羞的該童能處理這種情境時，每次再增加一至兩個小孩。只有當該童能自處於較大的團體時，才再增加參加者。除了唸故事外，你的小團體應該增加多樣的活動。當該童能在有六、七位小孩的團體中自在地交談時，你可以準備進入下一個步驟了。
4. 繼續這每日的小團體活動。更努力使該童在全班團體時間都能夠參與。有數種方法可以做，如下：
   - 坐在該童旁邊，微笑並悄悄地告訴他你的鼓勵。
   - 問該童他在小團體時間已經回答過的問題。當他遲疑時可提醒他，他早先回答得多好。
   - 在討論時間請該童分享早先他告訴你的一些事。
   - 鼓勵該童帶道具來參加團體討論。這可能是一片有色彩的落葉、一顆石頭、一顆松果，或其他可以分享的東西。
   - 如果該童舉手要回答問題，就立刻叫他回答。

當該童似乎可以和其他小孩一樣地參與團體活動時，你就可以逐漸減少這小團體的活動，最後停止之。

二、增強該童的加入團體活動

當你努力讓該童在小團體感到更自在時，鼓勵並增強他參與全班團體活動。在團體時間與他坐在一起。除非他已準備好要說話，否則，不要強迫他說話。就在小團體活動時，觀察他的反應來判斷他的準備度。對他的任何參與都予以稱讚。如果他舉手跟著做手指謠，給他增強。如果他唱歌，即使只唱了一行，也要增強他。可以給口頭的增強或微笑，輕拍他的膝部或給予擁抱。如果他在小團體能開放，可期待他在大團體裡有更多的表現。鼓勵並慷慨地稱讚他的參與行為。

一旦該童參與團體活動的比率和班上其他小孩相同，就逐漸地減少和不再給予個別的注意。繼續增強他的參與活動，方式和你對待其他小孩一樣*。 321

三、繼續記錄這行為

在每次的團體時間，列出他可以參與的機會及實際參與（或有意願參與）的次數。再計算這百分比，記錄在圖上。當該童的參與能一致地介於50% 至 100% 之間，你就已達成了目標。

維　持

當該童參與團體活動的程度和其他小孩相同時，繼續給予增強。稱讚他適當的回答或說明。經常稱讚他能參與團體活動，像手指謠、唱歌、舞蹈、遊戲等活動。當他的參與合於一般要求，則沒有必要再繼續這小團體活動。你可以在其他課程時間擬定這些活動。

在本書附錄裡，有幾個假設情節，供你應用本書各章建議的輔導原則。請在附錄裡找「輪到你」中的情節，特別是情節九及情節十與本書〈參與社會及學校活動〉篇有關。

* 記住，小孩不能參加團體活動，可能因為他發展遲緩或有認知障礙。你可以安排適於該童能力的變通活動。

Chapter 40

只玩同樣的玩具

322 「蘇珊，來試試手指畫；我們今天用紅色跟綠色，因為這些是聖誕節常用的顏色。」三歲的蘇珊只看了一下圖，便拿起搖籃中的娃娃並抱緊它。她告訴陳老師說：「我不想畫。」陳老師花了幾分鐘的時間跟蘇珊在一起，幫她替娃娃穿衣服，偶爾還問她是否願意去參與其他活動。

稍後，等過了說故事時間，蘇珊又搶先去玩她喜歡的洋娃娃。其他的小孩則在黏貼聖誕節的飾品、畫圖、堆積木、看書、吹泡泡、拼圖，或在木工桌使用鍾子及鋸子。

每位老師都花時間在蘇珊身上。他們嘗試哄誘她參加其他活動，或跟她一起玩這娃娃。蘇珊對老師提供的其他活動不感興趣，只喜歡老師來陪她談天。自九月以來，蘇珊對班上其他材料都沒興趣，她的注意焦點只在她喜歡的洋娃娃及玩洋娃娃的配件。老師們試圖擴充她的興趣，但他們的努力失敗了。

敘述這行為

幾乎所有的時間，該童都只玩某一個或某一類的玩具，而且排斥班上其他的材料，不願使用。

觀察這行為

323

為了更進一步了解這個行為，需花幾天時間來觀察該童：

該童通常都選擇什麼類型的玩具？

- 可以單獨玩的玩具
- 具有社會性的玩具
- 需要肌肉活動的玩具
- 靜態的玩具
- 需要想像及創造的玩具
- 現成做好的玩具
- 常需要教師協助的玩具
- 可產生具體成品的玩具

如果該童無法做她喜歡的活動，她會做些什麼？

- 該童找別的事做
- 該童拒絕參加活動
- 該童問為什麼不能玩她喜歡的活動
- 該童找與她平常做的類似活動
- 該童在屋子裡漫無目的地逛來逛去
- 該童發牢騷

- 該童抱怨
- 該童生氣

該童在什麼時候玩她喜歡的玩具？

- 當她一到達學校時
- 每天只要一有機會就玩
- 自選活動時間
- 安排的活動時間
- 團體活動時間
- 午睡時間
- 戶外活動時間

運用你的非正式觀察去幫助該童擴展她的興趣。

與家庭諮詢及合作

在近期安排一次家長會議，從家庭處發現該童在家裡喜歡什麼樣的活動和材料，並且問她的最愛是什麼。與家庭討論該童在新的或不熟悉的情況下有怎麼樣的反應，包括當她獲得一個新玩具時的反應。與她的家庭分享你的發現：該童限制自己遊戲的類型；你希望幫助她在教室嘗試更多的活動和材料種類。與其家庭一同腦力激盪，找出幫助該童擴展她的興趣的一些策略。持續通知家庭邁向目標的成功情形。

考慮其中涵義

幼稚園的教室和課程內容是為了幫助幼兒社會、情緒、身體、認知等的發展而設計。它提供了經設計及選擇的多樣化材料、設備、活動，以滿足多樣的發展需要。在幼稚園裡，幼兒使用大部分可用的教材及活動而互動。他們積極、好奇、渴望新經驗。

偶爾，小孩會不願嘗試多種活動，而固執每天都要玩同樣的玩具。當發生這情況時，老師會對此感到憂心。因為該童會因此沒有得到她該有的足夠經驗。當該童只忙於玩一種玩具時，老師可以試著以哄誘或談天，來引導她對其他事物的興趣。該童很快便會發現，她不但可一直玩某樣她喜歡的玩具，而且也會因此得到大人們的注意。因此，老師需要一個有系統的策略來擴展該童的興趣，讓她會去使用更多種類的班上教材*。

探討變通策略

你的非正式觀察，可對這行為提供一些簡單的解答線索。考慮下列建議：

- 檢討課堂上的教材及活動。看看是否真的適合這些小孩的興趣及發展程度。小孩會因為教室中的教材太容易或太難，而只把焦點放在某種或某類的玩具上。如果是這種情形，就應該多提供較適合該童的教材**。
- 檢查看看是否有足夠的教材，提供給班上所有小孩。該童可能會因為沒有其他的選擇，而限制自己只玩某一種玩具。也有可能是因為缺乏吸引力或缺少替換物。如果是這樣的話，可以提供多一點教材。 325
- 查看一下教室中的教材是否多樣化。可能會因為你所提供的替換物太少，而不自覺地限制了小孩所能使用的，我們必須要安排廣泛的

* 有些情緒障礙孩子可能會反覆同一行為；因為一再重複，可以某種方式提供安全和安心。如果實際情形是如此，找心理健康專家諮詢是重要的。

** 肢體障礙孩子操作教材或在教室行動的能力有限，難得發現能玩一特定玩具。如果實際情形是這樣，要找她能使用或玩的其他教材，提供該童掌握其他教材所需的輔助支持。另外，你也許必須調整一些教材，讓該童能獨自成功地使用這些教材。

教材及活動，才能幫助小孩增進社會、情緒、身體、認知等發展。必要的話，提供多一些變化的教材。

- 考慮該童在這個班上課是否適合。如果該童比班上其他小孩太大或太小；而班上的教材適合班上多數的小孩，那麼在班上要找到對她具吸引力的教材就很少。像這種情形，應盡所有可能，將該童轉到較適合的班級。
- 有時候，小孩會一再重複玩同一個玩具一段時間，因為她想玩得熟練，那麼不要誤用本章所說的問題去看這一行為。通常，小孩藉著一再重複操作這工作的過程，去了解並完成這工作。有的小孩會一再拼湊同一件拼圖，直到她可以快速且獨自拼出為止。只要她熟練這個拼圖，便對它失去了興趣，因為這拼圖對她再也沒有挑戰性。這是很典型的例子，該童會因為達成了她的目標，而停止一再重複操作這事物。

如果上述這些建議都無法提供有效的解決之道，則繼續下列方法。

敘述這目標

目標要該童使用更多樣化的教材，每天至少玩五種不同種類的教材。

方　法

基本上，解決這個問題的方法包含了下列三個步驟：

- 系統地介紹不同的活動領域給該童。
- 增強該童參與多樣不同的活動。
- 當該童參與她舊有喜好的活動，故意不理會之。

定　義

只玩同一玩具（playing with only one toy），定義限於與教室活動有關的參與情形。期望的行為是在學校裡每天至少要參與五類的活動。

起點行為

326

利用三天的時間蒐集基準線資料，以便與後來的進步做比較。在一張紙上，列出你教室的活動領域（例如：藝術、戲劇、操作物、積木、語言角、算術角、音樂等等）。在每天的自選活動時間內，記下該童參加活動領域的情形。為了確定該童參加活動不是像蜻蜓點水似略過，只將該童參與至少持續三分鐘的活動記錄下來。在每一天放學的時候，將該童該日參與各類型活動的總數，分別登記在次數紀錄圖上。

策　略

在蒐集完基準線資料後，開始進行本方法。班上所有的老師都應該參與，如此才能適當的計畫，並且協助該童的活動更具多樣化：

一、系統地介紹不同的活動領域給該童

在自選活動時間一到，小孩還沒有下決定時，走近該童面前並做下列的事*：

1. 在心裡先預選一個活動。首先，幫該童選擇一個類似她以前從事過的活動。運用基準線及觀察資料來選擇活動。例如：如果該童只玩

* 顯著認知遲緩且參加遊戲活動項目有限的小孩，可由這一方法獲益。

積木，那就試試看建造類的玩具，延續這種型態約一個星期。

第二個星期後，選擇跟以前較少相似的活動，但是不要有完全不同的活動。繼續介紹新活動給該童，並且選擇與該童以前已做的活動愈來愈多差異。當該童顯示對新活動有興趣時，要抓住這線索。選擇並安排適當的活動以確保成功。如果該童參加活動有成就感，她就會更喜歡這個活動。

2. 告訴該童，你有個特別的活動想和她一起玩。牽著她的手到你所選擇的遊戲處，停留三至五分鐘。幫助該童開始進入，然後鼓勵她，
327 並適時地跟她說話，稱讚她。與同一個活動領域的其他孩子互動，但務必要專注地觀察該童。
3. 如果該童完成了新活動領域中的作品，例如：畫畫與拼圖時，要予以增強。在其他時間，若她對這活動也表現相當興趣時即予以增強。你的目標是將你對該童的表現之贊同傳達給她。
4. 如果該童不願嘗試新的活動，而始終想玩舊有的或類似的玩具，第一次可以容許她這樣做。然而，在她離開之前，要向她說明，希望她去嘗試其他的活動。告訴她新的活動可以帶給她和舊活動一樣的愉悅和滿足，而且你每天願意花時間陪她一起玩新的活動。告訴該童只有在她參加過新活動之後，才可以去玩舊的玩具。如果可能的話，拿開一下她喜愛的玩具，甚或暫停那個區域的活動；直到她認真參加其他領域的活動至少三分鐘為止。當她在其他區域活動時，要給她大量關注。這之後，如果她要回去玩她舊有的活動就讓她去；但對她這一行為不要給予增強。
5. 在每個活動時間開始之際，繼續帶領該童去認識不同領域的活動。剛開始的幾分鐘，要特別注意她，並持續給予間歇增強。當次數紀錄圖顯示該童每天花在班上其他領域的活動時間持續增多之後，開始逐漸減少對該童這樣的特別注意。由兩天一次，減到三天一次，持續減少下去。最後，你便可以不用帶領該童去參與其他活動，因

為她已經會自動參加了。

6. 本方案進行數週之後，若該童開始試著去拓展她的活動範圍，老師要更常介紹給該童那些她不感興趣的活動。

二、增強該童參與多樣不同的活動

有時候，除了上述用系統的方法來引導該童對其他領域產生興趣外，要敏於該童的活動，只要發現該童接觸一項新的活動時，馬上稱讚她，讓該童知道你喜歡她這麼做。如果發現該童參加新活動，不用等她玩三分鐘，老師便可以立即給予增強；即使老師這時才決定，她是否達到三分鐘的標準而將它記在圖表上。

一旦圖表顯示該童開始拓展她的遊戲範圍，便可降低給予增強的量。然而，前提是要該童一致地每天都從事至少五種不同的活動。逐漸降低給 328
予增強的頻率，直到與你對班上其他的小孩一樣。

三、當該童參與她舊有喜好的活動，故意不理會之

若該童回去做她原先喜歡的活動時，不要給她任何增強。不要跟她說話，不要看她，不要以其他任何方式注意她。小孩喜歡及需要成人的贊同與關注。所以當該童做舊活動時，要停止增強她；但只要該童參與其他的活動，就可以自在地給予注意。藉由這過程，讓該童知道什麼行為是老師所期待和重視的。只要該童開始多樣化地參與學校所有的活動領域，你便可以經常給予增強。

四、繼續記錄這行為

每天都要持續記錄該童參與至少三分鐘的活動之型態及數量。這份資料必須是以每日為單位，不是以個別活動時段為單位。每天將參與每一領域的活動次數記錄在表上。將該日劃記的總數轉登記在紀錄圖上。這些資料可以告訴你如何調整增強及有系統的方案，以增加該童的參與率。

維　持

持續對參與許多活動的行為予以間歇增強。只要該童對其他活動有興趣參與，這些活動即可自我增強。如果該童參與多樣化活動，無疑地，她可以在參與這些活動中得到樂趣。有時該童可能會花整天或好幾天的時間在同一個活動上。這便反映出了她參與這個活動的總參加量或追求熟練。只要該童不是一天又一天、一週接著一週地持續做同一活動，她就可以算是參與所有該做的學校活動。

在本書附錄裡，有幾個假設情節，供你應用本書各章建議的輔導原則。請在附錄裡找「輪到你」中的情節，特別是情節九及情節十與本書〈參與社會及學校活動〉篇有關。

Chapter

41

不做大肌肉活動

「快！瑪麗安，妳坐在搖椅上我推妳！」四歲的瑪麗安用力地搖頭。她說：「我不要！」然後迅速地轉向教室通往操場的門口。她站在門邊，背抵著牆壁。幾分鐘後，剛才想幫忙推她的老師走近瑪麗安，她問瑪麗安：「妳喜歡做什麼呢，瑪麗安？」瑪麗安回答：「我想要在裡面。」老師說：「現在是戶外活動的時間，妳可以滑、爬、搖或騎三輪車，妳喜歡做這些事情中的任何一種嗎？」她再次用力搖頭說：「不！」老師嘆息說：「好吧！一則故事如何呢？我是否要拿一本書唸給妳聽？」瑪麗安回答：「好！」 329

五分鐘後，瑪麗安和老師仍然坐在草地上讀著故事書。這個事件在提早啓蒙中心是很常見的。在她入學以來的這半年，瑪麗安一直拒絕使用任何大肌肉活動的設備。她喜歡自在地參加其他的活動。

敘述這行為

該童很少參與大肌肉活動，如攀爬、搖盪或騎三輪車。

觀察這行為

花幾天的時間，觀察該童的大肌肉活動，你應該可了解她拒絕參與大肌肉活動的情況：

做大肌肉活動時，該童在做些什麼？

- 該童做靜態活動，如閱讀一本書
- 該童做極少需要用到大肌肉的活動，如玩沙或玩水
- 該童坐著並注視其他的小孩玩
- 該童常表現要去做其他事的傾向

該童避免哪些大肌肉活動的設備？

- 所有的設備
- 爬的設備
- 鞦韆
- 溜滑梯
- 大型建築工具
- 裝備
- 任何需要爬到高處的設備
- 任何涉及快速移動的設備

在做大肌肉活動時，該童和其他人的關係如何？

- 該童隨意地和其他人交談
- 該童和其他小孩玩遊戲和活動，但不包括大肌肉活動
- 該童尋找大人
- 該童避開大人

- 該童避開小孩
- 該童選擇性地和一個或一些小孩玩
- 該童只和男孩玩
- 該童只和女孩玩

從這些非正式的觀察中所獲得的資料，可幫助你擬定方法幫助該童。

與家庭諮詢及合作

一旦你觀察到該童的行為與大肌肉設備和活動的相關性，與其家庭約定一次會談，討論你的關心。告訴他們你想為該童最大化所有學校活動的好處，包括：強化大肌肉、平衡、肢體控制。與家庭討論該童在家裡或附近的公園，是否得以無困難地使用遊樂場設施。了解該童對這些設備的反應如何。另外，探索是否該童曾發生或大或小的事故，致使她對高度或速度有恐懼感。與家庭一同設法鼓勵該童增多大肌肉活動。持續通知家庭該童在這行為的變化。 331

考慮其中涵義

學前教育的目的之一是增進大肌肉的發展。藉著提供各種的活動和設備，促進伸展、攀爬、推、拉、跳動、爬行、平衡、手腳向前伸、跑、跳躍、挖洞、滑等。傳統上這些設備放在戶外活動場或體育館。這些設備包含：溜滑梯、鞦韆、各種爬上爬下的器材、沙堆和堆沙的工具、三輪車、推車、翹翹板、滑板、裝各種建造物品的條狀箱等。若由於空間限制和缺少體育館，戶外活動不是本方案的一部分，可能要調整室內環境，使能做大肌肉的活動。通常，幼兒喜歡有機會做大肌肉活動，並愉快地使用這些設備。

然而，偶爾會有幼兒拒絕使用大肌肉活動設備。通常，拒絕是基於某些程度的害怕。該童失去鍛鍊她的肌肉的機會，也錯過了增加身體控制、眼手協調、影響閱讀及寫字技能等必需的發展活動。在學前幼兒期，大肌肉活動有其廣泛的影響。

教師體認到大肌肉活動的重要。當有幼兒一直不去參與，他們對此關心。他們也許花時間在該童身上，鼓勵她使用這設備來顯示他們的關心。除非有系統地實施這些措施一段時間，否則，他們只會強化該童不願意去嘗試。只要該童不使用這些設備，她就會受到成人相當的注意。當該童不使用大肌肉設備時就給予注意，只會增強這一行為。

探討變通策略

考慮下列的建議是否可能提供解決的方法，以增進大肌肉活動：

- 遊戲場的設備對幼兒來說可能不是適當的。幼兒不願意使用設備可能由於階梯距離太大、滑梯太陡或鞦韆太高。學前幼兒需要有挑戰，應該仔細選擇具挑戰性但沒有危險的設備。觀察遊戲場上的所有小孩，如果很多是由於使用設備的困難，評估它的適宜性，做必須的改變。
- 該童可能有知覺困難或發展遲緩，導致不願使用大肌肉活動的設備。觀察該童，找出她時常手腳笨拙的原因。該童也許有視覺問題、動作控制不良，或其他的知覺困難。如果你的觀察支持你的疑慮，約談家長並建議帶該童去做幼兒健康檢查*。
- 該童不願使用大肌肉活動設施，可能由於某些程度的害怕。與該童

---

* 大肌肉活動要求許多技能的組合和協調，包括：物理、感覺、知覺、認知等。如果該童在這些技能領域中的一或多項有缺陷，使用遊戲場設備可能有困難，甚至障礙。要敏於幼兒的能力和失能，針對他們的困難，提供適當的設備和協助。只要針對他們的需要做調適，即使是中重度障礙小孩也能使用戶外設備。

談談並討論她的不願參與。你也許可得知該童為什麼不願使用這項設施。如果她的理由是基於害怕，幫助該童克服她的恐懼。

如果上述這些建議不能提供解決問題的方法，就開始下列方案。

敘述這目標

目標是該童使用大肌肉活動的設施，每個遊戲時段至少五次。

方　法

增加參與大肌肉活動的基本策略，同時包含下列三個步驟：

- 有系統地幫助該童，克服她在使用大肌肉活動器材時的恐懼，並獲得信心。
- 增強該童所有使用大肌肉活動器材的行為。
- 對該童不參加大肌肉活動的行為，故意不理會之。

定　義

不做大肌肉活動（infrequent large-muscle activity），指該童不願使用大肌肉活動器材，像溜滑梯、鞦韆、攀爬器材等器材。常做大肌肉活動，是指自在且自信地在器材上爬、搖、滑，頻率是每個遊戲時段至少五次。

起點行為

利用三個遊戲時段觀察該童，蒐集基準線資料。每次該童使用一種大肌肉活動器材，就在紀錄紙上劃記一次。在每節結束時，把該遊戲時段的

總數轉登記在次數紀錄圖上。測量使用次數，只計算該童使用這項器材合於實際情況的事例。例如該童應該不只是坐在鞦韆上，而是自己盪或被推這鞦韆至少在四十五度範圍間盪。在溜滑梯方面，該童應該自在地滑下來，不是拉著老師的手或抓著滑梯兩旁下來。在攀爬器材上，她應該爬到至少離地面三呎（約 90 公分）。班上所有教師要討論和定義出適合這個操場和器材的最佳使用方式。

策　略

在蒐集了基準線資料之後，開始下列方案。班上的所有老師都應該知道這過程，並一致地照著做：

一、有系統地幫助該童克服她在使用大肌肉活動設備時的恐懼，並獲得信心

如果該童不願意做的，只有針對一項或一類設備，則依下列步驟使用那項器材；如果她不使用任何器材，則由攀爬器材開始，選用不會太高且階梯間距離短的器材。決定好在一個遊戲時段的特定時間內執行這方案。例如：使用每個遊戲時段最初的十五至三十分鐘。使用下列逐步養成的過程，增強愈來愈接近終點行為的步驟。

1. 在該節剛上課時，拉著該童的手帶她到這個攀爬器材。如果她在靠近這個器材時顯出不安，停止在幾呎之外。就在那邊坐下或站著和該童談話。預期將站在這個位置一、兩個星期。如果該童走開了，接受這個事實。當該童不靠近這個攀爬器材時，其他的老師不應該給她注意；除非她正在另一項器材上玩。只有當該童靠近這個攀爬器材時，才給予注意。如果該童走回這個攀爬器材，與她交談並給予更多的注意。然而，不要與她討論使用這個器材對她的需要性。
2. 一旦該童至少一致地花一半的預定時間靠近這個攀爬器材，你要適

當地站在這個攀爬器材的旁邊。現在，只有當該童適當地靠近這個攀爬器材時，才注意她。當她在其他的地方時，有意忽略之。再來，當她不靠近這個攀爬器材時，班上的所有其他老師應該有意忽略她。

3. 不應該讓該童花太多時間於僅靠近這個攀爬器材。當她至少占半節做到這點，就要改變給予注意的條件。現在只有在該童接觸到這個攀爬器材時，方給予她注意。在剛開始的幾次，只要她把手放在這個攀爬器材上即可。當她握住攀爬器材的任何一部分時，鼓勵和稱讚她。如果她爬上這個器材，特別注意她可能握住的下一階梯。
4. 一旦該童能在沒有你的幫助之下，接觸到這個攀爬器材，且一個遊戲時段至少已有五次，則應再次改變給予增強的條件。這一次，只有當她的全身在攀爬器材上且離開地面時，才給予注意。即使她只有離開地面一吋（約 2.5 公分）也要稱讚她。剛開始，你也許必須抱她上去，並扶著她到攀爬器材最低的一階。要給予鼓勵和支持，並熱誠地增強她。不要將她和其他的小孩比較並評論說：「看！他可以爬到最上面，你為什麼不能？」要接受該童的個性。讓她知道你為她的成就感到欣慰，即使沒有和其他小孩一樣的程度。
5. 當該童一直靠她自己爬上攀爬器材，在每節至少有五次，則可進入新的階段。期待該童爬得更高，至少離開地面十八吋（約 46 公分）。首先，你也許必須給予口頭鼓勵，或可能是身體上的幫助。一旦該童能獨立地開始這一步，只有當她爬到那高度時，才給予注意。
6. 當該童一致地獨立爬到十八吋（約 46 公分）高，且每個遊戲時段至少五次，則可再進到下一步驟。從此步驟開始，要根據器材來計畫步驟；額外的步驟數，應根據器材的高度或複雜度，以及該童的進步情況來決定。最後的階段包含該童獨立自在地使用這個攀爬器材，每節至少五次。
7. 該童在攀爬上新獲得的能力，很有可能輕易地延伸到其他器材上。

如果在這過程的任何時候，你注意到該童靠近和使用鞦韆、溜滑梯或其他攀爬器材，則鼓勵她。如果在這段時間內，該童還沒有開始使用其他器材，計畫一個類似但簡化的方法。很可能在數天內，她會獨立自在地使用其他設施。

8. 一旦該童輕鬆地使用所有操場的器材，每天至少五次，則該童已經達到這目標。逐漸地減少你給予的經常注意。最後，你增強她使用大肌肉活動設施的比率，與你對其他兒童一樣為止。

二、增強該童所有使用大肌肉活動器材的行為

上述概要的步驟，是給即將站在攀爬器材附近的老師詳細的指示。在遊戲場的其他老師的角色也一樣重要。他們以支持主教老師的行為，來幫助該童達成這目標。當她離開這個攀爬器材時，他們應該注意該童的行動。如果在任何時間，該童是站在或靠近其他大肌肉活動器材，他們應該增強這一行為。

三、對該童不參加大肌肉活動的行為，故意不理會之

在遊戲時段，老師必須故意不理會所有與使用大肌肉活動器材無關的行為。對其他活動不給予增強。有意忽略的策略，乃是針對該童對大肌肉活動的問題。如果當該童正在做其他的事，而不是靠近或使用器材也給予注意，那麼給予增強是錯誤的。一旦該童達到這目標，就可結束有意忽略的策略。該童在大肌肉活動上和其他的小孩應該得到一樣的注意。

四、繼續記錄這行為

當本方案在執行時，只有該童獨立使用器材才計算次數。使用次數紀錄圖。對只是靠近、接觸或只有部分使用這器材，則不計算次數。在基準線階段之後，劃一垂直線和記錄每節的總數。

維　持

當該童使用大肌肉活動器材時，給予間歇的稱讚。如果該童偶爾拒絕使用這項器材，不管任何理由，只要故意不理會她任何不參與大肌肉活動的行為。 336

在本書附錄裡，有幾個假設情節，供你應用本書各章建議的輔導原則。請在附錄裡找「輪到你」中的情節，特別是情節九及情節十與本書〈參與社會及學校活動〉篇有關。

Chapter 42

不參加扮演遊戲

337 四歲的基普和其他的小孩很少有互動。八個月前他進入托兒所，這是他第一次離開大人。基普是個安靜、有禮貌、聰明的小孩。雖然他有點沉默，但他和同儕之間的互動很好。他對活動很有興趣，且願意去嘗試大部分的新經驗。然而，老師卻無法使基普對扮演遊戲產生興趣，基普堅決拒絕加入任何除了他自己以外的角色遊戲。

班級教室中的其他角落，他也表示不參加想像的情境。當基普將腳踏車的路線轉進「高速公路」時，基普會堅持他騎的是三輪腳踏車而非汽車。對於基普在生活上的缺乏想像力，老師覺得很不安。老師擔心，他將錯過某些學習。

敘述這行為

該童很少或從不參與扮演遊戲和角色扮演的活動。

觀察這行為

觀察該童幾天，以增加對這行為的了解：

該童在學校參加哪些活動？ 338

- 非社會性的活動
- 較有結構的社會遊戲，如賓果遊戲
- 操作的遊戲和材料
- 積木
- 藝術
- 黏土
- 拼貼畫
- 閱讀書籍
- 木工
- 感官活動
- 基本的小肌肉活動
- 基本的大肌肉活動
- 大小肌肉的聯合活動

該童如何與他人互動？

- 該童自在地與大人說話
- 該童與其他小孩交談
- 該童避開其他小孩
- 該童只跟一位或幾位小孩互動
- 當有大人在場時，該童多半會互動
- 在互動時，該童都採主動方式

- 當其他小孩主動與他交談時，他會回應
- 在與他人溝通時，該童是被動的
- 該童是積極的
- 該童是自我主張的

該童參加活動時，仔細聆聽並記錄他說的話，不論是對同儕或他自己說話。這些非正式的觀察，能夠讓你幫助該童，主動參加扮演遊戲。

與家庭諮詢及合作

家庭可能不知道，他們的孩子避開角色扮演或其他扮演遊戲的情境。在與家庭的例行會談，向家庭提及你注意到他們的孩子傾向於字面遊戲多於想像的遊戲。告訴他們你重視幫助孩子體驗不同角色和觀點的活動，你會嘗試增加該童參與活動，例如戲劇等。傾聽家庭對這個主題的觀點，和詳述為什麼你認為這些遊戲是重要的。徵求家庭關於怎樣增加該童扮演遊
339 戲參與的想法，建議鼓勵該童在家裡參加扮演活動。持續通知家庭有關該童這行為進步的情形。

考慮其中涵義

學前教育的目標之一，是教導小孩認識他四周的環境和人們。孩子的學習有一部分是藉著觀察人們是誰、他們做什麼、他們如何表現回應等而得。然而，被動的觀察是不夠的。孩童必須吸收資訊，以使「它」成為他自己的一部分；他們必須透過角色扮演。他不但要扮演這個角色，還要盡這角色的職責。這些角色有母親、郵差、雜貨商、嬰兒、加油站的工作人員等。他得到有關這角色的資訊，並根據他的知覺及理解來塑造它。

角色扮演對孩子早期來說是重要的，可幫助他們適應社會生活。小孩

自然地扮演角色。當他們還小時，他們起初使用相當簡單的表達（例如：搖洋娃娃、轉動想像的方向盤）。然後，他們漸進到需要許多角色和互動的較精緻複雜的扮演遊戲。

小孩若不參與扮演遊戲時，應鼓勵他去做。老師們應用心鼓勵這類的小孩參與扮演遊戲。假若該童不扮演角色，卻又得到關注的話，那麼就沒有誘因讓他參加活動。當大人以該童是否角色扮演決定是否給他注意時，他將會努力參加這個活動。

探討變通策略

針對這行為，考慮下列建議是否可提供解決的方法：

- 角色扮演在教室的任何角落皆可能發生。它並不限於在扮演角一隅。一個小孩可能從來不曾進入教室中的扮演角，卻仍然做了很多的角色扮演。仔細聆聽該童與同伴聊天，及他獨自玩時說的話。當他跑過地板時發出的摩托車聲音、將三輪車停下來加油、將組合玩具（Tinker Toys）當作是鞦韆等，皆是潛在或實際的角色扮演的象徵。
- 在角色扮演中，孩子們通常會使用道具來裝扮自己。學前階段包含很多物品，可鼓勵擔任特定的角色，例如：裝扮的衣服、洋娃娃、雜貨店物品、玩具貨車等。角色扮演幫助小孩做好適當的性別認同。大多學前階段教師用刻板化的方式鼓勵角色扮演，小孩可能會覺得 340
現有的道具不能滿足他的興趣，會因而避開扮演角。也可能扮演遊戲有性別區分，所提供的都是女性的。如果是這樣，可增加一些帽子、靴子、男用的鞋子、領帶、男用的夾克、衣服、高跟鞋等。提供道具可鼓勵做各種職業的角色扮演。供給的道具要涵括所有小孩的興趣。
- 檢討扮演角所提供活動的多樣性，要定期改變以刺激新點子和遊戲。小孩會避開扮演角，是因為對它已熟悉得平淡無味。有時可在現有的角落增加新道具，或改變為航空站、餐廳、理髮廳、露營地或雜貨店等情境。

- 扮演遊戲是一種自發的活動，需要課外的時段。如此小孩才可自由地選擇活動。假如沒有給予小孩時間和自由去完成角色扮演的情境，他們將無法充分發展這個活動。在全日班中，每天至少要有三次；在半日班中，至少要有一次時段，而每天至少要四十五分鐘的時間。在這些時段，要能提供活動和器材讓小孩選擇。
- 因為扮演遊戲常是社會性的，需一位以上的小孩參加。害羞的小孩可能極少參與這些活動。假使是如此，參考第三十九章可能會有助益。

假如上述這些建議仍無法解決這問題，請繼續下列方法。

敘述這目標

目標是該童每天至少兩次參加自發的扮演遊戲和角色扮演活動（每次至少連續五分鐘）。

方　法

讓該童參加更多的扮演遊戲活動的方法，同時包含下列四個步驟：

- 在環境中提供許多角色扮演的機會。
- 在自選活動時間，對該童的角色扮演給予增強。
- 選擇性地給予增強。
- 系統地引導該童加入角色扮演的情境。

定　義

不參加扮演遊戲（infrequent dramatic-play participation），意指在遊戲情境中該童不扮演自己以外的角色。參加扮演遊戲，意指該童能自在地參加角色扮演活動及願意扮演自己以外的角色。

起點行為

花三天時間，蒐集基準線資料。觀察該童在角色扮演中，扮演他人角色的所有例子。無論何時，當你看到該童做這類遊戲時，記錄他花在此的時間量，假如可能的話，也將戶外遊戲包含在計算之內。在每一個別的例子，將其時間盡量寫在紙上。在每天放學時，使用次數紀錄圖記錄該童參加角色扮演情境並超過三分鐘的次數。

策　略

在蒐集完基準線資料後，開始執行下列步驟。班上所有的老師應一致遵循這個方法，以發揮最大效果：

一、在教室和課程中，提供許多角色扮演的機會

教室的材料和布置會鼓勵和促進扮演遊戲。仔細檢視屋內，如果屋內的布置已超過兩個月沒有改變時，應考慮重新安排。使扮演角更突出、吸引人；在這角落增加新的道具。也可加些不貴的材料，例如舊的帽子、鞋子、衣服、堅固的硬紙箱等，能刺激想像力遊戲。在戶外遊戲區，藉著交通號誌、瓦斯站或消防站的橡皮軟管、在攀爬器材上披著毛毯當房子等，對角色扮演是有幫助的。

藉著提供許多的機會去創造、扮演角色，課程能夠鼓勵更多的扮演遊戲。假如你的課程圍著一個主題在轉，那麼扮演活動的計畫要與主題有關。例如根據你目前的主題，小孩可以變成宇宙飛行員、動物園管理員、領航員、醫師、美容師等。假如你的主題是家庭，那麼你可以將教室變成一個家，包含中心以及和烹調、洗衣、清潔、穿著、看電視、睡眠和其他與家庭有關的活動。其他包含更多扮演遊戲機會的方法，是透過個別的活動。在積木角增加人物積木、動物積木，或計畫工藝活動，使小孩能製作多樣的木偶。你也可以提供動態的遊戲，啟發新角色。

二、增強該童的角色扮演

留心該童在自選活動及戶外遊戲的表現。不論該童接近或觀看其他小孩角色扮演，或他自己參與角色扮演，要增強這行為。口頭的稱讚、微笑、你的出現、建議及你的參與等都有增強作用。讓該童知道你贊同他的行為。當該童增加參與扮演遊戲一段時間後，要開始就該童實際參加角色扮演的實例，予以增強。當該童經常參加扮演遊戲後，你可逐漸減少增強的頻率，直到與班上其他小孩一樣為止。

三、選擇性地給予增強

當試著增加角色扮演時，選擇性地給予增強。當該童在做其他活動時，你應該減少給予該童注意。須謹慎細心地執行這措施。當該童能做更多的角色扮演後，在他參與其他活動時，你可逐漸增加對他的注意。不要打斷他對教室中其他活動的興趣。

四、系統地引導該童加入角色扮演的情境

由於選擇性增強和透過教室安排和課程增加機會，該童能隨意增加角色扮演的參與。在本方案的第一個星期中，只需使用前三個步驟。假如在本週末紀錄圖中開始有增加參與的情形，則可繼續使用這些步驟。假如環

境的改變和選擇性增強不能帶來行為的改變，那麼可開始進行下列的步驟，有系統地引導該童做角色扮演*。

1. 牽著該童的手，帶他到扮演遊戲角，陪著他待在那二到三分鐘，觀察他人扮演。教師口述其他小孩正在做什麼；可在談話中插入讚美，例如：「看！媽媽剛下班回家了，看到她的午餐盒沒？似乎哥哥和姊姊正坐在沙發上。現在爸爸也來了。噢，拉莉在吠叫！牠一定是隻狗。拉莉，你是很棒的狗喔！」鼓勵該童用言語來表達他所看到的。 343

   在每個自選活動時間，你可按照這個步驟做一次。持續這步驟好幾天，或直到該童自在地看其他小孩做扮演活動為止。

2. 接下來，一開始和先前的步驟一樣。在觀察一、兩分鐘後，告訴該童你和他要去參加這個團體。當你觀察這個遊戲時，應注意以下各項：

   - 該童在扮演遊戲中能扮演什麼角色？
   - 做什麼能使該童被歡迎加入這遊戲？
   - 是否道具能使他更有希望成為一位參與者？
   - 你能在其中擔任什麼角色？
   - 你如何利用你的角色，使該童成為更受歡迎的參與者？

   你和該童可依照下列的方式加入這扮演遊戲的情境。盡快地找到一個道具（雜貨店的箱子或積木）並把它交給該童；牽著他的手並敲敲附近的地面，說：「哈囉！我們要在這裡用餐，還帶了一份甜點來。」幫該童將他的道具放在桌上。做適合這情境的即興表演。鼓勵該童參與，並讓其他小孩繼續玩他們喜歡的遊戲。你的角色不是接管這遊戲，而是混入其中做催化者。

   繼續這個步驟一段時間，直到該童在你的幫助下，能自由地參

---

* 對認知障礙、顯著發展遲緩、嚴重情緒／行為問題的小孩，這個技術特別有用。對無法展現活動的小孩，即使是基本活動，可用漸次接近法幫助。

加角色扮演情境。

3. 繼續引導該童加入扮演遊戲的情境中。並逐漸撤除你的支持。當你繼續讚美該童及其他小孩的想像力時，逐漸在遊戲中採取較不主動的角色。最後當小孩能參與時，你只需扮演觀察者的角色即可。
4. 這時該童能做自發的扮演遊戲，即使你不在場也如此。紀錄圖應會告訴你這發生的一切。當該童達到你預設的目標時，你可以開始逐漸減少你的角色。由每兩次，你帶領他參加一次扮演遊戲；然後，每三次帶他一次；之後逐漸減少。最後，該童應與其他小孩用相同的方式自在、自發地參加這遊戲。

五、繼續記錄這行為

將該童參加角色扮演的持續時間量，及參加角色扮演情境（至少持續參加三分鐘）的次數，分別記錄於兩份圖上。只計數自動參加的情境，不計算你引導他參加的情境。

維　持

當該童自在地參加扮演遊戲時他會自願繼續，因為它提供了他內在滿足。當該童對角色扮演感到自在時，他會依自己的能力參與。他可能在好幾天從事大量的扮演遊戲；然後在其他時間，他離開扮演角，將他的注意力和精力轉到其他角落。該童不需每天都做角色扮演，只要他喜歡就可以了。他應能自在地做扮演。

在本書附錄裡，有幾個假設情節，供你應用本書各章建議的輔導原則。請在附錄裡找「輪到你」中的情節，特別是情節九及情節十與本書〈參與社會及學校活動〉篇有關。

Chapter 43

不說話

「諾亞，你要什麼呢？」派克老師對五歲的諾亞硬拉他的襯衫並咕 345
嚕地發音，漸漸感到不耐。最後，諾亞終於把派克老師拉到架子旁，然後往上指著，「諾亞，你想要架子上的某樣東西嗎？」諾亞盼望地點頭。經過幾次嘗試，他傳達了他要釘書機。派克老師拿下交給諾亞，並說：「諾亞，你為什麼不告訴我你要什麼呢？」諾亞不說話地走到桌子旁。他裝訂幾張圖畫，仔細地在封面寫他的姓名，並交給派克老師。「嘿，這多整齊啊，諾亞！」派克老師一面看圖畫本一面講評，而諾亞只是站在旁邊微笑。

稍後，諾亞靜靜地坐在幾位小朋友正在玩遊戲的桌子旁，他轉動椅子好方便觀看，老師們在教室內走動，與其他小孩說話、工作。有位老師看到諾亞在注視她，幾秒後她走近諾亞。花幾分鐘在諾亞身旁和他說話，並哄誘他說話。諾亞顯然喜歡被關注，但仍保持緘默。老師們知道諾亞的語言能力相當好，因為他們聽過他和他媽媽說話。然而，當他在學校時仍堅拒說話。最後老師放棄了，不再要求他用口語表達。

敘述這行為

當該童在學校時，很少跟同學或老師講話。

觀察這行為

花幾天的時間觀察該童，以了解能為他不說話的行為做些什麼。

該童如何傳達他的需求和願望？

- 當該童需要時會說話
- 該童從不說話
- 該童使用手語傳達（例如：用手指出）
- 該童認為自己試著去發現解決的辦法，比請求幫助來得好
- 該童在需要某件事物時會哭
- 該童領著大人到他需要的東西的地方
- 該童想要某物時他會要求他的父母親

當被問話時，該童會如何回應？

- 該童會回答
- 該童會逃避與他交談的人
- 該童會以非口語方式回應，例如點頭
- 該童會以微笑回應
- 該童會以苦惱的方式回應
- 該童只對一人、少數他信任的老師或一位特別的朋友，用口語或非口語方式回應

該童在學校時，他做些什麼？

- 該童自在地參加安排的活動
- 該童抗拒參加
- 該童只參加非社會的活動
- 當成人在場時，該童會參與活動
- 該童從事相似的遊戲
- 該童獨自一個人玩
- 該童似乎喜歡玩積木、操作物、感官活動、藝術、扮家家酒、遊戲、書本、音樂等

該童上學被帶到學校和放學被帶回家時，注意他如何與其父母溝通。上述的觀察可以讓你了解該童的這些行為，以便讓你能幫助他常說話，或至少要更自在的說話。

與家庭諮詢及合作

是否你認為該童缺乏語言使用是因為生理因素，或雖然他能說，但選擇不說話；最好是與其家庭討論你的關心。如果你懷疑他可能有說話或聽力問題，建議家庭帶該童去做檢查。支持家庭並密切聯絡，你是解決這問題的一份子。如果該童是來自非英語（國語）家庭，要盡力幫助該童學習英語（國語）。另一方面，如果該童語言能力很好，與家庭討論他們對於該童在學校選擇不說話的想法。徵求他們的建議改變這行為；然後持續通知他們，該童邁向使用語言溝通目標的情況。

考慮其中涵義

溝通，是在幼年期需要學習的最重要事情之一。學習溝通的過程，開始於幼年早期。嬰兒藉由哭和動作，讓人家知道他有需求。當他稍微長大後，他開始嘰嘰咕咕的講話和發出聲音；同時，他聽到語言和經歷了非語文的溝通，他在進步的過程中較了解其意義。在一歲生日後，該童學習、了解、說出他人使用的語詞，使他便於使用正式語言。很快地，他被期待藉著說出周遭人們的語言，讓自己被了解，而少用非口語方式。約在兩歲半時，大多數小孩已具有相當多詞彙，並能與家人以外的人們溝通。

當幼兒無法以口語溝通，就無法確定他是否懂了。更嚴重的是，該童完整的經驗求知能力受損。基於這些原因，小孩很少或是不說話，是學前階段教師所關心的。不說話的原因有二：該童可能生理因素無法說話，或該童可能不願說話。若屬前者，必須尋求醫學矯治。本章所述的是不願說話。當該童能說話，但卻不願說，需要協助他去克服他的抗拒。教師必須仔細注意該童的非口語溝通方式。如果該童以不說話溝通，而教師予以回應，如此增強了該童的非口語溝通行為，同時也鼓勵了該童不說話。

探討變通策略

仔細考慮下列建議，其中之一可能提供解決之道：

- 檢查該童不說話的生理因素。聽力問題會造成語言發展遲緩。在該童背後發出各種不同的聲音做簡單檢驗，以確定該童的反應。假如你感覺他可能聽力有問題，鼓勵其家庭找醫生諮詢，是否做進一步的檢驗。除了聽力困難，該童缺少語言，可能由於喉嚨或口腔的異常或是腦部受損。應由醫生檢驗、診斷、轉介、建議矯治這問題的步驟*。

* 許多小孩常由於一再的耳朵感染，而喪失部分聽力。要敏於這一可能性。

- 學前階段老師應該溫和、輕聲細語。然而有時候，教室中某些成人的氣勢會壓制幼兒。仔細考慮成人如何與小孩互動，是否他們的行為正威脅一些幼兒。當小孩認知到來自成人的威脅時，他就以沉默來回應。假如你總結出該童少講話是因為這些成人，班上教師就需要團體討論這問題，和考慮改善之道。大人可以較輕柔、較慢步調、較少要求的方式，來鼓勵該童常講話。
- 來自非英語（國語）家庭或雙語家庭的小孩，需要在英語（國語）學習上得到額外的幫助和鼓勵。如果這樣的小孩抗拒說話，那就規劃系統的方法。可讓班上其他小孩也來幫助該童熟練說英語（國語）。
- 有語言障礙的小孩可能無法自在地講話，因為其他人很難了解他所說的話。像這樣的小孩，應接受語言治療師的治療。治療師應給學前教育工作人員指導，如何給該童最好的協助。在該童四周的所有成人，應合作幫助該童，達到為他設定的目標*。
- 有時小孩少說話，是因為他們很少被要求要說話。小孩的每一需求，是受他父母、祖父母、兄弟和其他在他早期發展時見面的人所預期的。他不講話，是因為未要求他必須說話。假如，從與個案的家庭討論中，你獲得的結論排除了生理上的問題，可使用在本章的方案。鼓勵其家庭好好地使用本方案。
- 考慮該童的發展程度。有些兩歲的幼兒尚未熟悉語言用法，無法用各種不同的口語和非口語溝通。兩歲幼兒嘗試用語言做溝通，即使無法總是成功，卻非常快地學會語言技巧。在幾個月內，該童應該更能勝任愉快。但如果三歲的幼兒無法有效地溝通，這就應當需要關心了。在執行本章的方案前，應考慮他是生理上的問題或是發展

---

* 有口語和語言障礙的小孩有時學會：不說話，較易避免冒著不被他人了解的失望和屈辱之險。老師需要耐心鼓勵這樣的小孩，鼓勵他們說話和體驗嘗試溝通的成功。

遲緩*。

- 該童只能講一點點，可能因為他的字彙有限。在這樣的案例中，應設計系統的方法，去擴展其語彙和增強他使用新字。以小團體或個別方式，使用書本、文字遊戲、圖畫卡、雜誌和其他適當的方式輔導該童學習。配合其他的活動，豐富該童的字彙。本章中的許多建議，應可幫助你達到你為該童所設的目標。
- 有些小孩比他人較沉默害羞。小孩較內向或較外向，大多是天賦的特徵。若你關心的孩童有害羞傾向，不要想把他改為外向。做為一位老師，你的角色是協助該童在學校更適應。溫和、了解、悅納、教養、耐性，將能有效協助害羞的該童感到更安心。

350 假如上述這些建議無法對這問題提出解答，再進行下列策略，幫助該童增加語言溝通能力。

敘述這目標

目標是要該童自在地使用口語溝通：問問題、回答問題、做觀察和評論。該童每小時應該發表和反應至少二十次口語溝通，每次溝通至少用一個字以上。

方　法

基本的策略是同時採這兩個步驟，以增加口語能力：

- 鼓勵和增強說話。
- 對以非口語的嘗試要求得到注意，不予以增強。

---

* 顯著發展遲緩或認知障礙小孩不能說話或說得很少。鼓勵和示範，對幫助這些小孩學會更加熟練的語言技能是重要的。

定　義

不說話（talking infrequently），意謂該童拒絕或不願問問題或回答問題，或用與他相同發展程度的其他小孩一樣的口語表達方式。

起點行為

建立基準線資料，以與後來的進步做比較。每天在孩子能自由選擇活動和說話時選擇一個小時（或兩個半小時時段）。不要利用要求小孩安靜聆聽他人講話的團體時間。在這一小時內，仔細觀察該童並蒐集他所有的口語表達；不論是該童發表或回答他人的問題或評論。要計數一個或數個字的整個口語語調，而非只是發音（例外：如果你在乎該童都只用單字溝通，例如：「是」及「不」，則可將目標改為含兩個或兩個字以上的句子）。在這一小時結束時，即將該日總數轉登記在次數紀錄圖上。

策　略

在蒐集完基準線資料後，開始本方法。班上老師應一致地遵守這策略：

一、鼓勵和增強說話

要讓該童說話，你必須對他表達你期待他說話。當他確實在說話時，要增強他。以下有些方法可做到*。

1. 假如該童偶爾說話，留心這樣的情形，並盡可能即刻增強他。假如該童不是以問問題的方式做口語表達，要以適當的注意、熱誠、讚 351

* 對所有障礙小孩，支持和鼓勵口語溝通是重要的。例如：肢體或視覺障礙小孩，因為其他限制，比一般人更必須依靠口語能力。

美等予以回應。

2. 假如該童問了一個問題，盡可能回答或提供該童所要求的。對該童傳達：他透過說話即能獲得所期待的反應。每當他說話時，他的希望即能獲得認可，增強說話有助於效率及報酬的事實。
3. 如果該童只用單音節的字說話，鼓勵他擴展他的口語能力。如果該童想要架子上的卡車，當他指著說：「那個。」堅持要他說出他要的是什麼，說：「告訴我，你想要什麼？」假如他再度告訴你：「那個。」回答說：「那個是什麼？」如果需要的話，為該童示範一個句子，並要他跟著說。這個步驟是確定該童知道他想要的這物品名稱。在你滿足他的願望前，假如你一致地期望該童正確地告訴你，他所要的是什麼、他需要的是什麼，他將開始更自動地使用言語。一旦你期待該童正確使用語言，那麼你要確定你的口語表達也是正確的。避免含糊的字眼，像：「那些」、「那兒」、「這東西」等，用最精確的字說出你所要說的。不要說：「把東西放在那兒！」要說：「把那個玩具放在靠近窗口的架子上。」
4. 尋找該童特別喜歡的活動和事件。在這些活動和事件發生時或發生後不久，與該童討論。假如，他被停在校外的消防車所吸引，你可問他：「他們用那些梯子做什麼？」鼓勵該童回答，並透過你的感興趣、讚美和關注增強他的回應。
5. 當該童參加活動時，坐在他身旁，並鼓勵他說話。孩子的藝術工作，提供極佳的討論機會。你可以談論和問一些有關於該童正在使用的顏色、構造、外形、技巧、材料等問題。把你的關注和讚美用來增強口語回應的後效，而非該童的藝術工作。如果該童用口語回應，繼續給予注意。如果他沒有用口語回應，撤除對他的注意。
6. 如果該童沒有常跟成人或其他小孩講話，可從鼓勵他與成人互動開始。使用上述一些技巧。一旦該童開始較自在地與老師講話，可把你的努力擴展至包括與其他小孩說話。可閱讀本書第三十八章和第四十二章，對增加與同儕互動的建議。使用適當的技巧，讓該童與其他小孩口語互動。

7. 當你以關注增強該童的常講話，該童應該很快開始較常用口語表達。 352
隨著該童增加說話的頻率，你要提高對該童的期望。起初你可能滿意他說一個或兩個字。之後，期待該童說更多話，才給予讚美和關注。

二、對以非口語的嘗試要求得到注意，不予以增強

當鼓勵和增強說話的同時，要有意忽略該童的不說話。孩子喜歡被關注，當關注是選擇地增強行為時，就會順從期待。為了增加該童說話，應在該童說話時給予選擇性的注意。提供充裕的口語互動機會，確定關注是選擇性地給予；要小心，當該童不說話時不給予增強。下列各點，說明如何實施本步驟：

1. 如果該童用非口語方式要求某物，例如：用手指、比手勢、發咕嚕的聲音等，要說：「你必須要告訴我，你要什麼。」如果該童用口語告訴你，則給他所需要的並稱讚他。如果他沒有，要說：「很抱歉，我不能幫你；除非你用說的告訴我你想要什麼。」等待大約十秒鐘，不要說任何話；然後，轉身走到別的地方。要堅持你要他說話的要求。如果他不以口語表達他的需求，你就給他所要的東西，如此你允許了該童可不用口語要求，就可成功地得到他所要的東西，而增強了該童的非口語溝通。
2. 如果你看到該童在尋求關注，要忽略他。他可能坐著或站在一個角落，沒有參加活動，在看著你，期待與你眼光的接觸。你不要走去跟他說話。如果該童走向你，期待地看著他且要讓他先說話。假如他說話了，就用你的關注增強他。假若他不言不語達十五秒，你就走開。你的態度不要露出不愉快。只要傳達：假如他不說話，你將走到別的地方去。

3. 當該童參加活動時，要安排情境，鼓勵說話。假如該童忙於活動，
走向他並坐到他身旁。經十到十五秒的沉默，假如該童仍不說話，
可以簡單會話開頭。討論他正在做什麼，然後問他問題，例如：「你
正在圖畫上塗著和你毛衣一樣的紅色。那太棒了！你是否看到房間
裡有什麼東西，跟你的毛衣和圖畫一樣是紅色？」確定你問的問題，
簡單且不具威脅性。在此，你的目標不在刺激思考力，而在刺激他
說話。如果該童沒有回答，激勵他：「看看板架上，安琪穿的是紅
353 色嗎？」你若得到他任何的回答，都應該給予讚美，並說：「當你
告訴我時，我感到很高興！」假如該童拒絕說話，你就走開。在適
當的時間藉著引起話題，來促進和鼓勵他用口語表達。如果該童沒
有回應，撤除你的關注。藉著有意忽略他不說話，你堅持：在該童
沒用口語表達前，不會給予他所需要和想要的關注。這樣的選擇性
增強，有助於達成你的目標。

三、繼續記錄這行為

每天繼續計算該童以口語表達的次數，且把該日的總數記錄在紀錄圖上。這圖將說明你達成目標的過程。

維　持

一旦該童達到這目標且較自在地說話，繼續增強他這行為。對於他的口頭要求和問題，應該盡可能給予立即的、滿意的回答。也經常讓他知道，你喜歡和他說話。繼續有意忽略他嘗試用非口語方式溝通。

在本書附錄裡，有幾個假設情節，供你應用本書各章建議的輔導原則。請在附錄裡找「輪到你」中的情節，特別是情節九及情節十與本書〈參與社會及學校活動〉篇有關。

Chapter 44

注意力短暫

蘿西，三歲半，從小孩圈中站起來。正好是要進行活動的時間。潘 354
樂桃老師剛剛告訴小孩們，有哪些活動適合他們。其他老師準備活動所需的器材。一些小孩仍站著短暫地注視周圍，其他小孩則移往特定興趣角。

蘿西匆忙跑到一張桌子前，臉上充滿笑容。她拿起了一把剪刀和一本雜誌。她朝封面剪了下去，然後，她打開雜誌剪掉第一頁一小角。當老師告訴小孩，要他們找動物的圖片剪下來時，蘿西放下剪刀離開桌子。

她移往沙桌；那裡有兩個男孩，正在用沙子填滿一個塑膠盒，然後再倒空。蘿西看看四周，發現一個空果汁盒，然後開始挖沙子放入盒內。中途，她丟掉盒子，並離開沙桌。

潘樂桃老師走向蘿西並說：「蘿西，妳需要找一些事做。妳要在娃娃角玩？在烹飪角炒蛋？或是玩積木？」「我要炒蛋。」蘿西興致高昂地回答。她被帶到一處，有幾個小孩正在打蛋、炒蛋、攪拌蛋。負責的老師微笑的注視蘿西並開始說明需要做什麼。蘿西早已撿起一粒蛋並打破它；不
幸地，在她的蛋下面沒有碗。當老師轉身拿海綿和水時，蘿西就離開了。 355

潘樂桃老師再次提醒蘿西去找些事情做。在活動期間，蘿西從一個活動轉移到另一個活動，但從不曾在任一個角落停留片刻之久。在這節結束時，她已留有一堆未完成的拼圖、未梳理的娃娃、未讀的書本及其他勉強碰觸的活動等。

這是典型的例子。老師希望當她不忙時，能掌握住她；以幫助她集中注意力。但卻愛莫能助。

敘述這行為

該童的注意力短暫，而且無法專心工作很久。

觀察這行為

觀察該童幾天，以便對該行為獲得更進一步的了解：

該童分別在哪些活動花最多和最少時間？

- 積木
- 扮演遊戲
- 藝術
- 工藝
- 操作物
- 感官活動
- 玩水
- 玩沙
- 書本
- 科學

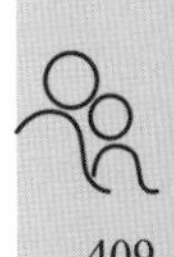

- 認知遊戲或活動
- 老師在場的活動

該童如何接近首先參加的活動？

- 該童不加入活動
- 該童盼望加入
- 該童短暫地觀察，以了解發生什麼事情
- 該童聽大人給予的指示
- 該童不聽大人指定的活動
- 該童挑選離她最近的活動
- 該童參與任何形式的活動 356
- 該童選擇性地參加限定的一些活動
- 該童挑選需相當多肢體動作的活動，多於靜態的活動（例如：選擇玩積木多於看書）
- 該童在活動中寧願站著，而不是坐著；而其他小孩是坐著

該童如何離開活動？

- 該童的注意力被別處吸引而走開
- 該童急忙完成該活動，而後走開
- 該童留下未完成的活動，就急忙離開
- 該童甚至在活動開始以前就離開
- 該童表示無法完成此工作就走開
- 該童生氣被老師叫回（去完成或清理）
- 若老師要求，該童便回去做原工作

利用觀察所得的資料，可對該童如何參加活動及從事多久，能有更進一步的了解。

與家庭諮詢及合作

當一個孩子出現似乎無法長時間集中注意力於活動的行為類型，並在學校及其他情境顯現，你需要盡快有機會仔細地觀察該童後，與其家庭會面討論你的觀察和關心。如果從家庭處得知該童似乎能集中注意力於活動一段合理的長時間，仔細檢查你的教室環境、例行活動和刺激程度。做適當的變動以鼓勵專心注意。另一方面，如果該童在所有情境顯示注意力短暫，要與其家庭深入討論這關心。如果你認為該童可能有注意力缺陷過動症（ADHD），建議家庭尋找醫療諮詢；然而要記住，注意力缺陷過動症常被過度診斷，也有可能根本不是這問題。與其家庭分享你的想法，增長該童集中注意力於一個活動的能力，努力尋找適用於家庭和學校增強的共同策略。與其家庭保持密切聯絡，分享邁向增長該童集中注意廣度的目標之進步。

357 考慮其中涵義

在學習的過程中，要求幼童要觀察、操作、改變，和試驗物體、事物及人們的回應。如果該童花時間而不能獲得對她周遭世界的了解，就無法充分學習。這在學前教育環境是相當普遍的，發現至少有一名幼童無法片刻專注在任何工作。注意力短暫的孩童無法真正參與活動，也無法真正從班級活動中學到所有她該學的。這是老師所關心的。該童無法從學校經驗中學得她所該學的，她沒有學會在小學中成功的必備條件：集中注意的能力，及完成工作的能力。

老師發現，注意力短暫造成的困擾，是因為它會破壞班級常規和其他小孩的工作。老師可能會以試著制止該童在課堂裡亂跑做為回應。該童由她好動的行為接受到的注意，會比她參與活動時多得多。對於該童活動層次的消極面，需以積極面來替代而增強之。

探討變通策略

在確定該童的問題是由於注意力短暫之前，應仔細考慮下列各點：

- 小孩的注意力廣度跟小孩的年齡、發展階段及其他事情有關。注意力廣度隨著年齡而增加，成人的期待要合於實際。學前幼童是忙碌的，他們由一個活動快速轉移至另一個活動是自然的事。因此，在擬定兩歲及三歲兒童班級的課程時，必須注意團體活動的時間要短、在自選活動時間要有足夠的選擇、課表要常變換等。

  當學前幼童經常變換所參加的活動，他們還是有能力變得專注關心於他們正在進行的事物。學前幼童並不缺乏專注力，但他們持續專注的時間比其他小孩來得短。當學前兒童較大時，他們逐漸變得能以較長時間參與一個活動。一般而言，兩歲的小孩可專注一個活動約二或三分鐘，然後就失去興趣；五歲的小孩應該能夠專注達十五或二十分鐘之久。然而，得考慮到活動的性質。有些活動比其他活動較能吸引小孩的注意*。 358

- 檢核提供小孩的活動的年齡適宜性。小孩可能沒有長時間參與活動，是因為這些活動不能引起她的興趣。務必提供較多的活動以滿足所有小孩的興趣和需求。
- 約有 3%到 5%的兒童被診斷有注意力缺陷過動症（ADHD）。做為一位學前階段教師，你要覺察 ADHD 的特徵，以便能適當地推介有此障礙的兒童。因為學前幼童天生好動，必須謹慎區分正常活動量與 ADHD 的不同，不要將這兩者混淆**。

---

* 認知障礙或顯著發展遲緩的孩子，很可能比他們同儕的注意力廣度較短。針對注意力廣度較短的孩子，老師需要在可用的活動、輔導和時間安排做適當的調整。

** 如果未經由專家治療，ADHD 可能會對該童造成嚴重損害；它會干擾專注力——學習的重要條件。老師應該對ADHD的特徵有所了解，熟悉處理ADHD小孩的方法。

以下簡要討論 ADHD 的一些症候：

1. **持續注意力不足**

ADHD 小孩最困難的挑戰是不能維持注意力。ADHD 小孩無法像同齡兒童一樣持續地參加及完成工作。

2. **不專心**

屬不能維持注意力的一種，ADHD 小孩容易對手中的工作分心。他們似乎不能挑出和這工作有關的成分加以注意；吸引他們注意力的焦點，不是這工作最顯著重要的部分。

3. **衝動**

ADHD 小孩對不同情境反應的控制極為困難。在那片刻，她做她所要做的，不考慮做了的後果。他們常在過程中冒險。ADHD 小孩的挫折忍受度亦低。

4. **過度活動**

ADHD小孩似乎經常在動：煩躁、坐立不安、到處走動、爬高爬低、用手腳不停敲打、嗡嗡作響、喋喋不休等。需要她靜坐時，即使一會兒也很困難。

5. **紀律挑戰**

這是 ADHD 小孩的附帶症狀，表現出其他行為困擾。他們常有不聽話、攻擊、敵意或其他的行動異常徵兆。

359 如果你的課程裡有 ADHD 小孩，可與其父母討論你的關心，並建議他們找醫生或適當的診斷單位（例如：特殊兒童門診、兒童行為輔導等類似單位）諮詢。為了增加你對 ADHD 的了解，建議你讀這篇優秀的研究評論：Landau, S., & McAninch, C. (1993, May). "Young children with attention deficits." *Young Children 48*(4), 49-58.

- 小孩的注意力短暫，在生理上的另一個理由，可能和營養有關。該童可能沒有吃早餐，因為餓而未能全心投入班級活動。或者小孩對某些食物過敏，而導致過動的症狀。對食物過敏，會以許多方式顯現，像起疹子、脾氣暴躁、眼睛腫大等。有些過敏可能造成該童無法專心。如果你懷疑該童受她所吃的或因沒吃東西而影響，要與其父母約談討論你對此的關心，並建議找醫生諮詢。

- 考慮是否可能因環境本身使該童分心，而導致注意力短暫。在教室裡，過度的噪音、不良的教室安排、不良的溝通模式都可能使該童分心。如果是這樣，考慮改變環境，將對所有小孩的專注力發展由阻力變為助力。

如果以上的建議，沒有一項能減少不專心的行為，則繼續下列方法。

敘述這目標

目標是使該童參加活動的專注時間，和相同發展層次的其他小孩一樣長；這些因該童的年齡和發展而變化。該童應該對所投入的工作，至少專注四分之一的時間。兩歲的小孩應該有兩分鐘的專注力，三歲的小孩有五分鐘之久，四歲的小孩達到十分鐘，而五歲的小孩達到十五分鐘之久。

方　法

為增加注意力廣度，可採取這些步驟：

- 盡可能使環境有益於專注。
- 提供安靜的地方，讓該童能遠離教室的噪音、活動層次、刺激等。
- 為使該童專心參加活動的時間愈來愈長，系統地予以增強。
- 故意不理會該童所做無意義的活動。

定　義 360

注意力短暫（short attention span），是該童參加活動比相同發展層次的其他小孩專注時間較短的行為。可由該童的行為——無法久坐、難以專注於正在做的事、從事一項活動時會分心、時常難以完成計畫等證明之。

起點行為

知道該童專心參與活動的平均時間量是重要的。每次當該童參加活動時，挑取其中一小時（或分兩個半小時時段）。每天用同時段做所有的觀察。準備好鉛筆和紙張，另準備有秒針的錶或鐘。在所選取的時段觀察該童的動作。每次她開始一項活動，注意開始時間且緊盯著她；當她放棄了活動，再一次注意停止時間。記下她在每一個活動中持續多久的時間量。在所挑選時間結束時，求所有活動的平均持續時間量，並轉登記在持續時間紀錄圖上。蒐集三天的資料，做為基準線資料，以便和後來的進步做比較。

策　略

在蒐集完基準線資料後，開始下列方法。班上所有老師應該一致地執行本策略：

一、盡可能使環境有益於專注

有些特別的方法，可讓教室環境有助維護小孩的專注力。可參考第二章*。

1. 花些時間傾聽教室的聲音。有沒有不必要的噪音？這聲音及其回音是否超過它們應有的？是否常有破碎聲及碰撞聲？如果在現場有這些噪音，仔細檢查室內，看看是否有方法減低噪音。在積木角及其

* 對各種身心障礙小孩，留心與關注其環境是重要的。注意力缺陷過動症（ADHD）小孩受益於留心安排其環境，以增進專心；其他身心障礙小孩，例如學習障礙、認知障礙、發展遲緩、感官障礙、情緒／行為障礙等，也是如此。

他活動角（如家事角）應該鋪地毯。在室內不同角落，用分隔板予以區分；牆上掛的畫、窗戶上的窗簾或布幕等，都可幫助吸納聲音。若噪音來自室外，則盡可能關上門和窗戶。

2. 空間的安排能幫助小孩專注。分隔安靜區和喧譁區，例如：讀書角不應緊鄰積木角。用分隔板分隔各個角落。在小孩工作的不同區域，培養尊重隱私的氣氛。這樣，可減少由完全無關的活動引起分心。安排室內空間，使動線不會干擾到各個活動角。小孩不需跨過一個角落的中間，才能到另一個角落。 361

3. 必須確定課程是適合年齡的及激勵的。如果你發覺小孩似乎失去興趣時，可介紹一些新材料、新媒介、新活動等。可參考學前課程及活動的書籍。

二、提供安靜的地方，讓該童能遠離教室的刺激

有注意力困擾的小孩，有時可能因為教室的刺激程度太強，使她負荷不了。一群小孩忙於積極做活動，會是活潑的、喧譁的。雖然，這樣的環境常是適合一般學前的小孩；但對於那些對外界刺激非常敏感的小孩而言，可能會受不了*。

幫助的方法，是給該童有機會離開這班級。當該童覺得她自己受到過度刺激，需要離開班級時，該童對此是重要的決定者。找一個安靜的、較少刺激的地方，不論教室裡面或外面；當該童感到需要減少刺激時，她可以去那裡。教室中的一個角落可以有個大紙箱，並放些枕頭及一、兩個簡單活動在裡面。變通地在其中隔出一個角落作為「靜息角」，規定在同一時間只能有一個小孩在這裡靜息。然而，無論利用教室哪個角落，老師需要確定在這裡面可減少受外界噪音和活動的刺激度。

如果靜息角設在教室外面，老師和該童都必須了解及同意這個技巧的

* 對注意力缺陷過動症（ADHD）小孩，若教室的刺激程度太強使她覺得負荷不了；如果她能離開教室到別處，對她大有助益。

要素。首先，工作同仁必須同意這個角落是適當的、安全的，且總是有工作同仁在。從教室到這個角落必須是直接且可安全地到達；否則必須有成人伴隨。去這個角落不是懲罰，且不應被任何成人（老師、秘書、廚工、
362 家長）或該童認為是懲罰。對於該童，她必須在離開教室前讓老師知道；除了這個指定的角落，她不可以去其他地方。

當該童有機會被認可，只要她感到環境過度刺激，即可從中離開；給予她機會去控制她的環境和她自己的行為。如果那個角落是在教室外，她必須遵守只走到指定的角落，並先讓老師知道。

如果你決定該童需要有機會把自己從班級的刺激中隔開，視為控制過動行為的一種方法，你需要和所有有關的人討論這個程序。這包括：班上的工作同仁、該童將去的辦公室的職員、該童的父母、該童本身等。

三、為使該童專心參加活動的時間愈來愈長，系統地予以增強

小孩喜歡受關注。選擇性地給予關注，以增加該童的注意力廣度。首先，評估該童花在活動上的平均時間；為獲得這些數據，可就基準線資料予以平均即是*。

1. 開始本方案後，當她在選擇及參加活動時，給予該童引導和時常的增強。只要你看到她選擇並開始一項活動，你就應時常（每天至少五次）走到該童處，給予她立即的增強。例如，說：「那個拼圖好漂亮，我好高興你這麼努力地拼。」或是：「妳能用這些積木堆這個大模型。」當她在工作時坐或待在她旁邊，並給她一再的增強。

   根據你計算的基準線平均資料，安排你的增強時距。例如：如果該童於基準線階段平均有三十秒專注；當她專心參加活動約每三十秒，便對她增強一次。利用言語、微笑、擁抱、鼓掌和其他增強

---

* 系統地幫助認知障礙或發展遲緩的小孩增加注意力，有許多正面的好處。

等，稱讚及鼓勵該童的回應。

陪著該童，直到她自己離開了她的活動。不要阻止她離開或哄她留下。如果你看到她對她現在所做的感到挫折時，給予該童幫助。確定你的幫助是最低的。如果該童想要挑選對她太難的活動時，你要指導她選合適的活動。例如，說：「那個拼圖比較難。這個野鴨拼圖應該較簡單。讓我們試試看。」

2. 當該童參加活動的時間量，至少是基準線階段平均的三倍（如果基準線階段的平均是三十秒，而她停留了一分三十秒），則增加給予增強所需的時間量。在你給予讚美前，試著期望超過50%的時間量。當你注意到她開始活動時，要盡快地接近該童，並給予立即的增強。對新增加的時間量標準，要繼續給予稱讚及鼓勵。盡可能時常試著給予個別的關注，每天至少五次。 363

3. 當該童能停留在活動較長時間，則逐漸增加給予增強的時距。如果你注意到有倒退的情形（即該童比以往較少參與活動），則增加你的增強比率。你的目標是成功。如果該童有困難，改變你現在所做的，重新幫助該童增加她的注意力廣度。

4. 牢記最後的目標。當該童參與活動能達到最低持續時間量時——至少在所有參加活動的四分之一達到，則你的增強比率應該考慮減少。最後，該童應該只有參與適當長時間的活動，才能獲得成人的定期增強。繼續給予和其他小孩相同比率的增強。

四、故意不理會該童所做無意義的活動

當你增強該童好的行為時，也要讓她知道什麼行為是不好的。因為小孩想要、需要被關注；他們持續參與以獲得被關注。他們不好的行為，若始終無法獲得關注，最後他們會停止這些不好的行為。在這個案例，該童的注意力短暫及無意義活動，已因老師的回應而獲得增強。當該童不參與活動時，撤除對她的關注，故意不理會她這行為。這意指不跟她說話、不

看她，或其他任何顯示你對該童這行為的關注。無論何時，只要該童在教室內任何角落晃來晃去、幾乎沒開始就放棄活動，或沒有參與活動坐在旁邊等，都故意不理會她。但只要她開始參加活動，即給予她適當的關注。

五、繼續記錄這行為

繼續測量及記錄行為；如此你可以記錄該童進步的情形。在選定的時間，繼續計算該童參與活動的持續時間量，並將平均持續時間量轉登記在圖上。當該童參與活動的持續時間量增加，逐漸增加兩次增強間的時距。記住，目標是該童至少必須達到她開始參與活動的四分之一持續時間量。

維　持

一旦該童參與活動，可以像同樣發展階段的其他小孩有相同比例的行為時，她的行為應該是由於喜歡該活動的內在動機大於成人的增強。繼續評估這環境，這對確定該童的注意力及專心有所助益。對該童參加並成功地完成活動，應一再地給予增強。這時，增強該童的比率，應與增強班上其他兒童的比率一樣。

在本書附錄裡，有幾個假設情節，供你應用本書各章建議的輔導原則。請在附錄裡找「輪到你」中的情節，特別是情節九及情節十與本書〈參與社會及學校活動〉篇有關。

飲食行為

Chapter 45

偏　食

367 三歲班所有小孩洗好手，並且坐在餐桌前等候午餐。凱文縱覽餐盤內的東西，指著通心麵和起司說：「我不要吃。」巴頓老師回答：「但是，凱文，那非常可口，你會喜歡的。每個人都喜愛通心麵和起司！」

凱文搖搖頭，並伸手拿牛奶。他為自己倒了一杯，喝完後又倒了一次。其間，他略過胡蘿蔔、葡萄乾沙拉、青豆和通心麵等不拿；巴頓老師注意著凱文的空盤，接著站起來為凱文盛了每一道菜。凱文把他的盤子推回去，並說：「我討厭這些東西。」然後喝完他的第二杯牛奶。

當他再一次倒牛奶時，巴頓老師把它拿開，然後說：「當吃完你的食物，才可以要更多的牛奶。」凱文抗議，且開始哭了起來。另一位老師瞥見這種情形，走到餐桌前說：「怎麼回事？」巴頓老師解釋時，凱文不斷地啜泣。兩位老師短暫地商量過後，巴頓老師問說：「凱文，假如我給你一些牛奶，你會試著吃你的午餐嗎？」凱文很快地點頭，並且倒更多的牛奶到他的杯子裡。他貪婪地喝超過半杯之多；然後巴頓老師拿下杯子說：「凱文，還記得我們的約定嗎？」

凱文拾起他的叉子，推了些許胡蘿蔔和葡萄乾沙拉在他的盤子邊緣。接著，他用叉子玩弄盤中的食物；巴頓老師回到他的位子上，注意到食物已經被移動，於是說：「很棒，凱文，繼續吃。」 368

凱文放下他的叉子，仍將牛奶喝完，並且為自己倒了更多。好幾次，巴頓老師提醒凱文多吃一些，然後終於說：「你將不會有飯後甜點可吃，除非吃完你的午餐。」當其他小孩用完餐後，將紙盤丟棄於垃圾桶，凱文也把他還剩有食物的餐盤丟棄。他接著吃一大碗的冰淇淋，且吃完後索求更多。

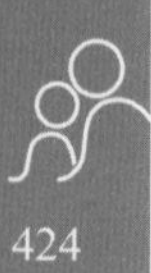

敘述這行為

該童偏食，不願吃甚至不去嘗試許多食物。

觀察這行為

花些時間觀察該童偏食的情況，如此，你將較清楚他的飲食方式：

哪些食物是該童拒絕吃的？

- 水果或蔬菜
- 烹調過的水果或蔬菜
- 肉類
- 穀類產品（麵包、麥片）或通心粉
- 混合菜，例如砂鍋菜
- 乳製品（蛋、牛奶）
- 果汁
- 甜食

- 三明治
- 羹湯

哪些食物是該童喜歡吃的？

- 甜食
- 果汁
- 乳製品（蛋、牛奶）
- 三明治
- 羹湯
- 水果
- 麵包
- 369 肉類
- 穀類產品或通心粉
- 生蔬菜
- 烹調過的蔬菜
- 沒有他喜歡的食物

該童如何偏食？

- 該童靜坐著，沒有進食
- 該童口頭表示對某些食物不喜愛
- 該童對某些食物做出厭惡的表情
- 該童對他盤子裡的食物顯出苦惱的樣子
- 該童哭鬧
- 該童試著從他的盤子中拿開食物
- 該童把食物含在嘴裡很長的時間
- 該童玩起食物
- 該童將食物丟在地上或垃圾桶
- 該童抱怨食物有問題

該童偏食時，會有何種情況發生？

- 該童吃得少
- 該童對吃有選擇性
- 教師告訴該童，哪些食品是必須吃的
- 教師哄誘該童
- 教師用湯匙餵食該童
- 該童常常是最後用完餐的
- 用餐後，該童盤內常有殘留剩菜
- 該童僅吃甜食，而主餐沒吃完
- 該童在用餐時，不斷說話
- 該童在用餐時，話少或都不說話

從上述觀察中，你將對該童的偏食有所了解，進而幫助他養成較好的進食習慣。

與家庭諮詢及合作

當你有機會更仔細地觀察該童的飲食行為後，要安排與其家庭會面。如果你發現該童在家吃多數食物似乎沒有問題，要檢討在學校進餐時間的慣例和食物安排。此外，在家庭幫助下，嘗試發現是否有該童不想要在學校吃的基本原因。另一方面，非常有可能該童在家裡顯然跟在學校一樣的偏食。在這種情況下，要詢問家庭關於食物過敏、該童喜歡吃的和不喜歡吃的，和他在嬰兒期及學步期吃的習慣，以及發現目前在家裡進餐時間的慣例和行為。與家庭討論他們曾設法增加該童接納食物的策略，以及是怎麼成功的。分享你的點子，減少該童的偏食和可增強在家及在學校飲食行為的一些策略。一旦你開始計畫改變這行為，持續通知家庭邁向目標的進

370

步情形。本章的方法大綱，也對家庭能被持續告知的方法提出建議。

考慮其中涵義

吃是人類的基本需求和活動，是大多數小孩所愛的。吃不僅是賴以生存的活動，也是感官經驗、社會經驗、情緒經驗和學習的來源。基本上，它與小孩的幸福感緊緊相連。小孩的飲食習慣在幼時發展且由許多經驗形成。有些小孩很快熱中於吃，家庭期待他們有好的飲食行為，而這些小孩也很快發展這行為。另一些小孩可能使家庭感到困擾，由於他們對某些食物過敏或難餵食。如此這些小孩可能成為偏食者。對食物及吃的累積經驗，影響後來吃的習慣。

如果該童是個美食者，他有可能成為挑食者。這種挑食行為的形成，是由於家庭過於擔心該童的飲食方式，關心他營養失衡，哄誘他「試著再多吃一些」。在學前期這段時間，飲食習慣已建立；該童很快又讓老師增強他這一習慣。如果小孩用餐時坐著閒混而沒吃飯，不可避免地老師就予以注意。假若老師繼續關注該童的偏食行為，這一行為將被增強。

探討變通策略

考慮下列建議，以幫助克服偏食行為：

- 飲食深受環境所影響。假若用餐氣氛是愉快的，則進食也較為愉悅。檢討用餐的布置。餐桌的擺設應具有吸引力。談話應生動活潑。柔和的背景音樂也有助於用餐時較為愉快。輕鬆的氣氛，可以幫助偏食者擴大對用餐的觀點，而不只限於對食物的感受而已。
- 確定食物是否適合學前小孩。小孩通常喜歡較純質、無添加其他成分的食物。避免口味重的食物。讓食物好看又好吃。在菜單的設計上，考量菜色和材料的多樣性且具有營養價值。可向幼兒介紹新的食物，但日常吃的則需常出現。介紹新食，一次不可超過一道。幼兒菜單設計指南可從政府、地方機關或市售書籍中獲得、參考。

- 菜單設計指南對你準備餐量也有幫助。餐食設計量應足夠每個人吃，但也要避免太多而吃不完。當老師明瞭小孩食量多少，需準備多少的餐量給小孩時，老師總是會很驚訝：小孩總會再續食第二回。
- 當挑食者對他的食物擁有較多的控制權時，他的飲食狀況會比較好。因此，提供家庭化的進食方式，可幫助小孩自己進食。在每個餐桌擺上一些小餐盤，或每組分配六至八盤。讓小孩可以自由選擇他們的食物。你也可以設定一些指導方針，使這個過程更流暢。當然，小孩也可參與這些規則的制訂。你可以建議他們一些規則，譬如：「一次只拿你吃得下的量，因為你還可以再拿。」或「每樣東西至少都要嚐一嚐。」當小孩能控制自己取多少食物量，他們就會比較喜歡吃食物而不急躁。這樣自主的安排也可鼓勵小孩自動，及養成獨立性。
- 小孩對他們參與準備的食物較有興趣。可計畫一些定期的烹調活動，特別是準備稍後要吃的食物。進餐時的對話，即可針對小孩幫忙準備的那部分菜餚。通常從幫忙準備餐食，小孩可以感受到極大成就感。
- 避免在進餐中突然介紹新食物給小孩；最好在之前就能與他們討論新食物的概念。這樣的介紹可以是課程一部分，例如：與其突然在午餐食物出現一盤綠花椰菜，還不如在這之前，安排一些跟這道菜相關的活動。包括：在團體時間中討論綠花椰菜，探討它的外形、成分、味道、構造及名稱；討論它的成長狀況。你可以把一些塑膠
的花椰菜和其他玩具食物一起擺在扮演角。綠花椰菜也可以變成賓 372
果遊戲、分類活動、烹調經驗等的一部分。如此，小孩在午餐時對它就比較容易接受了。
- 新近發現有些人對食物偏好或不喜歡，可能有其生物基礎。有些小孩先天上較他人對某些味道敏感。因此，這一強化的敏感會造成對

食物的不喜歡。除此，有些小孩對食物的不喜歡，實際上來自對特定食物過敏。例如，有一小孩在兒童期的大部分時間排斥牛奶，後來發現他對牛奶過敏。如此，她的不喜歡牛奶似是一種防禦的回應*。

當你要試著改變該童的偏食習慣，可參考上述建議。這些應足以應付輕微偏食的小孩。這問題若需要較系統的方式處理，請繼續參考下列策略。

敘述這目標

目標是希望該童較能接受食物，至少在一餐中能嘗試每一樣食物。

方　法

減少偏食的基本策略，包括同時執行下列四個步驟：

- 營造愉快且有益於進食的用餐環境。
- 增強適當的飲食行為。
- 以星星貼紙獎勵該童，進食時嘗試所有食物。
- 故意不理會偏食行為。

定　義

偏食（finicky eating）指該童在進食中表現出不當行為，例如拒絕食用多樣的食物、閒置或玩弄他的食物、不吞下食物或以其他方式表現不良的飲食行為。班上老師應一起討論，並列出偏食行為的所有特定表徵。

---

* 胃口會受小孩慢性疾病問題的影響。要與其父母維持緊密的溝通，關於該童的病症和它的症狀，包括任何與飲食行為和胃口有關的。

起點行為

用三天的時間蒐集基準線資料，以便跟後來的進步做比較。因為目標包含兩個不同部分，因此必須蒐集這兩種資料。一種是有關菜單上被嘗試過的食物數目，另一種則是有關偏食行為的數目。決定好要在哪一次進食時間，觀察記錄飲食情況。午餐可能是適當的時機，點心時間、早餐、晚餐也可以。在進食中，老師必須坐在該童身邊，仔細觀察他整個進食情形。第一部分紀錄，計算不同的餐食項目或午餐盒內項目的數目。劃記該童吃過哪些餐食。在每餐過後，計算百分比並登記在第一張百分比紀錄圖上。假若午餐有雞塊、洋芋片、沙拉、胡蘿蔔、葡萄和牛奶（六項），而該童只吃雞塊、洋芋片、葡萄（三項），則登記 50% 於圖上。百分比的計算如下式：

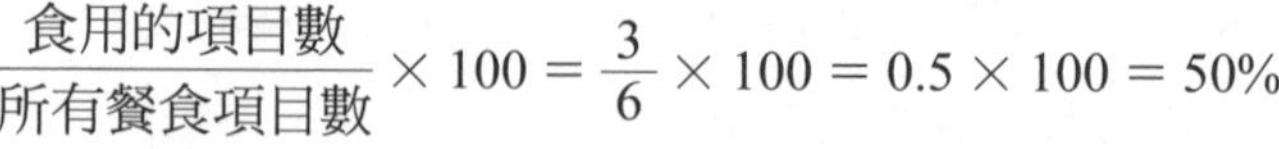

$$\frac{\text{食用的項目數}}{\text{所有餐食項目數}} \times 100 = \frac{3}{6} \times 100 = 0.5 \times 100 = 50\%$$

第二部分的紀錄，只要計數合於你所定義的偏食行為的次數。隨身帶著紙本和鉛筆，每次該童出現偏食行為時予以劃記。例如，記下每一個拒絕吃或不喜歡吃的陳述句（例如：「我不要吃那個。」）若閒混兩、三分鐘仍不吃，也可列入考慮。參考經由班上老師共同認定，並較正確地定義出所要測量的這行為之各項表徵。在每餐結束時，將該餐的總次數登記在次數紀錄圖上。

策　略

一旦基準線資料蒐集完且和家庭商量過後，就可以準備開始本策略。班上所有老師必須充分了解，並在每餐中執行此方法，即使一天之中只記錄一餐：

一、營造愉快且有益於進食的用餐環境

有許多促使進食愉快的方法，可執行下列適當的建議：

1. 在用餐之前，教室環境必須整齊、有紀律。用餐前安排整理教室的時間，使教室井然有序。當有未完成的遊戲、玩具、材料置於身旁，極有可能使小孩分心；在進食前，確定每件東西都置於原來的位置，以避免這種情形發生。
2. 使餐桌具有吸引力。餐桌的設置須是整齊的，不要隨意擺放。如果由小孩安排餐桌，花些時間教導孩子，討論擺放盤子、杯子、餐巾、器具等的方式。餐桌中央的擺飾，也可以增加餐桌的吸引力。兒童在工藝活動時製作餐桌墊布及擺飾。每位小孩的個人座位可放耐用的座墊。
3. 準備的食物須具有吸引力。餐盤的大小要便於拿取。對食物的顏色、形狀、材料、營養價值等要適當選擇安排。
4. 挑選的食物是小孩所熟悉、喜歡的。時常討論找出小孩特別喜愛吃的菜餚，是有幫助的。可以詢問偏食的該童喜歡吃什麼，再把這些食物列在菜單中。
5. 不要把甜點當作酬賞，可以成為正餐的一部分。甜點應如菜單中每一項菜餚，必須對整餐的營養是有益的。避免營養成分低而糖分高的食物。水果和乳製品可作為甜點。在用餐時不要以甜點做為酬賞。因為甜點是有營養價值的，就不應限制。甚至在用餐時，將甜點和其他的餐食一同擺在桌子上，讓小孩吃到他所期望的食物。無須嚴格規定必須在用完餐後才吃甜點。
6. 用餐時可親切交談。避免太拘束於餐桌禮儀和飲食行為。談一些小孩感興趣的話題。鼓勵小孩彼此，以及和你互相交談。用餐時間必須是愉快、輕鬆的。愉快的談話有益於用餐氣氛。
7. 定期於餐食菜單裡加入新食物；然而，必須是在小孩有機會對每一

項新食物都熟悉之後。小孩對新食物愈了解，他們也就愈能接受。提供機會讓小孩先看、嚐、感覺、處理新食物。在新食物出現的當天，將這種介紹加入既定的活動中。

8. 非正式觀察可覺察出該童喜愛吃哪些食物，另有哪些是不喜歡吃的。特別將注意力放在他通常會拒絕的食物上。在學習活動中，介紹有關的新食物。例如，如果該童常拒絕吃水果，而你打算在午餐時吃哈蜜瓜，那麼將哈蜜瓜加入課程中。在切開之前，允許小孩感覺它的柔滑、重量，猜猜果肉的顏色和成分。聞一聞、嚐一嚐它的果肉，觀察與討論它的種子，與其他食物做分類與比較。用這些種子拼貼，並在畫架上畫出與哈蜜瓜相近的顏色。在哈蜜瓜出現於餐桌前，該童對它愈熟悉，也就愈喜歡嘗試與享用。有必要讓該童家庭知道，他在哪一天嚐過新食物。
9. 時常安排一些和食物烹調有關的活動，讓孩童去體驗食物是從哪裡來，及是怎麼料理的。要將漢堡和牛、炸薯條和馬鈴薯、通心粉和麥、番茄聯想在一起是很難的。透過一些田野旅行、園藝活動、實際操作，小孩開始了解食物的來源。如果戶外空間以及天氣允許的話，你可以種蔬菜。看著植物由播種、成長，乃至收成是很令人振奮的。譬如：大多數的小孩以為番茄醬就長在購物架上的罐子裡，如果你有園藝工具，你就可以種番茄，並且做番茄醬給孩子看。
10. 定期安排煮一些該童不喜歡的食物。在烹調活動中，因為參與而熟悉，該童會比較願意去品嚐一些他參與準備的食物。在進食時，老師應鼓勵該童發表對這食物的看法以及他是怎麼幫忙做的。
11. 與該童一同用餐。你在用餐時的行為，可做為該童的楷模。

二、增強適當的飲食行為

除了上述營造愉快的用餐氣氛外，你的行為要讓該童知道，哪些用餐行為是你贊成或不贊成的。進餐時坐在該童身邊，以便你對他的行為做回應。仔細地觀察該童的飲食行為，如果該童吃飯時沒有出現偏食的行為，即可給予增強。有幾種增強方式，例如你可以直接跟該童說：「你今天吃得不錯喔！」或「我喜歡看你這樣吃！」你也可以拍拍他的肩，擁抱他一下，或是給他一個微笑來呈現你的讚許。該童學會良好的飲食行為，在進餐時至少每分鐘要給一次增強。如果在進餐結束時，你發現該童偏食行為的次數減少了，就再告訴他，你多高興和他一起用餐。

376 當偏食行為減少時，你可以減少對他進餐行為的直接指正。若該童表現出良好飲食行為，則持續地在進餐時跟他交談。同時也和坐在附近其他的小孩談話*。

以星星貼紙獎勵該童進食時嘗試所有食物。因為本方法的兩個目標之一是要讓該童品嚐菜單的每一個項目，星星貼紙是達成這個目標的誘因；在開始本方法之前，製作一張類似下面所顯示的表，包括下列所有適當的每一餐。

孩童姓名												
日期												
點心												
午餐												
點心												

在這天的第一餐之前告訴該童，你要開始本方法。告訴他你關心他的進食行為，以及你真的希望供應的每一種餐點，他至少都吃一口。如果該童有過敏症，則以適當的餐點取代被禁止的食物。展示表格及一些你要用的星星貼紙給他看。告訴該童，你將坐在他旁邊並記錄他吃了什麼。如果他品嚐了菜單上的每一種餐點，在用餐結束他就可以得到一個星星貼在他的表上。藉著供應該童喜歡吃的項目，來為前幾項餐食安排成功的經驗。

在用餐期間，仔細地觀察該童在吃什麼。對於他沒吃的東西，不要加

* 有時，吃的問題伴隨障礙的其他領域。鼓勵和加強適當的飲食行為，能使這樣的孩子受益。

以批評。當他在品嚐一樣食物時，給予口頭增強。例如，說：「你已經品嚐了牛奶、肉糰、米飯！我打賭，今天你將得到一個星星！」如前所述，合併增強品嚐項目及不偏食的部分。

藉著該童展示他所贏得的星星，你和該童的家庭分享他每天的進步。

三、故意不理會偏食行為

本方法假定不當的進食型態是因為已經被大人們增強了，所以必須盡可能少去注意你定義為偏食的行為，同時適當地增強進食行為。不要誘哄或壓迫該童去吃，不要賄賂或威脅。 377

1. 只要該童一有偏食行為，即撤除你的關注。你可和另一個孩子說話或將注意集中於用餐上。不要去注意他的偏食。
2. 若該童試著引起你的注意，例如藉著和你說話或用力拉你的袖子，轉身面向他，並且說：「當你再度吃飯，我才和你說話。」轉身離開後，你仍可不太明顯地觀察該童。只要他一開始吃，就關注他。
3. 如果該童只口頭表示他不喜歡這食物，則忽略這些評論。如果他嘗試幾次，想藉著一再批評來獲得你的注意，你只要說：「我聽到你的話了。」轉移你的注意力到其他地方。當該童再度適時進食時，才再給予注意。
4. 在用餐時，不要批評該童吃得較慢。當大多數的孩子已用完餐，而該童仍沒吃完，你可若無其事地問：「你吃完了嗎？」如果他說他吃完了，就叫他把盤子收起來。如果他說他還沒吃完，在他吃完時教他清理。不要強迫他在用完餐後才可離開。若只強調注意其負面行為，可能會陷於該童拒絕去吃的僵局。要不你就必須放棄你的堅持，要不就繼續強迫該童坐在餐桌前。
5. 如果在用餐時，該童只吃一些，並且稍後告訴你他餓了，不要訓誡他沒有吃，但也不要提供任何食物。只簡單地告訴他，下一餐將在何時。例如：「在我們結束故事時間和戶外遊戲之後將有點心時間，到時我們一起吃。」

四、繼續記錄這行為

在整個方案中，持續計算品嚐項目的百分比及每日偏食行為的總數。和基準線階段一樣，以一天三餐中的一餐做紀錄。當你發現該童 100%一致地品嚐供應的項目時，開始逐漸降低給星星貼紙。剛開始改為每兩餐增強一次，再來每三餐增強一次；直到該童不需星星貼紙增強，也能持續遍嚐每項食物為止。在幾週之內，你應該達成這項目標。當圖顯示偏食行為一致地接近零時，要逐漸減少對這行為的增強。因為偏食是一種長期建立的習慣，可能要花費相當的時間才能達到這個目標。

維　持

一旦該童已停止偏食行為，及至少品嚐盤內的每一樣食物，就維持這些成果。繼續對良好進食行為做選擇性增強，並且有意忽略任何一種偏食行為。這時，已不需要每一餐都坐在該童身邊。必須確定你給予該童的關注和你對待所有孩童是一樣的。

在本書附錄裡，有幾個假設情節，供你應用本書各章建議的輔導原則。請在附錄裡找「輪到你」中的情節，特別是情節十一及情節十二與本書〈飲食行為〉篇有關。

Chapter 46

暴飲暴食

在戶外活動時，五歲的布倫黛坐在草地上。在整節課四十五分鐘，她大多玩著洋娃娃和衣服。在活動時間，她找一張桌子操作材料。某刻，她站起來並移到另一張正在做工藝的桌子。她一直坐到下課。當中有好幾次，她問老師何時吃午餐。 379

當老師宣布，收拾好東西準備午餐時，布倫黛馬上放下工作去盥洗室洗手。進餐廳時，她排第一。午餐，她共吃了三份馬鈴薯泥、兩塊雞肉、四個麵包，還有兩份甜點。第二份甜點是隔壁孩子不喜歡的巧克力布丁，她拿來吃。布倫黛不吃餐食裡的胡蘿蔔和沙拉。布倫黛活動少又好吃，老師及她爸媽都替她擔心。布倫黛體重九十二磅（約四十二公斤）。

敘述這行為

該童吃太多食物超過她的身體所需，造成體重過重。

觀察這行為

花幾天時間觀察該童的飲食習慣，以進一步了解，她在什麼情形下暴飲暴食又吃些什麼：

下列食物中，何項該童吃得比他人多？

- 所有食物
- 甜食
- 麵包類
- 肉類
- 水果
- 蔬菜
- 混合菜，如砂鍋菜
- 乳製品

哪些食物，該童不喜歡或避免吃？

- 蔬菜
- 水果
- 肉
- 混合菜，如砂鍋菜
- 乳製品
- 麵包
- 甜食

該童的用餐情形如何？

- 該童讓自己吃很多

- 該童三番兩次要再多點食物
- 該童吃得很快
- 該童吃得很慢
- 該童一次塞很多食物到口中
- 該童邊吃邊說話
- 該童不太說話
- 該童談論食物
- 該童似乎很高興

該童常從家中帶食物來學校，如餅乾、糖果、口香糖等？

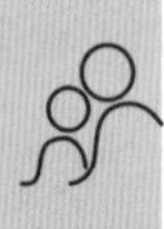

是否有特定事件，與她大吃大喝有關？

- 該童生氣不安
- 該童被其他小孩拒絕
- 該童被叫綽號
- 該童被老師處罰
- 該童工作受挫
- 該童弄傷了自己
- 該童被其他人傷害

該童的活動情形如何？

- 該童和其他兒童做一樣多的體能活動
- 該童做更多活動
- 該童做較少活動
- 該童多是坐著活動
- 該童和其他兒童一樣，參加跑步及其他大肌肉活動
- 該童逃避大肌肉活動

利用上述非正式觀察，可幫助你對這行為有進一步了解。

與家庭諮詢及合作

改變孩子暴飲暴食，如本章方法所述的第一步，必須取得家庭的完全合作。討論孩子家庭的飲食習慣，在意涵上涉及微妙的私人問題。因此在討論這問題之前，需要先有良好的親師關係。如果你開始執行改變孩子的暴飲暴食，需要花時間在本章「方法」所述的第一步。

考慮其中涵義

幼兒過胖可能有很多需求。過重有害身體健康。過重兒長大易變為過胖大人，易患心血管疾病、糖尿病及其他疾病。也會有社交問題；別的小孩可能批評她過胖，不讓她參加團體遊戲。被認為是異類。過重兒在學校活動處於不利；她因不夠靈活，而跟不上同儕。她走路時呼吸易急促、運動時易累，所以寧可一個人坐著不動。最嚴重的是肥胖傷了該童的自尊，因為與人不同，她成為同學取笑的對象。

暴飲暴食有許多原因。某一個背景因素可能導致某位小孩有暴飲暴食的習慣，對另一位小孩卻未必如此。過重兒在學前階段，就已養成吃過量食物的習慣。她常吃不當食物，如甜食多於均衡的食物。吃是最難改的一項活動，因它和情緒有關。如在年幼時不盡快改變，那愈大就愈難改。學校要和家庭合作，幫助該童改變飲食型態，這樣也許能讓她生活得更快樂、較正常。

探討變通策略

通常，要找出過重兒是容易的，但請考慮下列成因的解釋：

- 當你班上有過重兒時，先確定是否因醫藥而起。因內分泌或身體功能失常引起肥胖是少見的，但這需要家庭醫生詳細檢查。和家長討論你對該童的關切。如果他們尚未處理，請他們帶該童去醫院做徹底檢查，以確定是否是醫藥的原因*。
- 班上可能有不是過重但食量大的小孩。小孩食慾受內外因素影響，可能因活動量大而大吃一頓；也許她因正在成長而大吃。美好的食物及愉快的氣氛，有助於比平常享受更多食物。考慮該童的食慾和她的活動量間的關係，記住，新陳代謝常因人而異。
- 判斷過重與否時，要衡量該童骨骼結構。兒童可能因骨架大，所以顯得較魁梧而非體重過重。除了看體脂肪層外，要多方面衡量。
- 幼兒有時較重，是因「嬰兒肥」尚未去除。學步兒及二歲大的幼兒，看來都是圓嘟嘟的。除非持續過重到四、五歲，否則不必憂慮。 383

如果上述原因與該童的情境無關，就開始下列方法處理暴飲暴食的問題。

敘述這目標

目標是使該童減少攝食，不吃超過她身體所需的量，每天飲食均衡。

方　法

處理暴飲暴食及減輕體重的策略，基本上同時包含下列六個步驟：

- 與家庭周詳討論提出的方法，並確定他們的承諾。
- 每天和該童討論本方法及目標。

---

* 肥胖可能是慢性疾病或症候群的副作用，影響其他領域的發展。教師應熟知這健康狀況的症候群、副作用，及對班上這樣的小孩的處理方式。

- 檢視該童各餐的攝食量。
- 強調均衡的飲食。
- 增強適當的飲食行為。
- 透過運動計畫，有系統地增加運動量。

我們在後面將談論，家庭的充分參與及合作對執行這方法是非常重要的。家庭應確定該童已經看過醫生，這問題沒有醫藥的因素，且經醫生認可你執行本策略。

定　義

暴飲暴食（overeating）乃指當該童吃下超出她身體正常運作所需的食物，而造成肥胖的行為。

起點行為

在開始本方法前，先蒐集資料是重要的。三項措施如下列所述：

1. 這個方法成功的一個主要指數是該童的體重；因此要量該童的體重。最後的進步將由體重未增加或減退來估計。在第一次量體重後，每週量一次，該天同一時間量。在整個方法過程中，列表登記日期和重量。
2. 另一重要的資料是該童吃什麼及吃多少。家長和老師每天蒐集資料並記錄。要求其家庭每天記錄該童在校外吃什麼及吃多少，並在第二天早上將表交給你。和該童在學校吃什麼及吃多少的紀錄整合。

   登記該童的飲食情況是簡單的。記錄該童每天三餐及點心時間所吃的每樣東西。以湯匙、杯子及其他適當的量器等為單位量，估計她的進食量。以早餐為例：

1 片吐司

2 個半熟蛋

1/2 杯柳橙汁

1 杯牛奶

當有了一整天資料後，按下列五類來分類食物：

肉類及肉製品

麵包和穀類

蔬果類

乳酪類

垃圾食物類

表 46-1 提供這些食物每一類別的簡要列表。這張表並顯示這些食物約等於多少份量。用上述早餐的例子，將該日的登記總數轉換成下列的份數：

1 片吐司 = 1 份，麵包類

2 個蛋 = 2 份，肉類

1/2 杯柳橙汁 = 1 份，水果類

1 杯牛奶 = 2 份，奶類

這些每日攝取食物的測量不會是絕對準確，而是提供你足夠的 386
資訊執行這方法。如果你願意，你可參考許多兒童營養書籍，將提供一個更詳細的列表。

將每日攝取量記錄在每日食物攝取圖（圖 46-1）。這張圖讓你總結該童每日在五類中每類的攝取量。將家庭提供的資訊轉換成份數，和在學校的攝取量加起來；再在圖上每類食物適當的數字處劃 X 標示。

385

表 46-1　學前階段幼童食物份數轉換表

肉類：任何肉、魚、家禽、蛋、花生醬，或其他含蛋白質物

一份等於　1 盎司瘦牛肉、小牛肉、羊肉、豬肉、家禽肉、魚、海鮮，或肝、心、腰子等內臟
1 個蛋
1 條香腸
1 盎司乾酪（如果不列入乳酪類）
1/4 杯脫脂乳（如果不列入乳酪類）
1/2 杯乾豆或豌豆
2 匙花生醬

麵包／穀類：全麥、營養麵包或同類的東西等

一份等於　1 片麵包
1 捲鬆餅或餅乾
5 塊鹹餅乾
2 塊全麥餅
1 盎司穀類食物
1/2 杯煮熟的穀類、玉米粉、燕麥片、米飯、通心麵、麵條、義大利麵條

水果／蔬菜類：任何新鮮、罐裝、冷凍水果或蔬菜

一份等於　1/2 個葡萄柚
1 個中型柳橙
1/2 個香瓜
3/4 杯草莓、藍莓，或其他莓類
1/2 杯柳橙汁、葡萄柚汁、綜合果汁
2 塊哈密瓜
2 顆橘子
1 杯番茄汁或煮熟的番茄
2 個中型生番茄
1 杯煮熟的球芽甘藍、生甘藍、煮熟的芥藍、生芥藍、芥菜、波菜、大頭菜
5 個杏果
1 個中型蘋果
1 根香蕉
1 個桃子、李子、橘子

乳酪類：流體、全脂、脫脂、乳酪等

一份等於　1/2 杯牛奶
1/2 杯酸乳酪
1/4 杯未稀釋脫水牛奶
2 匙脫脂奶粉
1/2 杯牛奶凍或牛奶布丁
1 杯奶油湯
1/2 杯奶製穀類食物
1/2 杯冰淇淋

垃圾食物類：所有只含熱量的食物，例如：洋芋片、汽水、糖果、餅乾及其他沒有營養的點心

每日食物攝取圖

兒童姓名：＿＿＿＿＿＿ 年齡：＿＿＿＿＿ 日期：＿＿＿＿＿

目標：＿＿＿＿＿＿＿＿＿＿＿＿＿＿＿＿＿＿＿＿＿＿＿＿

各類食物攝取量		
肉類	6 5 4 3 2 1 0	
麵包／穀類	6 5 4 3 2 1 0	
水果／蔬菜類	6 5 4 3 2 1 0	
乳酪類	6 5 4 3 2 1 0	
垃圾食物類	6 5 4 3 2 1 0	
		1 2 3 4 5 6 7 8 9 10 11 12 13 14 15 16 17 18 19 20 21 22 23 24 25 26
		天

圖 46-1 每日食物攝取圖

3. 第三個要做的測量是該童的活動量。記住，體重是卡路里攝取量（吃進食物）及消耗量（expenditure，透過運動和鍛鍊消耗卡路里）相抵後的反映。找小孩有大量運動機會的一小時或分二個半小時時段。戶外遊戲是個好時段。每一分鐘觀察該童一次，如此一小時共六十次。如果你看到該童參加運動，就在該分鐘劃記一次。運動（exercise）指刺激心肺的大量運作的任何活動，包括跑、跳、爬、
387 扭腰、盪、蹦跳、滑行、騎車，及其他需要全身用力的活動。該童在活動前後有用力、急促呼吸才算做運動。如果該童是坐著、站著、走著，即使手腳都忙也不算是運動。將該童參加該日做運動的總次數登記在次數紀錄圖。

策　略

一、與家庭周詳討論提出的方法，並確定他們的承諾

本方法只有在其家庭配合執行下才有效。除非該童在家吃的和在學校一樣少、一樣均衡；若該童在校外不做，只在學校改變過度好吃，則效果會打折。要求不一致，也會使該童混淆。安排時間和家長討論問題。如果家長同意這是個問題，並願意配合學校一同做，就繼續執行本方法。

必須家庭和老師共同努力、密切合作來改變該童進食方式。這對家庭而言並非易事，因它意味全家要改變和這有關的行為。對這一步不要急，花時間與家長討論，充分了解這工作執行的困難。探討本方法對該童及其家庭所帶來情緒及社交的改變。當家庭飲食型態受影響，這改變並不容易。當你把該童過度好吃的問題脈絡討論清楚後，就可以準備開始本方法。

在和家庭談過及蒐集完基準線資料後，接下來就是執行本方法。必須班上所有老師及廚工了解本方法及配合執行。要能成功改變該童的飲食習慣，端賴提供食物的所有大人的支持與合作。

二、每天和該童討論本方法及目標

儘管基本上大人控制該童的飲食供應，但必須獲得該童支持執行本方法。每天花幾分鐘，和該童討論營養及有關本方法的飲食計畫大綱。如果該童提起她的過重情況，可以此開始你和她的討論。否則另安排用餐以外的時間，與她討論食物及吃。就你所知及該童的了解和喜歡，選擇話題來談。話題建議如下： 388

1. **均衡飲食的需要**。該童每日需從肉、麵包類、奶類、蔬果中攝取營養。每個人都需均衡這四種食物。
2. **食物使身體健壯**。身心成長及發展與所吃食物的關係。吃適當及適量的食物對成長及發展的重要。
3. **卡路里**。所有食物提供身體能量。有些食物含較多卡路里及能量，如吃太多卡路里，超出身體所需，則會儲存使身體肥胖。
4. **運動**。身體需要食物提供能量來運作。身體消耗能量愈多，愈不會儲存脂肪變胖。有些活動像跑步、爬山、跳躍等，消耗的能量比坐著或站著高。
5. **點心**。正餐間的點心應有助於每天營養的攝取。有些點心營養高但熱量較少。
6. **垃圾食品**。有些食品對身體無益。如果一個人被沒營養價值的食物所填滿，是無法滿足身體實際所需的。
7. **食物和情緒**。有時人們喜歡用吃來減輕煩悶。當煩悶時最好不要吃東西。

利用這些建議的話題或另外補充適當的。目的在提供該童資訊，以改變她的飲食態度。除了與該童個別談話外，將營養概念放入課程中，讓所有小孩因此而受益。

三、檢視該童各餐的攝食量

大人控制該童食物量的大範圍。努力控制以減少食物，鼓勵均衡營養。根據上述建議主題，鼓勵家長也在家與該童討論。該童在校用餐時，老師應坐在其旁。

389

1. 鼓勵少量取食。如果個別裝盤，就用小盤子或少分量。如果小孩自己從大盤子取食物，協助該童取少量進食。規則有助於實現你的期待。你可以說：「每次拿一個，可再拿第二輪。」若是第一次就取超過限量，你要溫和且肯定地阻止，告訴她：「現在已經夠了。」
2. 若該童首次取少量，就可再取第二次少量。將食物分成兩份拿取，使食物看來較多，並有助於慢慢吃。
3. 常常直接或間接地鼓勵該童慢慢吃。告訴該童細嚼慢嚥、小口吃，吃完一口再吃下一口等。你可間接地鼓勵慢慢吃，讓該童參加愉快談話，給她機會去說、聽、笑。
4. 用小盤子或小器皿裝食物，感覺量較多。小盤子裝滿看起來會比沒裝滿的大盤子的量還要多。小器皿鼓勵小口吃。
5. 避免含過多糖分或脂肪的食物。所有小孩都會因此獲益，特別是過重兒。避免供應甜食；水果不僅是良好替代品，且含小孩所需的維他命及礦物質。若用水果罐頭，注意它是用水或原汁裝，要去掉糖漿。如烹調需用糖，請減量。也盡可能少用或不用奶油或油。漢堡裡不用肥肉。與其用油炸不如用煎烤。
6. 不要提供空有熱量的食物。像是飲料、糖果、洋芋片、棒棒糖及類似的垃圾食品，含大量卡路里而沒有營養價值。
7. 注意學前兒童每天需多少食物。讓她不在正餐或點心時吃過量，超出身體所需。這需要家長密切配合，每天不過量攝食。利用本章的轉換表（表 46-1）幫你算出一份含多少食物。

   考慮下列各餐在整個進食量應占的百分比，做為概略指引：

早餐　20%

早點　10%

午餐　25%

午點　10%

晚餐　25%

晚點　10%

你可能無法完全控制該童攝取所需食物。下列資料至少可提供你合理 390
範圍的指引。

四、強調均衡的飲食

除了檢視該童食量多少外，還要追蹤她每天所吃的食物是否均衡。這需要其家庭的合作。

學前兒童每天所需的食物量，如下：

乳酪類（牛奶）	4 份（每次 1 / 2 杯，共 2 杯）
肉類	2 份（每次 2 盎司，約 57 公克）
蔬果類	4 份
麵包和穀類	4 份

五、增強適當飲食行為

隨時留心適當的飲食行為，並常增強之。當該童慢慢吃、停下來嚼、小口吃、自動取少量、不再拿第二輪、只吃低熱量食物等都給予讚賞。在用餐中或用餐後告訴她，你很高興看到她努力改變自己的飲食習慣。給她熱誠溫暖的讚美外，並以和她談話及傾聽表示你的關注。

六、透過運動計畫，有系統地增加運動量

運動可燃燒卡路里；通常過重兒運動量少，所以要鼓勵該童多運動。提供一個有趣且有系統的大肌肉活動方法。

該童每天在學校，在一小時的運動時段中至少運動五分鐘。無論是個人或全班活動均可，目標在讓該童多活動以消耗熱量。可參考下列的活動建議：

1. 鼓勵扭轉、伸展等任何全身的運動。鼓勵並協助過重兒盡可能從事活動量大的運動。學前階段小孩喜歡和想像力有關的運動（例如：假裝自己是條蛇，或讓我們像爆玉米花般跳躍）。他們也喜歡直接教導（例如：「彎下腰，用手摸你的腳趾」，或「單腳用力跳」）。學前教育書籍或錄音帶都有許多不錯的運動點子。
2. 玩「請你跟我這樣做」的活動，讓身體各部位都運動。
391 3. 在屋內或戶外設計障礙活動，讓小孩必須彎腰、跳、爬行、攀爬等運動。
4. 有很多道具可供快樂地運動。給兒童氣球玩往上拍、用呼拉圈玩扭轉、放風箏、用球玩跳接或滾動、滾輪胎等。
5. 如學校的戶外場地或山坡有斜坡，就和過重兒玩遊戲，叫她滾呼拉圈往上跑。
6. 賽跑或畫界線來回兩邊跑。不必在乎名次。
7. 提供可移動的戶外活動設備，如大厚紙箱或塑膠製條板箱。鼓勵該童去推、拉、攀爬等。

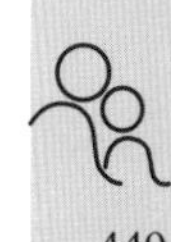

還有許多其他你可用的活動。提供不同的活動，維持該童興趣。如果該童特別喜歡某一活動，可再重複玩。如果她不喜歡，就停止。運動應是好玩有趣的，而非做苦力。你應針對該童的活動量，給予個別的關注。如果她仍站著不動，則有意忽略她。如果她在動，用鼓勵、讚美、關注來增強她。

七、繼續記錄這行為

從基準線階段開始即繼續做紀錄。每星期一次量及登記該童體重。持續記錄該童在學校及家中的飲食資料（種類及數量）。如家長願意，週末也可列入記錄。如不想週末也記錄，就鼓勵他們持續注意該童的飲食情形（種類及數量）。最後，持續觀察及計數每天一小時的運動時距數。

維　持

本方法的主要目標不是減輕體重。然而若該童不吃過量且規律運動，她的體重自然會減輕。測量並記錄與目標有關的資料：吃適量的食物、吃均衡的膳食、增加運動量；這樣在你記錄的圖上，該童至少有一半的時距數在活動。記住飲食習慣是難以改變的，該童需要你不斷支持與協助。持續一再討論適當的營養，常常持續增強適當的飲食習慣。如果該童開始檢視自己的進食，就逐漸撤除你的角色。有可能直到該童離開學前階段，還無法完全達成目標。當該童維持高活動量時，就可減少每小時的運動時間。 392
一旦該童能減輕體重，她自己會努力做運動。

在本書附錄裡，有幾個假設情節，供你應用本書各章建議的輔導原則。請在附錄裡找「輪到你」中的情節，特別是情節十一及情節十二與本書〈飲食行為〉篇有關。

Chapter 47

不良進食行為

393 「莎拉，用妳的湯匙！」三歲的莎拉轉身面向萊斯莉老師，她手上沾滿了馬鈴薯沙拉。她用力拉她的頭髮，且因此留下了蛋黃醬的污跡。萊斯莉老師生氣地站起來，並且用餐巾擦莎拉的手、臉、頭髮。「莎拉，現在用妳的湯匙去吃東西。」莎拉看了湯匙一會兒，然後用湯匙在盤子上攪和食物。一些食物從盤中溢到桌子上。

萊斯莉老師給莎拉一個嚴厲的眼神，然後莎拉用她的湯匙去挖起胡蘿蔔棒。在送到她嘴裡的過程中，胡蘿蔔棒掉在她的膝上。莎拉撿起胡蘿蔔棒，放在嘴裡用力的咀嚼。她用另外一隻手擦掉她裙子上的食物殘留物。

當端上甜點時，莎拉用手拿蘋果醬吃，把鬆餅屑掉在桌上、身上和地板上。午餐後清理的老師，總是能說出莎拉在哪裡吃了東西，因為沒有其他的地點像這裡，有如此多的食物滲出、灑在桌子上、椅子上及地板上。

敘述這行為

該童以髒亂的方式進食，在進食時將食物灑出並且弄髒她自己。

觀察這行為

花幾天的時間去觀察該童，以便對她的不良進食行為如何發生，有進一步的了解：

該童做了什麼而造成不良的進食行為？

- 該童對用叉子或湯匙取食有困難
- 該童轉動叉子或湯匙使得食物灑出來
- 該童用餐具，並非總是正確地到達嘴裡
- 該童用手拿東西吃，即使應該用叉子或湯匙吃
- 該童在她的衣服上、頭髮上，或其他人身上擦她的髒手
- 該童無法有效地用手拿食物
- 該童時常打翻飲料
- 該童將食物從盤邊撒到桌子上
- 該童將食物灑到膝上或衣服的其他地方
- 該童將食物灑到地板上
- 該童故意玩弄她的食物
- 該童在盤子上不當地攪拌食物（例如：該童將用來塗炸薯條的番茄醬，倒在鳳梨麵包上）
- 該童把食物塗在盤子周圍或桌子上
- 該童把食物吐出來

提供什麼食物和該童進食髒亂之間有關聯嗎？

- 該童在所有的用餐都同樣地髒亂
- 當供應液體食物如湯時，該童弄得較髒亂
- 當供應軟的食物像義大利麵條或馬鈴薯泥時，該童弄得較髒亂
- 該童在需要用叉子或湯匙吃時，比用手拿著吃較髒亂

不管吃什麼東西，該童是否有非常整潔地吃東西的時候？

使用從這些觀察得來的訊息，可幫助你改變這行為。

與家庭諮詢及合作

經仔細地觀察該童的飲食行為後，與其家庭會面，分享你的觀察和關
395 心。查明該童在家裡進餐時的習慣，是否家人已注意到其不良的進食行為。
也許該童在家裡一直由成人餵食；因此，她沒有自行進食的經驗。討論你
減少不良進食行為的點子，傾聽家庭在家裡怎樣處理這行為。一旦你有了
幫助該童學習適當進食技能的策略，持續與家庭接觸，告訴他們該童進步
的情形。

考慮其中涵義

通常到孩子過了她的三歲生日，她就較能整潔地吃東西。偶爾的灑出和失誤會發生，特別是吃難處理的食物時。然而大多數情況下，該童規矩而整潔地吃東西。當孩子有飲食上的困難時，可能有下面的三個理由之一：該童可能有知覺困難或發展遲滯而妨礙適當的協調；該童可能是利用不良進食行為，做為獲得大人和其他孩子注意的方法；最後，不良進食行為也可能是這兩個因素的結合所引起。

進食有問題的學前幼童會發現當她不良地進食時，大人會給她相當的注意力。當這樣一再重複發生時，該童可能推斷她可以藉著故意製造髒亂，來得到更多的注意。多半她猜對了。她的進食習慣愈髒亂，大人愈會回應。對學前教育的老師而言，容易對髒亂注意、責罵，或者表示關心，而增強不良進食行為。結合對不良進食行為的不予增強及運用系統方法，來教導整潔的進食習慣，以克服這個問題。

探討變通策略

考慮下列建議，其中提供了解決不良進食行為問題的答案：

- 視力問題可能是不良進食行為的根源。檢查你的非正式觀察，並且看看是否該童在舀食物到湯匙或叉子上，和正確地到達嘴巴時，有特別的困難。視力檢查可能發現需要矯正的視覺損傷。如果你懷疑是這樣的問題，就和該童家庭討論你的關心。建議他們去找醫生談*。
- 注意該童如何握住她的湯匙和叉子、如何用手拿食物。如果一個三 396
歲半或四歲的小孩仍用她整隻手握拿，那就有理由建議去做進一步的檢查。
- 當考慮到該童的進食方式時，年紀是重要的因素。學前幼童的協調尚未完全發展，而且該童並非總是熟練進食的技巧。不要期待兩歲和三歲的小孩整潔地進食；到了三歲半、尤其到了四歲的學前幼童應該能夠整潔地進食**。
- 確定環境能鼓勵兒童整潔地進食。仔細地準備和供應食物，吸引人

---

* 知覺困難，可能使該童難以準確地拿取器皿上的食物、器物，和從盤中將食物放入嘴裡。視覺或協調有困難的小孩，在進食時可能有這方面的困難。

** 認知障礙小孩可能尚在較幼小的發展階段，不良進食行為也許是反映其較幼小的發展階段，而不是不適當行為。

的餐桌環境和輕鬆的氣氛，傳達你對孩子適當進食的期望。當餐桌和食物是隨便且不用心地呈現時，給人的印象是，你並不是很關心整潔。在孩子的眼中，這可能意味著不良的進食行為是可接受的。

- 盤子及進食的和供應的餐具，應該要大小適當以供小手使用。提供輕而小的盤子和碗、小而堅固的杯子、小而深的湯匙、小叉子等。這些項目應該舒適地合於小孩子的手，方能有效地使用。
- 確定供應的食物是放在最合適的容器裡。例如：膠狀的甜點放在盤子上，可能會難控制；切成小塊放在碗中，則較容易控制。

上述這些建議，若都無法有助於不良進食的該童，則繼續下列方法。

敘述這目標

目標在讓該童整潔地進食，使用適當的餐具，不灑出食物。

方　法

本方法的設計，是假設不良進食行為發生的部分原因是不能整潔地進食，另一部分原因是這種行為能吸引大人的注意。基本策略包含幾個步驟：

- 系統地教導適當的進食技巧。
- 增強適當的進食行為。
- 故意不理會不良的進食行為。

定　義

不良進食行為（messy eating）是該童將食物灑出來、玩弄食物，及不當地進食的行為。列出所有你視為不良進食的具體行為。

起點行為

花三天的時間蒐集基準線資料。蒐集午餐時間的資料；假如午餐不是課程的一部分，那就蒐集點心時間的資料。當你在觀察該童的進食行為時，隨身帶一枝筆和紙。每次她做出合於你定義的不良進食行為中所列的具體行為時，就謹慎地在紙上劃記一次。在用餐結束時，計算總數並轉登記在次數紀錄圖上。

策　略

當你已經有了基準線資料後，就開始下列方法。班上所有的老師都應該知道且一致地執行這個程序：

一、系統地教導適當的進食技巧

你執行這個步驟的方式，端視該童在進食時具體的不良行為。下面是三個不良進食的問題和改善方法。依需要使用其中之一、二或全部，來改變該童這行為；同步執行。你應該坐在用餐的該童旁邊執行這些步驟*。

(一) 把食物放在叉子或湯匙上的困難

如果該童無法將食物放在餐具上，食物就可能容易灑到盤子外，或者該童就會直接以手指操控盤中的食物。舀食物是一項較難學會的技能。如果該童的協調有困難，那麼所有都會較為困難。你可以幫該童學會這個技能，並且在過程中給予指導。

1. 如果有一種以上的餐具可用，確定該童知道要用什麼餐具。很多食

* 有系統學會怎麼更有效地控制進食餐具，對各類身心障礙小孩都可能有助益。影響小肌肉動作控制的肢體障礙、認知障礙、視覺障礙等小孩都可能由此受益。

物用叉子刺比較容易；然而其他的，則需要用湯匙。有些食物用叉子或湯匙都難以處理，則需要用手指。在該童開始進餐之前，問她：「你用叉子吃什麼食物？用湯匙吃什麼？用你的手指吃什麼？」稱讚正確的回答。不論孩子的回答正確與否，提出一個合理的理由，來說明每一樣東西如何吃。例如，說：「對了，你用叉子來吃肉，因為你可刺起它並且更容易地拿起來。」或者說：「如果你用手拿胡蘿蔔棒吃，那將會更容易，因為你無法用湯匙把它拿起來。」用片刻的時間討論這件事。

2. 確定將食物切成可以咬的大小。如果食物太大、成厚塊狀，不良的進食行為是不可避免的。像三明治的食物應該切成四份，方便用手拿。
3. 示範給該童看，如何用麵包、捲狀蛋糕或其他柔軟的便於用手指取食的食物做為輔助，將難以拿取的食物放到湯匙或叉子上。例如，一邊用餐具靠近豌豆，而另一邊用一片麵包輔助，豌豆就比較容易拿取。
4. 指導該童如何用手使用湯匙或叉子的最佳方式。起初，讓她自己去嘗試；如果她經兩次的嘗試之後，仍然不能拿取食物，就去幫助她。

   用你的手握住她的手，演練用餐具拿食物。每當必要時，就去做。最後，該童將學會如何有效使用餐具。當該童較為熟練用適當的餐具拿取食物時，逐漸地褪除你的幫助。

(二) 把食物放到嘴裡沒有撒出來的困難

大多數的溢出，約發生在盤子和嘴巴之間。如果該童對這項工作有困難，提供直接指導。

1. 當該童用餐具舀食物時握住她的手。暫停片刻，確定食物和餐具是放平衡的，然後慢慢地引導到該童的嘴。當你幫助該童的同時，口誦這過程，說：「首先，我們必須確定食物在湯匙上。接著，讓我

們確定湯匙是筆直的。現在，讓我們慢慢地移動湯匙到你的嘴裡。我們不想把食物灑出來。現在食物進入你張開的嘴。閉上你的嘴。讓食物離開湯匙。現在湯匙離開了你的嘴，你可以咀嚼後吃下去。注意！你不能灑出來！」在這幾天裡，指導該童，並口述步驟。

當你覺得該童了解後，試著減少你的指導。再一次引導該童的手，並且口誦全部的過程；但就在湯匙到達嘴巴前，移開你的手。告訴該童她要自己把食物放進嘴裡；在她成功時，稱讚她。

當該童在全部的進餐時間中，把食物放進嘴裡沒有灑出來時；進一步褪除你的引導。這次，大約在湯匙從盤子到達嘴巴的途中，移開你的手。繼續口誦發生了什麼事，鼓勵緩慢而整潔的進食行為。

2. 在食物和餐具平衡之後，讓該童獨自進行從盤子到嘴的進食過程。然後，讓該童去平衡食物。最後，褪除所有的肢體引導。當該童能提醒自己下一步需要做什麼時，逐漸褪除口頭提示。 399

(三) 其他的不良進食行為

用類似以上所描述的方式，處理其他的不良進食行為。檢核你想教導的行為，把它分成數個小步驟；在直接的引導中，幫該童學會這過程。當該童學會新的行為時，褪除你的協助。

二、增強適當的進食行為

在所有進餐時間，時時注意、增強適當的進食行為。不論是自發的行為或是你正在教該童一個步驟，讓她知道你對整潔進食行為習慣的重視。在進餐中或在用餐結束時，告訴她，她正在做一件很棒的工作。根據她的能力表現給予讚美。起先，你可能只增強湯匙上的平衡食物（即使後來食物掉到湯匙外）。稍後，該童應該能夠吃完整餐，幾乎沒灑出來，你就可以準備給她讚美。

三、故意不理會不良進食行為

如果該童是因為缺乏能力而髒亂，則繼續幫她學習整潔地進食所必須的技能。注意小成功的累積。如果該童故意玩弄或丟食物製造髒亂，則不給該童所要的關注。當該童故意製造髒亂時，照下面方法去做：

1. 說：「不行，你不能把牛奶吐出來。」用這種敘述，做為對任何具體不良進食行為的警告。但要確定該童聽到你的話。
2. 如果該童繼續這種行為，就拿走該童可能正在用的任何器皿；拿起她的盤子和杯子，並且移走這些項目。確定它們放在該童拿不到的地方。
3. 背向該童，不要看著她、不和她說話，或不用其他方式對她的行為做出回應。故意不理會她可能做的任何行為。
4. 一分鐘後，把她的盤子、杯子、餐具放回她面前。對於她的不良進食行為不做任何評論。
5. 繼續幫她整潔地進食。發現有積極的成就時，盡可能予以增強。
6. 每次該童故意用她的食物製造髒亂時，就重複這些步驟。

四、繼續記錄這行為

在此方案的每一天，繼續計算不良進食行為事件的次數。在紀錄圖上記錄這些。當不良進食行為的次數一致地接近零時，你就已經達成目標了。然而，預期偶發事件可能還會發生。

維　持

一旦該童自己達成這目標，就繼續一再給予增強。如果需要的話，偶爾給予幫助。在任何時間，如果該童又退回故意地出現不良進食行為，就用先前所述的故意不理會之。

在本書附錄裡，有幾個假設情節，供你應用本書各章建議的輔導原則。請在附錄裡找「輪到你」中的情節，特別是情節十一及情節十二與本書〈飲食行為〉篇有關。

Section VIII

多重挑戰行為

Chapter 48

多重挑戰行為的兒童

403 有時，孩子表現出不只一種的挑戰行為。這種情形常會造成成人挫折，因為似乎需花太多的努力以求改善。如果，你曾嘗試處理多重挑戰的努力失敗了，當你現在試著去處理這些挑戰時，那些舊經驗可能會增加你的無助感。

在這一章裡，以系統的方法略述，如何去處理有多重挑戰行為的孩童。首先，所有教職同仁都須遵照所建議的策略。然後，召開個案研討會，花些時間徹底討論該童的這些挑戰，並且決定具體的方法。當你們的方案開始生效，就證明了大家一致的努力規劃是有用的。

複檢一些你關心的行為

列出所有你所關心該童的行為。別擔心他們的排列順序，只要把你所關心的記錄在紙上就行了：

- 複習這本書裡與你所列出要處理的挑戰行為有關的章節。

- 考量這些挑戰行為是否類似。有相似線索的，可以從本書目錄的同一篇裡找到這些行為。
- 想想看，處理這些挑戰的方法是否有非常相似之處。 404
- 檢查這些行為之間是否有直接對立的，一個行為的減少常會很自然地引起另一行為的增加。少參加社會互動的行為與打架的行為就說明這一點。當積極的社會互動行為增加，則負向的社會行為，如打架就會減少。另一個例子，少參加活動和吸吮拇指的行為，當參加活動增多時，他吸吮拇指的行為自然減少。
- 檢查方案，是否主要的目的在於預防。預防的方法大部分在改變老師的動作和回應。老師要更注意該童在做什麼，當他開始做出錯誤行為時，要及時阻止他。預防方法不是與其他方法結合併用，就是用在要該童馬上自動停止這行為（例如：兩歲大的孩子咬人）。本書大部分的技術都不是預防用的，而是用於直接引導行為改變。

依優先次序排列行為

重新組織你先前列出的行為。從你及該童的家庭最關心的行為開始，用以下的標準決定先處理哪一行為：

- 任何對該童本身或其他孩童的健康或安全有直接危害的行為，應該最優先列入。例如：打人和拿東西丟別人。
- 第二嚴重的種類，包括對該童或其他孩子的自尊心有嚴重威脅的行為。例如：少與社會互動和在團體時間的害羞行為。
- 第三種包含了其他高度違規的行為，像是亂發脾氣及在教室裡亂跑。
- 第四種則包含任何間接危害健康或安全的行為，例如：破壞玩具、將異物丟入馬桶沖掉。
- 在最後一類裡，包括了任何其他不好的行為。例如：浪費紙張或是用兒語說話。

當你依優先次序列出這些行為時，也要注意這行為的範圍大小。例如，在本書「打人」這一章，打人可以包括很多種行為，從輕輕的拍打到嚴重的一拳都是。

405

與家庭諮詢及合作

一旦你更清楚所關心的行為，並排列好這些行為的優先順序後，與其家庭會面討論你的觀察。孩子有多重挑戰行為的家庭，可能喜歡得知改變的正面建議；或許他們感到防禦和敵意，因為他們感覺受攻擊。要敏於家庭的感受和需要。請求他們建議如何改變為更適當的行為，列出他們的點子以達成你的目標。與他們討論你改變行為的點子，和怎麼實施這些計畫。告訴家庭你將慢慢地努力達成你的目標，而不是設法立即改變所有不當的行為。持續密切與其家庭接觸，並通知邁向目標的進步情形。

決定你將採用的方法

一旦你列出、檢查、排列處理不當行為的優先次序後，你就可以決定第一步該做什麼了。切記，一次不要嘗試做太多，只要一次集中在一個或最多兩個行為就可以了：

1. 從你列的表上最嚴重的挑戰開始處理。但若你覺得有必要從兩個挑戰開始，那麼就結合你表上最嚴重的前兩個挑戰行為來做。這兩個行為必須符合下列其中一種：
   - 這兩個行為非常類似，使你的策略能容易地結合。
   - 這兩個行為的方案非常類似，而且容易地結合在一起。
   - 這兩個行為直接對立；當一個行為增加了，另一個行為便自動減少。
   - 有一項方案，主要利用教師的預防行動。在這預防方案進行的同時，如果你認為你可以掌握兩個方案同時進行的話，你才可以同時做。譬如，第一個方案只在特定的時間裡才需注意，像在團體時間或吃飯時間，那麼，你大可把它與預防性的方案結合在一起。切記不要超過你的時間、能力、資源；還有，不要一次就對該童期望太高。

2. 當你開始處理的這一個或兩個行為已經控制好了，可再從表上找下一個行為開始。繼續下去，直到你能處理所有不當的行為。

3. 常常一個行為改善了，不需你用任何具體的介入，其他行為也會跟 406
著改變。這可能有許多理由。該童會與老師建立較積極的關係；於是，他將更傾向於去做老師所期待的事。相對的，老師會發現該童較可愛的一面，而且有較積極的回應。因此，該童的所有行為也就改善了，因為這個方案建立了該童的自尊心和自信心。將會認為服從大人的要求並不是壞事，特別是當大人增強這些行為時。

當你處理多重挑戰時，要把上述這些限制牢記在心。一個有系統的方法，會幫助你改正小孩不良的行為。這需要花些時間和努力，連續去執行好幾個方案。經長期努力，到後來其實你是節省了花費在處理這些不良行為的時間、精力、挫折。最重要的是，你幫助該童在社會化的過程中成長，幫助該童改善與其他人的關係，讓他有自我價值的感受。

在本書附錄裡，有幾個假設情節，供你應用本書各章建議的輔導原則。請在附錄裡找「輪到你」中的情節，特別是最後的情節與本書〈多重挑戰行為〉篇有關。

Chapter 49

一些最後的想法

407 兒童早期是學習和開始內化社會期望和規則的時期。這是一個逐漸的過程。在這期間，小孩的行為經塑造和形成，以便能在社會有效地發生作用。成人在這個社會化的過程中是非常重要的，他們幫助小孩學會怎麼以滿意和有意義的方法處理社會關係。你（一位幼兒的老師）在這個過程中是特別重要的。

行為挑戰是幼兒生活中不可避免的一部分。小孩不是天生就了解社會規則和期望。他們透過他人（特別是成人）的反應，也透過他們自己行為的後果，逐漸學會這些。行為挑戰有時起因於小孩生活中自己無法處理的事件；雖然不盡然如此，常是來自於家庭的困難。由於幼兒一般無法處理在他們的生活中發生的事件，他們可能以不當的行為方式對這事件做反應。成人的敏銳和了解，有助於小孩建立韌性，克服這困難。通常，本書裡的技術所要處理的不當行為情況，有些是在該童能力所及的；如此可激發該童的注意。

408 這本書先前諸章在提供幼兒的老師指引，刺激其審慎省思為什麼小孩會有不當的行為。本書無意像「食譜」般處理每個情況。每一個小孩的行為都是獨特的，有其不同的起因和環境。在這些章裡建議的技術，是幫助你省思各種選擇和不同可能的指引。許多不當行為，有的共同性高，有的低，值得探索和討論。

每章建立在一些關於你實施學前方案的環境和氣氛的假定之上。它預期這些實施的方案以兒童為導向，活動和材料適於兒童發展所需，且有正向溫馨的師生互動。如果環境和活動吸引人、成人反應適當，小孩較不可能有不當行為。諸章並假定，老師會審慎檢查為什麼小孩有不當行為，並且據以反應。換句話說，如果行為的起因是在小孩能力所及之外，那麼，老師必須盡所有可能尋找方式，改變那些外在起因。諸章並根據假定小孩了解對他們的期望是什麼，規則是清楚的，並且他們會一致地實踐。最後，本書假設老師和家庭會為小孩的最佳利益共同努力。

這本書的格式在幫助你（做為老師）以明確和聚焦的方式處理小孩的不當行為。它首先仔細地陳述這行為的挑戰；這用於瞄準挑戰，而不牽涉額外論題。其次，它指引你在設法改變這行為之前，仔細地觀察其發生經過；這是重要的，要知道在何時、何地、如何發生、涉及者、在什麼情況下等最容易發生。與該童的家庭諮詢，是在過程中另一重要的步驟。有了所有行為的後果，每章接下來的段落提供了一些想法，有關於此行為若一直未經查核，其可能的影響為何。這是非常重要的，鼓勵你探索變通措施。考慮環境該變動什麼，可以幫助處理這行為，是特別重要的。現在，如果你準備好實施一策略以改變行為，緊接著的段落敘述目標、概述建議的方法、具體地定義這行為、幫助你蒐集行為發生頻率的一些基準線資料；然後，提供方法中每一步驟的細節。最後，建議維持行為改變的成果。這些步驟在幫助你慢慢地進行、仔細地考慮該童發生了什麼。在本書附錄裡，有一套假設情節，可供你省思和練習如何幫助孩子學會更適當的行為。

根據不當行為的本質，在不同章裡針對不同的行為建議不同的策略。有些行為要快速處理，特別是如果該童的行為危害或潛在地危害他人。其他關心的是關於該童破壞或干擾的行為，或關於兒童在活動或社會接觸的缺乏互動。然而，不論是什麼行為，重要的是周詳考慮、尊重該童及其需要。若要該童的行為改變到較可接受的程度，需要以有效的方式花時間努力完成。

藉著幫助小孩用適當的方式表現，你讓你的教室成為對你和所有小孩更好的一個地方；有挑戰行為的孩童，其行為已受到關心，會對她自己感到更好，會花時間在積極有益的活動上。當你不需經常過度花費時間在一兩個有困難的小孩身上，其他小孩將有更多時間在愉悅的環境裡，接受他們該得的注意；如果你能花時間在與所有小孩有意義的互動和令人愉快的活動中，身為老師的你，將感到更成功。

行為挑戰也許是幼兒生活中不可避免的一部分，但他們不必消除所有。仔細周詳的策略可引導你幫助小孩學習更有效的、變通的行為表現方式。

筆記欄

筆記欄

國家圖書館出版品預行編目（CIP）資料

幼兒行為與輔導：幼兒應用行為分析／Eva L. Essa 著；
周天賜譯. --四版. -- 新北市：心理出版社股份有限
公司, 2011.03
面；　公分. --（幼兒教育系列；51217）
譯自：What to do when: practical guidance strategies for
challenging behaviors in the preschool, 6th ed.
ISBN 978-986-0744-30-9（平裝）

1.問題兒童教育　2.行為改變術

529.68　　110014909

幼兒教育系列 51217

幼兒行為與輔導：幼兒應用行為分析（第四版）

作　　者：Eva L. Essa
譯　　者：周天賜
執行編輯：陳文玲
總 編 輯：林敬堯
發 行 人：洪有義
出 版 者：心理出版社股份有限公司
地　　址：231026 新北市新店區光明街 288 號 7 樓
電　　話：(02) 29150566
傳　　真：(02) 29152928
郵撥帳號：19293172 心理出版社股份有限公司
網　　址：https://www.psy.com.tw
電子信箱：psychoco@ms15.hinet.net
排 版 者：龍虎電腦排版股份有限公司
印 刷 者：龍虎電腦排版股份有限公司
初版一刷：1996 年 9 月
二版一刷：2001 年 6 月
三版一刷：2007 年 1 月
四版一刷：2011 年 3 月
四版六刷：2023 年 9 月
I S B N：978-986-0744-30-9
定　　價：新台幣 500 元